张学广 主编

西北哲学论丛

第一辑

中国社会科学出版社

图书在版编目(CIP)数据

西北哲学论丛. 第一辑 / 张学广主编. —北京：中国社会科学出版社，2019.1
ISBN 978-7-5203-4913-0

Ⅰ.①西… Ⅱ.①张… Ⅲ.①哲学—文集 Ⅳ.①B-53

中国版本图书馆 CIP 数据核字(2019)第 183938 号

出 版 人	赵剑英
责任编辑	冯春凤
责任校对	张爱华
责任印制	张雪娇

出　　版	中国社会科学出版社
社　　址	北京鼓楼西大街甲 158 号
邮　　编	100720
网　　址	http://www.csspw.cn
发 行 部	010-84083685
门 市 部	010-84029450
经　　销	新华书店及其他书店
印　　刷	北京君升印刷有限公司
装　　订	廊坊市广阳区广增装订厂
版　　次	2019 年 1 月第 1 版
印　　次	2019 年 1 月第 1 次印刷
开　　本	710×1000　1/16
印　　张	19.5
插　　页	2
字　　数	318 千字
定　　价	108.00 元

凡购买中国社会科学出版社图书，如有质量问题请与本社营销中心联系调换
电话：010-84083683
版权所有　侵权必究

顾　　　问：赵敦华
编委会主任：张学广　李　波
编委会成员（以姓氏笔画为序）
　　　　　　王　军　王美凤　王雪梅　付粉鸽
　　　　　　李利安　李　波　李海波　刘　宇
　　　　　　张学广　胡军良　耿　建　谢阳举
　　　　　　魏　冬

目　录

总序 …………………………………………… 赵敦华（1）

马克思主义哲学

论人的生存与宗教崇拜 ………………………… 王永智（1）
论融会马克思主义与儒学 ……………………… 张茂泽（13）
"中"之自然存在论意蕴 ………………………… 杨权利（27）
马克思的生产现象学初探 ……………………… 刘　宇（35）
解释世界与改变世界的内在贯通 ……………… 马新宇（54）

中国哲学

从《周易》旧实学到中国新实学 ……………… 周树智（65）
王阳明的良知论和知识分子的道德问题 ……… 谢阳举（75）
在德行诠释学与关学之间 ………………… 魏　冬　潘德荣（84）
试析汉代儒学的基本特征 ……………………… 王美凤（95）
"舍空而合神"与"坐忘而体道"：埃克哈特与
　庄子之会通 …………………………………… 付粉鸽（104）
"中国哲学诠释学五层次理论"论纲 …………… 王宝峰（123）
"理"在什么意义上先于"气"？ ……………… 路传颂（134）

外国哲学

四十年来国内分析哲学的演变历程及其影响 … 张学广（143）
费尔巴哈对黑格尔的五重否定 ………………… 陈中奇（155）
爱欲与德性 ……………………………………… 郭振华（174）

日常生活中的建构性 ………………………………… 孙明哲（185）
黑格尔的历史观念及其在马克思和克尔凯郭尔
　那里的变化 ……………………………………… 陈明宽（198）

宗教学

当代中国居士佛教的使命与挑战 …………………… 李利安（211）
密宗祖师对文殊信仰的推动 …………………………… 李海波（221）
略谈弥陀净土信仰的历史形态与现实意义 …………… 彭　鹏（233）
般若学与玄学的合流对僧诗创作的影响 ……………… 王早娟（244）
10—13世纪的宗教思想与北方少数民族的多元文化 …… 袁志伟（254）
彝族与道教关系的思想文化意义 …………………… 夏绍熙（274）
方东美对华严宗哲学精神的诠释 …………………… 刘　峰（287）

后记 ………………………………………………………………（301）

总　序

赵敦华

西北大学作为西北最古老的现代大学，其哲学学科也拥有近百年的历史。早在20世纪20年代，西北大学便设立哲学门，涌现了一批在全国有影响的学者。改革开放之后，哲学也是恢复较早的本科专业之一，40年来培养了大批高质量的优秀人才。从事哲学教学与研究的教师也在艰难的环境下坚持下来，并渗透在人文社会科学的各个学科中。在国家大力发展高等教育，开展"双一流"建设的大好形势下，西北大学领导高度重视，决定复建哲学学院，我相信这将使哲学步入加速发展的快车道。

70年来，哲学在中国有过十分坎坷的经历。1952年院校、学科、专业撤并，全国只剩下北京大学一家哲学。后来虽然哲学在小部分学校有所恢复，但直到改革开放，绝大部分原来很有影响的学校都中断了哲学20多年，有一些甚至连学者传承都断了。改革开放以后，绝大部分学校都恢复了原有的哲学专业和学科，但又面临市场经济冲击的严峻考验。不少教师转行，留下的教师在经济和学术的双重压力下坚持前行。据我所知，哲学在西北大学的遭遇是哲学在中国的一个典型例子。我对曾经的耽误感到遗憾和难过，对曾经的持守和现在的发展表示欣慰和敬意。

恩格斯曾经说过，"一个民族要想站在科学的最高峰，就一刻也不能没有理论思维"，而"理论思维无非是才能方面的一种生来就有的素质。这种才能需要发展和培养，而为了进行这种培养，除了学习以往的哲学，直到现在还没有别的办法。"[①] 恩格斯把一个民族的崛起和伟大跟哲学理

[①] 《马克思恩格斯文集》，第9卷，人民出版社2009年版，第437、435—436页。

论思维明确地联系起来是有深刻道理的。在西方，古希腊之所以对后来的西方文明产生如此重大的影响，是跟它的理论思维和理性探索分不开的。这种思维和探索在不同时期有不同的表现，即便在重视实用的古罗马，自然法的理论以极强的力量涌动着；即便在被称为"黑暗千年"的中世纪，数学和逻辑这些纯粹理性的探索一直没有停止。这些绵延不断的、非功利的理性求知精神，在近代科学革命的条件下，成为工业革命、思想变革和社会进步的原动力。

学以致用、经世致用是中国文化的基本取向。占据中国文化核心地位的儒家学说以辅佐政治、稳定秩序、教化民心为己任，佛教和道教也总在人间留下世俗关怀。百多年来，由于西方强势文明的冲击，"救亡图存"和"奋起直追"使我们的文化不仅变得更加功利化，而且变得更加工具化。哲学被不断边缘化实在是难以避免的事情。非功利的哲学反思和超越审视，似乎与经济和社会现实距离遥远，一般民众难以看到它们之间的联系，更摸不到两者的利益相关。

哲学很久以来被人们蔑称为"无用之学"，尽管有些人站出来予以纠正，称哲学有"无用之大用"，或"无用而自由"，但即使从价值兑现的实用角度看，哲学从来不是无用之学，它最终能够促进个人和社会的长远利益、满足物质和精神相一致的需求，这是被中外历史和现实无数次昭彰的事实。

马克思"哲学家们只是用不同的方式解释世界，而问题在于改变世界"①的著名论断，在中国可谓家喻户晓。但很少有人注意这句话的所指。马克思在《关于费尔巴哈的提纲》的结尾用这句话，呼应一开始批判"以前的一切唯物主义（包括费尔巴哈的唯物主义）""不了解'革命的'、'实践批判'活动的意义"，以及"唯心主义却把能动的方面抽象地发展了"这两种倾向。就是说，旧唯物主义满足于对世界的直观的解释而不去能动地改造世界，而唯心主义"抽象地"而不是用感性活动能动地改造世界；两者殊途同归，都"不知道现实的、感性的活动本身"。②由此可见，"改造世界"和"解释世界"不是对立关系，而是递进关系。

---

① 《马克思恩格斯文集》，第1卷，人民出版社2009年版，第502页。
② 《马克思恩格斯文集》，第1卷，人民出版社2009年版，第506、499页。

解释世界在改造世界之前、之中和之后，没有对世界的正确解释，也就没有改造世界的实践活动。只有尊重哲学家用不同方式解释世界，才能更加正确地、有效地、持久地改造世界。

立足于哲学解释世界和改造世界的本真含义，做哲学的人也才有真正的尊严和才能。在我国高等教育的学科体系中，哲学是长线学科，学科建设需要一个漫长的过程。对于长远的良好发展来说，没有什么比厚植土壤、培育环境更为重要的事情，这就需要从课程、专业、学科、平台全面抓起，既有顶层设计，又要脚踏实地，长期坚持，在人才培养、科学研究各个方面，多出经得起实践和时间考验的好成果。本论丛将是这些成果的历史见证。

西北大学有哲学专业和学科的悠久历史，具有进一步加快发展的基础和潜力。伴随着全国高等教育发展的大好形势，有学校领导的有力支持，以哲学学院成立为契机，西北大学哲学专业和学科必将迎来繁荣发展的大好局面。

论人的生存与宗教崇拜

王永智*

摘要： 宗教的存在是一个历史过程。人的生存与宗教崇拜共同发展，不论是人在自然生存状态下的自然力崇拜，社会共同体中的人的崇拜，还是人的终极追求与终极存在者的崇拜，都折射在不同生产力、生产关系的发展下，在人的认识和人的需要的作用下。宗教崇拜的对象被变化着，朝着人所希望的方向发展。但在人进入自由王国之前，宗教崇拜依然有其存在的根据和土壤。

关键词： 人；生存；宗教崇拜；历程

恩格斯曾言："一切宗教都不过是支配着人们日常生活的外部力量在人们头脑中的幻想的反映，在这种反映中，人间的力量采取了超人间的力量的形式。"[1] 在人的发展史上，人为了自身生存状态的改善和需要的满足，在精神和信仰上有了神的崇拜，有了宗教伴随着人的发展历程的现象存在。那么，在人的存在与宗教崇拜的历程中，人是如何随着生存状态的不断改善、生产的进步和认识的发展，不断调整着崇拜的对象，满足着自身在不同历史环境下的生存与发展需要的？这是我们认识人的宗教与人的

---

* 作者简介：王永智（1962—），陕西富平人，西北大学马克思主义学院教授，博士生导师，兼任陕西省高校中国特色社会主义宗教理论与实践研究中心负责人、陕西省道德文化研究会副会长、陕西省伦理学会副会长、陕西省思想政治教育研究会副秘书长，主要研究方向：高校思想政治教育、伦理学、中国传统文化、大学生宗教信仰等。

[1] 恩格斯：《反杜林论》，《马克思恩格斯选集》第3卷，人民出版社1995年，第666—667页。

生存发展的前提和基础。

一　自然生存状态下的自然力崇拜

人最初的宗教观念、宗教信仰与自然力的崇拜有着千丝万缕的联系。从根本上说，这与当时人们的生存直接依赖着大自然的赐予有关。

英国人类学家爱德华·B. 泰勒的万物有灵论认为：原始人想象着一切自然物和自然现象中存在着一种神秘的属性，即灵魂或神灵。那么，他们如何对待自然界的万千灵魂，根据大量的民族学、人类学、考古学的材料，他们所采取的办法有两大类：一类叫作积极的方法：即通过特定的动作、语言、仪式来试图影响或控制自然界，使它们按照人的意愿去行动。这在原始人做来常常表现为一种巫术的方式。另一种则是消极的方法，它以祈求、崇拜、献祭来取悦于自然界，让它们感受到人对它们的顺服、恭敬、拜求，以便能将好运赐给人类。

詹姆斯·乔治·弗雷泽认为，原始巫术常常采用两种方法：其一称之为"同类相生"的顺势或模仿巫术；其二称为"凡接触过的事物在脱离接触后仍继续发生相互作用"的感染巫术[①]。巫术是试图控制自然的一种方式，面对灵的世界，原始人并不见得都能够和想要用这种方式来达到自己的目的。他们还更多地采取了另一种方式，那就是乞求和崇拜自然的方式。在原始人的观念中，万物的灵魂常常与人的灵魂相通，如果人们乞求、供奉它，它将会给人以帮助，而如果人们冒犯了它，它将会无情地加害于人类。

与巫术和自然崇拜相并行的，就是宗教禁忌的产生与发展。一般说来，同巫术积极干预精灵、神灵，使之对己有利的情况相反，禁忌是消极防范精灵、神灵作祟，以求避祸免灾的方式。禁忌可以说是一种靠神圣（或邪恶）的人、物，以及由此而导致的宗教观念来维持着的宗教形式，它通过对人的某些行为，对某些人、物、甚至词汇的禁忌，并以一些具体的方式，比如成年礼、隔离、斋戒、惩罚等等，使部落成员在神圣的（或邪恶的）禁令和现实的命令之中，心怀畏惧地集合于现有的生产关系

---

① [英] 詹·乔·弗雷泽：《金枝》，中国民间文艺出版社1987年版，第19页。

之中和神圣观念之下，在具有神秘力量的人的统领下，艰难而有序地走入社会生活。

如果说禁忌的消极防范是既针对人又针对物的，是人们对人的神秘力量与物的神秘力量的双重敬畏，那么，图腾崇拜则是自氏族制度形成与建立之后，原始人将自己的起源同自然界中的某种事物联系在一起的一种宗教崇拜形式。

在原始宗教发展到一定阶段后，人们相信万物都可以说变即变——既然万物有灵，灵与灵之间又能相互感应，相互沟通，那么，灵与灵之间就一定能够相互易位，相互转化，相互对调。不仅熊可以变为人，巨石可以变为蟒蛇，而且月亮可以变为美女，狂风可以变为狮子，或者相反。在这种观念的基础上，原始人往往将自己的氏族归之于某一动物、植物，或某一自然现象（雨、风等）的嫡传。宗教学的奠基人麦克斯·缪勒认为："从感觉与无限的这种永久联系中，产生了宗教的原动力，并出现了猜疑，以为在人的感官所能感知的世界之外，在人的理性和语言所能理解的世界之外，还存在某物。"① 研究者认为，图腾不仅有为整个氏族所共有，并能被继承下来的氏族图腾，而且有为部落中男性或女性所共有的性图腾，还有为某一个个体所拥有并能传给下一代的个人图腾。当然，三种图腾中以第一种为最重要，其产生与发展要比第二、第三种为早。

在原始人看来，具有那种图腾的部落，往往会有那种图腾所具有的某种特征。熊部落会有熊的力量、凶猛和身材，死后也会变成为熊的模样。一般情况下，他们不能杀死熊，不能吃它的肉，保护熊如同熊保护他们一样，除非在一种非常神圣的场合，他们才能这样做。而这样做的目的，或是为了氏族成员更加亲密地团结在一起，或是为了保持同另一世界的来往，或是为了将保护者的力量、勇气更直接地传递给他们的每一个氏族成员。爱弥儿·涂尔干认为："从根本上说，灵魂是一种宗教本原，是具有特定面貌的集体力。确切地讲，一个人感觉到自己有灵魂才会认为自己有力，因为他是一种社会存在。"②

---

① [德]麦克斯·缪勒：《宗教的起源与发展》，金泽译，上海人民出版社2010年版，第237页

② [法]爱弥儿·涂尔干：《宗教生活的基本形式》，渠敬东、汲喆译，商务印书馆2011年版，第504页。

图腾崇拜的宗教伦理意义在于：人与图腾之间存在着一种神秘的超自然的联系。这种超自然的联系，决定了人必须为此承担一定的责任和尽应尽的义务。而且这种责任和义务是在神秘观念的作用下，在保护与惩罚之间进行的，人们约束自己、检点自己和遵从部落的律令是在对某一神圣物的崇拜之下共同实行的。人正是在这一崇拜和遵从中集合于氏族群体之下，在一个神圣物的保护下，过起了有组织的社会群体生活。

二　社会共同体中的人的崇拜

在最初的人类群体中，人们一方面小心翼翼地对待万千自然，以取得同自然界的亲近感，获得现实存在的安全感；另一方面，则着力建立人与人之间的社会联系，在人类群体中求得生存和壮大。在原始人的社会联系之中，人们既要同活着的人建立起牢固、稳定、甘苦与共的现实联系，更要同死去的人建立起相应的联系。实际上，图腾崇拜从根本的意义上说也可以被认为是一种祖先崇拜，只不过这种祖先崇拜借用了更加有力的，人与自然物、自然力相融合、相一致的方式。

弗雷泽认为，在属于同一个部落图腾下的所有男人和妇人都深信自己系源自于相同的祖先并且具有共同的血缘，他们之间由于一种共同的义务和对图腾的共同信仰而紧密地结合在一起。因此，图腾观不但是一种宗教信仰，同时也是一种社会结构。不过这种对共同祖先的信仰夹杂了浓厚的神秘色彩。可以说，正是在这种神秘色彩的笼罩下，人开始了对人自身——一个氏族的共同祖先的崇拜，而这种祖先崇拜在原始社会是作为一种非常重要的宗教形式出现的。原始人的祖先崇拜，在起初常常是同女性紧密相联的，这与人类社会发展史中氏族制度的演进是相符合的。女始祖崇拜正是人类母系氏族制度下的产物。

在中国的历史著作中，记载了上古几位伟人的身世：黄帝族的女始祖附宝见电光而感生黄帝；炎帝族的女始祖女登遇龙而感生炎帝；尧族的女始祖庆都与龙交而生尧；舜族的女始祖握登见虹而感生舜；夏族的女始祖修已吞薏苡而生禹；商族的女始祖简狄吞玄鸟卵而生契。显然，无父却由母生化的一族，他们的祖先崇拜自然要追溯到他们的母亲。在当初，母亲生育的意义巨大。女性始祖的崇拜与她们神秘的生育能力的崇拜一同产生。

一些出土的上古人类的雕像，常常以女性浮雕像居多。而这些女性浮雕像所突出的常常是女性生育能力的部位，如丰满的乳房，非常宽而肥大的臀部、腰部和隆起的腹部，与此相对照的则是小而无任何表情刻画，并且常常是低垂着的头部。随着母亲氏族的进一步发展，女祖先的崇拜愈益正规化和扩大化了。在中国云南，永宁纳西族每年十月二十五日要举行隆重的祭祖仪式，届时请巫师达巴诵经，讲氏族历史，敬请祖先归来与亲族欢庆年节，所请的祖先基本上是逝去的女性。在贵州，苗族每年的祭祖大典，祭坛上供着的是一个穿着女人衣服的祖先偶像。而在拉祜族中，母系大家庭中供奉着的也是一位女祖先。无疑，女性祖先的崇拜是当时母系氏族血缘关系下的产物。

随着社会的进一步发展，当女性所占据的舞台一点一点地消失，男性在社会生产、生活中的地位一点一点地得到了巩固和加强，氏族制度也就由母系而转变为父系。人们的崇拜对象也由女性而转为男性，由女性祖先而转为男性祖先了。

"且"这一作为男性生殖器的符号，在男性祖先崇拜中起了非常重要的作用。"且"是中国汉字"祖"的古体。当原始人洞悉到女性能否生殖实际上与男性密不可分，并且男子在生产与社会生活之中的主体地位又得到了巩固之时，男性的支配作用就由生产领域而至繁衍领域、生殖领域。在父系氏族社会中，一些造型逼真的陶祖、木祖、石祖，象征性的天然石头、石柱、石岗，都成为人们的崇拜对象。与此相应，男性祖先成了人们的保护神。

在非洲较原始的部落之中，祖先的力量是巨大的。他们被认为在另一世界中注视、关心着活人世界的一切。他们能以各种方式影响活人的生活，或赐福，或降祸。只要他们愿意，他们能够现实的帮助一个人、一个家庭，甚至一个部落。因此，每当有重要的事情出现，比如，战争、播种、婴儿出生等等，人们总要首先同祖先们商量，乞求他们的帮助保佑。而在向祖先们献祭之前，他们没人敢吃新收获的果实。

当人们超越氏族组织的存在形式而进入部落、部落联盟的存在形式；当人们由依从自然向逐渐地懂得改造自然、利用自然为人所用迈进；当部落争战、杀伐超越了氏族社会中人与人之间温情脉脉的界碑；当人的力量、人的胆识和勇气在自然界和人的世界中得以显现和肯定，这时，人的超越自身的能力在人类社会中得以坚决地弘扬。而英雄崇拜、伟大的酋长、部落首领的崇拜，征服改造自然的某些"神力"人物的崇拜，伴随着大量的神话故事和传说在这一时期涌现出来。

在古希腊，人们崇拜的英雄赫拉克勒斯，是一个集超人的勇气、非凡的冒险精神和美德于一身的"神力"式人物。在中国的古籍记载中，有伏羲（牺）之神，他最伟大的贡献是结绳而为网罟，教民以佃以渔，就是说，他是中国渔猎工具的发明者。《易·系辞传》说："包牺氏没，神农氏作。斲（斫）木为耜，揉木为耒，耒耨之利，以教天下。……日中为市，致天下之民，聚天下之货，交易而退，各得其所"。尔后的轩辕黄帝则被称之为汉民族的始祖神。《史记·五帝本纪》上讲："黄帝者，少典之系，姓公孙，名曰轩辕。生而神灵，弱而能言，幼而徇齐，长而敦敏，成而聪明"。面对"诸侯相侵伐，暴虐百姓"的局面，他"习用干戈，以征不享"，三战炎帝而得其志，杀蚩尤，征天下不顺者，并且，"顺天地之纪，幽明之占，死生之说，存亡之难。时播百谷草木，淳化鸟兽虫蛾，旁罗日月星辰水波土石金玉，劳勤心力耳目，节用水火材物"。可见，这一时期，人们所崇拜的人神应是这一切力量的集合者，拥有者。人们在崇拜之中能够寻求到超越的力量、勇气、顽强的抗争精神，不屈不挠的意志品质，撼天动地的卓越胆识，驾驭自然的神奇伟力和创造生化的机敏聪慧。

当人们的社会群体组织由部落联盟而进入到国家的行列之中，人的崇拜就进一步扩展开来。国家的建立，不仅意味着区域组织的扩大和相对的稳定，而且还意味着人类社会生产的发展和文明的进步。这时，国王、职能神和自我圆成的哲学家的崇拜开始出现。

"有一种神性环绕着国王。"（霍卡特语）非洲许多地区对于国王的敬畏有着浓烈的宗教意味。在古埃及，历代国王在世之日都被崇敬为神，他们被敬献祀品，并有专职祭司在供奉国王神位的寺庙里专司祭祀礼拜。而在古代中国，国王常常被称为龙的化身，天的儿子。所谓的真龙天子们常常将神秘性与神圣性集于一身，人们只能穆然拜之，而不敢有任何僭越的举动。

另外，生产的发展将社会的分工置于人类社会生活中的方方面面。分工意味着专门人才的出现。于是，职能神的诞生就会顺理成章。在世界一些国家的宗教神灵中，职能神的存在是普遍的，只不过它们常常是人造的神灵而非真正的人物神。比如，在古代印度，有黎明女神马舍斯（Vsas），夜之女神拉脱丽（Ratri），配偶神阿须云（Asvin）。在古希腊罗马，奥林匹斯山上的诸神几乎都在主管着某一行业。她近是智慧、艺术女神。阿波罗是火神，阿芙洛蒂特是生物繁茂之神，亚力斯是军阵之神，德米特尔是农业之神等等。在日本，有学艺之神天满宫，航海之神八幡，谷神稻荷等等。但在古代中国，一些职能神却常常是人物神。比如，伏羲被当作畜牧狩猎和占卜之神；神农被当作农神、医药之神；木匠遵从的是鲁班，武将敬的是关公；纺织行业奉的是黄道婆等等。

当人们告别了原始部落，不仅在某种意义上告别了落后与单纯，而且也告别了群体对个人的更多的影响和控制。个体家庭的产生、财产的私有和个人的独立三位一体，在更大的范围内，将个人的欢乐、痛苦和个人对生活的体验，对人生的领悟结合在一起。于是，人们开始寻求哲人，智者，寻求对人生的指导者，教诲者。也就在这个时候，"自我圆成的哲学家"（汤因比语）就成了人们崇拜的对象。在中国，人们尊奉孔子为圣人，信奉他的学说，是因为孔子以他的努力创立了儒家学说，构筑了修身养性、立人、达人、齐家、治国、平天下的思想体系，教诲人们如何超越自我而成为圣人。而另外两位中国的智者老子和庄周，则以他们的清静无为，顺乎自然，而教诲人们辩证达观地看待人生，将自我渺小短暂的生命融入宇宙自然的宏大恒久的生命体中，追求超凡脱俗的洒脱与飘逸，在无欲无求之中去享有生命的久远与生命的真实。

但人的崇拜对信仰者来说，毕竟太具体，它无法满足人在更大范围和更广阔领域内的种种需要，无法满足人的更多层次和对人生永恒问题的满足度，无法实现对人的终极关切，因而，现实需要更高层次的宗教的产生。

三　人的终极追求与终极存在者的崇拜

人不仅要生活在同自然和社会群体的现实联系之中，人还要生活在由信仰等构成的精神世界之中。尽管自然崇拜、人的崇拜更多的是在人的精神世界之中展开，但自然崇拜的具体性、蒙昧性和人的崇拜的实在性、局限性，使人在精神世界之中的想象联系，人在各种际遇之中、人生的挫折痛苦面前的企盼和人渴望终极关切的种种理想和愿望难以得到充分满足。现实需要一种终极存在者的出现。他必须存在于整个宇宙自然、存在于万事万物和人的整个生活领域的方方面面之中。对于人类来说，这样的终极存在者的寻找也有一个过程，一个历史发展的过程。

在人类发展的历程中，伴随着国家的建立和民族的形成、统一，终极存在者往往以至上神的身份出现在人类信仰崇拜之中。在古埃及，人们信奉的神很多，但有一个神却是他们的最高神，那就是太阳神。尽管他的名号、身份与职能常常有变化，但人们对他的崇拜却特别发达。在古代希腊，宙斯是雄踞于奥林匹斯山的万神之王，他手中所握的所向无敌的雷锤，象征着至高无上的神界的王权。

在中国，殷商时期就有了最高神"帝"或"上帝"。周以后，人们常常用"天"或"皇天"、"上天"、"苍天"来称呼最高神的存在。在中国人的心目中，天（或上帝）绝不是一个只掌管狭小范围或具体事务的神灵，而是一个掌管着自然万物和人的社会生活、精神生活的终极性的神圣存在者。它的权威是无限的，从"监下民"，"作善降之百祥，作不善降之百殃"。到定人生之贫富，生命之夭寿："降年有永，有不永"，"富贵在天"；从社会道德规范的颁布者："上帝降衷于下民"、"惟天佑于一德"，到万民国君执行天意的监督者和判决者："惟天监下民，厥典义"，"民有不若德，不听罪，天既孚命，正厥德"。从一个圣人、天子的降生到一个王朝的更替，孔子讲："天下之无道久矣，天将以夫子为木铎"①，"天生德于予，桓魋其如予何"②。墨子曰："昔三代圣王禹汤文武……其事上尊天，中事鬼神，下爱人，故天意曰：此之我所爱兼而爱之，我所利兼而利之，……故使贵为天子富有天下，业万世子孙。"③ 而殷商灭夏，周讫殷命以及后世王朝的更迭，都出自天的命令与天的意志。不仅如此，天更时常通过自然界、人世的种种灾异或祥瑞来惩罚或奖赏世人君主。正

---

① 《论语·八佾》。
② 《论语·述而》。
③ 《墨子·天志上》。

因为天的神圣性和无限的权威性，平民百姓要供奉天，顺天依命而行，所谓"恪谨天命"，"奉若天道"；皇朝君王也要祭奉天，以天的意志为意志。

至上神作为一种超越之神，高位之神，他显现给人们的是地域性，时限性上的终极关切。他伴随着国家、民族的区域性和历史存在性而产生和发展；他对自然界、人的社会和人自身的存在所显示的力量和作用，对人们在万事万物面前难以寻求解答的问题和人生所面临的种种问题所能给予的超现实、超理性、超逻辑的解答，在一定程度上缓解了人们面对人生的种种困惑、矛盾、无知、不公、不满等等而引起的焦虑、痛苦与不安。

但无论怎么说，这种至上神或高位神毕竟还不是人们所要寻求的真正的终极崇拜对象。原因在于：其一，这种至上神常常受时空的限制。也就是说，他常常是在国家、民族的范围内存在和起作用的。随着社会的进步和人们所能掌握知识的愈来愈丰富，人们对世界的感知，对人类生存地域性的辽阔愈发明悉，人们所需要的终极崇拜对象也就必须要超越时空，能够存在于超越一个国家、民族所能够存在的领域之中。也就是说，他们信奉的神必须具有普遍的意义和宇宙般宏大的依据。其二，至上神的意义在于，他常常处于众神之上，但却没有将众神排除掉。其他神灵常常各司其职，掌管人世间或自然界的一方天地，掌管人生的部分命运。随着人类认识的发展，随着人们对人生更深切地感知，人们不再需要将自己的命运、信仰寄托在众神的身上——因为信仰的愈益唯一，信仰就愈益真切。人们需要唯一神，需要能够支配天地万物，人类、人生的独一个神。其三，至上神关注的范围非常的广阔：天空大地、农业水产、生殖战争等等与人有关的方面他都在关切，但他没有将个人的人生问题，人所面临的境况、人生的真谛、人现实生活的意义、人的痛苦、人的幸福、人的归宿等等这些人生的根本问题作为其关注的焦点和阐发的中心。而随着社会物质文明的逐步发展，人们愈来愈将这些问题作为其关注的焦点和中心。可以说，对这些问题的圆满解答显示了对人的生命，人的命运，人的存在和发展的终极关切。

那么，这种唯一神，这种超越时空无所不在的神灵，这种对人生根本问题的终极关切在世界三大宗教（佛教、基督教、伊斯兰教）中显现了出来。

三大宗教展示的是人的终极崇拜，是从人类信仰中的多神而进入一神，从对宇宙人类的多种多样的解释阐发而进入独一的解释阐发的努力。在宗教对神的存在的"唯一"、"独一"之中，宗教引导人可以将万千世界中各种各样难以理解、难以解答的问题、困惑、疑虑集中在唯一神面前，由他来作出共同的解答，共同的裁决，从而使观念世界、意识世界中的宇宙、人类社会和人生世界能够"有序"而"和谐"的存在和发展。另外，三大宗教宣扬的神是超地域性、超民族性的存在，力图使人的信仰变得更具普遍性和广泛性。引导人们不再在某一狭隘的国家民族的范围内拥有自己的某一神灵，而是在更为广阔的人类存在和宇宙存在的范围内，在所有的人作为一个类的意义上拥有共同的信仰和共同的神的保佑、依托，这就使人的信仰更具普世性的色彩和超越恒久的意义。

尤为重要的是，三大宗教所阐发的对人（个人）的终极关切，并将终极关切作为宗教立论的中心和教义阐发的根本。这实际上是人类在自然崇拜和人的崇拜的基础上，走出了原始与落后，迈入了更广阔的人生舞台，在经历了种种人生的艰难困苦、磨难忧伤之后，将探询的目光和焦点投向自身，投向人所面临的种种问题的努力。——人到底是什么？人生的意义是什么？人为什么会生？为什么会死？为什么会贫穷？为什么会富有？为什么会善良？为什么会邪恶？人是否有灵魂？灵魂是否会永恒？人生的未来是否有天堂与地狱？世界是否有末日？末日是否有审判？等等。三大宗教导引人将这些种种难以解答但又必须要解答的问题总汇于神的旨意之下，在神的光环和神的释义之中，在神创、神对人的拯救（基督教、伊斯兰教）和人的自我拯救（佛教）之中，在信仰和希冀、理想和憧憬之中去寻求生活的意义和人生的意义，并努力寻求彼岸世界的人的幸福与永恒。

总体来看，在人与神相处的漫长岁月中，是人逐渐地从神那里赢得人的主动与人的自主。从最初的神的普遍性，万物有灵，人处在神的包围之中，到神逐渐地进入人的世界中，变成为祖先神、氏族神、英雄神、至上神，后来又到终极神等等。神的演变本身是人不断地将自己的理性加诸其中，使其存在越来越具有终极的意义，具有人的理性信仰的意义；同时，也越来越具有超越性、超然性。神不再更多地干预或决定人的具体的日常事务，而是处在"应然"的系统之中，制定准则，进行监督评判，在未来的世界中进行奖惩等等。人既可以生存在人的世界之中，又可以由信而进入神的世界，人的主动在对待神的变化之中逐渐地显现出来。

但是，从宗教的产生发展我们可以看到，如果群体的力量凌驾于个人的力量之上，进一步说，如果个人在很大程度上必须藉群体的力量才能得以存活，那么，由群体以及群体精神的聚集衍生出的外在于个人或超越于个人的价值观或精神力，就可能为宗教的产生发展，提供丰沃的土壤，也可能为宗教的巩固提供强大的精神力量。所以，宗教的存亡与人的生存发展的辩证关系在于：

在社会层面，社会的进步必须使群体的发展力量与个人的进步融为一体，宗教才可能逐渐消亡。从根本上说，阶级与国家业已消亡，群体要以个人的发展为目的，而个人必须在群体中才能实现自己的人生价值和人生幸福。群体与个人不发生根本的矛盾冲突，个人能够依靠自己的精神力、生命力和实践力在群体中实现自己所应实现的一切，寻找到生活的意义和目的，而群体也正是为这一切而存在着，发展着——群体与个体真正形成了生存与发展的合力。

在物质文明的发展层面，人们不再为吃饭穿衣发愁，不再为自己的生存而忧心忡忡。人人不仅能够生活在现世，而且能够很好地享有现世的生活。同时，人们要积极主动地创造美好生活，建设美好生活，使现实世界成为人间天堂。

在道德层面，必须使人的道德以及道德的人进入社会生活，进入到群体所拥有的共同的价值观以及价值目标之中。个人行为动机的善或恶要依靠社会来进行监督、评判；个人善的举止、奉献和牺牲要社会、群体在利益上和精神上给予奖赏和外偿；在整个群体中，真正实现我为人人、人人为我。主体的人将爱心、善心给予每一个人，社会道德的高尚是每一个人道德高尚的产物，德与福统一在了社会之中，统一在了个人的奉献和社会的给予之中。

在精神层面，必须使群体的精神发展与个体的精神发展和谐统一。如果社会群体没有给个体提供良好的精神发展的场所；如果社会常常注重物质的发展而使人生存在倍感异化了的环境之中，使人有孤寂、孤独、寻求自己的存在，寻求感情的寄托和灵魂的安慰的状况，那么，要想在根本上消除宗教是不可能的。所以，社会在什么程度和什么意义上建立起了和谐、平等、融洽、友善，相互关怀，相互爱护的家庭关系、男女关系、人与人之间的关系，使人的生活在有归属感、安全感，生活在相互关切的人情与人性的享受之中，生活在精神的充实和境界的提高之中，就标志着社会在什么意义宣告着宗教的消亡。

毫无疑问，这决不是一个能够迅速实现的过程，而是一个漫长的历程。在这个历程中，宗教还可能会继续陪伴着人类，尽管它可能业已成为人自己的宗教，但在人类进入自由王国之前，宗教依然有其存在的根据和土壤。

论融会马克思主义和儒学

张茂泽*

摘要： 在理论上融会马克思主义和儒学，建立和发展马克思主义的儒学，是中国思想文化持续发展的大趋势。儒学要学习马克思主义，强化自己的科学性，马克思主义也要向儒学学习，增强自己对劳动群众在日用饮食间的影响力。马克思主义和儒学在思想上有许多同条共贯、相辅相成处，如都论证人可以成为理想的人等，这成为马克思主义融会儒学的内在基础。在马克思主义中国化过程中，儒学已经受到一些马克思主义学者的重视，今天应该沿着前辈学者的足迹继续前进。马克思主义融会儒学，将推动马克思主义进一步深入中国化，推动传统儒学现代化，发展和完善社会主义道德，帮助广大劳动群众克服人性异化，成为理想的人。

关键词： 马克思主义；儒学；马克思主义的儒学

传承和弘扬中华优秀文化，要处理好中华优秀文化与马克思主义的关系。同时，马克思主义中国化，进一步深入中国化，也不能回避和中华优秀文化的关系问题。儒学是中华优秀传统文化的主体，马克思主义是中华优秀现代文化的主导，中华优秀文化持续不断，一脉相承；马克思主义和儒学，不应双峰对峙，二水分流。认为两者无关，甚或以为对立，不符合实际，也不利于双方各自的发展，更不适应新时代广大劳动群众的生产生

---

* 作者简介：张茂泽（1965—），四川广安人，历史学博士，西北大学中国思想文化研究所教授，博士生导师，兼任中国宗教学会理事、中华孔子学会蜀学研究会副会长、陕西省哲学学会副会长、陕西省孔子学会副会长、西安周易研究会会长等。主要研究方向：中外思想史研究。

活需要。为了充分传承和发展中华优秀文化传统，建设中国社会主义道德，深刻说明社会主义核心价值、社会主义德治和法治结合等的理论意义，帮助社会主义劳动者成为理想的人，有必要在理论上融会马克思主义和儒学，建立和发展马克思主义的儒学。

一 必要性和迫切性

儒学和马克思主义融合，建立和发展马克思主义的儒学，是中国思想史持续发展的大趋势。中国社会主义由几千年中华文明史发展而来。儒学作为我国古代长期占主导地位的意识形态，和现当代占主导地位的意识形态马克思主义前后相继，代表了中国思想史的两大历史阶段。建设社会主义，为实现共产主义做准备，是中国长时段的历史任务。建设社会主义，实现共产主义，是前无古人的伟业；必须充分吸收全人类文明成果，才可能顺利建成。中华文明史上的儒学和马克思主义，当然更是需要比较交流，相互取长补短；在此基础上融会贯通，建立马克思主义的儒学，以指导国人在以社会化大生产为基础的社会主义时期的生产生活。

传统儒学和马克思主义学说是马克思主义融会儒学的深厚渊源。儒学可谓我国古代几千年生产生活智慧的结晶，包含着小生产条件下国人发现的人之所以为人的真理；在人之所以为人的真理中，又蕴藏着家之所以为家、国之所以为国、天下之所以为天下的真理，蕴含着社会之所以为社会的真理。以修身为本，在格物、致知、诚意、正心的基础上，致力于齐家、治国、平天下，成为理想的个人、家人、国人、天下人，进而实现小康、大同的社会理想。马克思主义的主要内容是近代以来学人们发现的人类社会历史发展规律，其中蕴含着社会化大生产时期人之所以为人的真理。将古代发现的真理，和近现代发现的真理结合起来，将中国人发现的真理，和西方人发现的真理结合起来，建设中国特色社会主义，实现中华民族伟大复兴，实现人民群众对美好生活的向往，推动中国社会向着共产主义理想前进，是必由之路。

理论源于实践，思想交融有实践的共性做基础。中国特色社会主义建设积累了丰富的实践经验，也留下了不少教训，在进一步发展中还存在着不少亟待解决的现实问题。经验需要理论提炼，问题需要理论分析。中国特色社会主义建设实践经验需要总结，广大劳动群众生产生活需要信仰信念安顿，需要价值理想引领，需要道德、法律规范。

儒学原就具有这些社会性能。但古代儒学产生、发展于古代小生产条件下，未免打下当时历史的烙印。《中庸》五达道君臣、父子、夫妇、昆弟、朋友扼要概括了小生产条件下的五大社会关系，集中在家庭和国家中，反映了当时生产生活中最主要的几种社会关系。因为在农业小生产条件下，家庭是基本生产生活单位，国家是最大的社会政治共同体，行业分工，士农工商为主。而在社会化大生产条件下，社会生产更加发达，生产分工更加细密，生产单位更为多元，生产环节愈发众多，五达道已经发展为百业、千道。比如，联合国登记制造业就有520多种，中国全部能够生产。旧有的五达道难以概括各行各业的情况，不能满足现实劳动群众的急迫需要。现代新儒学多集中于观察中学和西学、旧学和新学之间的关系，纠结于西学中的各种主义之争，致力于五四提出的民主、科学伟业的理论说明，而尚未来得及观察近现代社会生产方式剧烈变革对于劳动群众人性自觉和实现的深刻影响。如果你不关心劳动群众的生产生活需要，劳动群众为什么要关心你？如果你疏离礼法制度的损益变革，近代化的民族、国家自然要疏离你。没有马克思主义支持，儒学现代化势必失去广阔的理论天地。结果，现代新儒家推己及人的仁爱教化，竟然困厄于学术圈或个别乡村；现代新儒家大多只能局限于道德理想的理论阐发，中华民族共有精神家园的理性说明和坚守，严重制约了儒学对现代化的生产生活、制度建立和改革、思想文化观念的影响力。

如果儒学要适应社会化大生产的需要，如果它想要满足现当代广大劳动群众的生产生活需要，势必向马克思主义学习。学习马克思主义重视生产劳动对于人成为人的理论意义和历史意义，学习马克思主义对于人的需要或欲望的正面的科学研究和近代机器生产基础上的肯定，学习马克思主义在社会历史的科学观察和认识基础上的人学思维方式。意思是说，儒学思想现代化，必须和马克思主义相结合，接受马克思主义的批评、检验，站在人之所以为人的立场、现实的人成为理想的人的立场，研究马克思主义中符合近现代社会历史特征的思想主题、社会生产观念，汲取和发展自身的辩证思维和历史思维方式，强化劳动群众的社会历史主体地位，增强自身思维方式的科学性能，以发展和完善自身。这些，都需要我们当代的理论工作者在融会马克思主义和儒学上进行创造性工作。

马克思主义是科学真理。它发现了人类社会历史发展的规律，尤其是在人学上，它研究工人越劳动却越贫困等问题，发现了历史上人不成其为人的秘密，即生产不足，发展不够，而又存在着劳动分工，财产私人占有，市场交易等，从而引起了人性异化，如国家作为社会政治共同体职能异化为只是统治阶级的工具等。并以此为基础，寻找到了人类克服人性异化的历史道路，就是不断发展社会生产力，在此基础上不断革命、改革，改进社会制度，大力发展科学文化，向着共产主义理想社会逼近。马克思主义学说中国化，理应走出书斋，走出书本，和劳动群众相结合，和劳动群众的生产生活实践相结合，成为劳动群众的日常价值观念，社会主义的道德规范，文明的风俗习惯。只有这样，马克思主义科学学说才能成为现实社会生产力的一部分。这就有必要学习数千年占主导地位的儒学，和儒学天人合一的仁义道德思想、学习克己结合的修养论、人文化成的教化论等相结合，发挥出匹夫匹妇日用饮食能知能行的性能和效用。

二 内在基础

马克思主义融会儒学之所以能够成立，除了儒学本身持续不断发展，能够与时俱进外，还因为在根本上，马克思的思想学说中，有许多和儒学同条共贯、相辅相成之处[①]。比如两者的思想倾向都是：天人合一，以人为重；辩证思维，落实为历史思维；人文的、理性的信念模式；知行结合，实践为重。又如儒学天下为公理想和马克思主义的公有制主张相近，儒学禅让、选贤与能的王道政治和劳动群众当家作主的民主政治相类。此外，还有许多思想学说相互接近，可以互相支持、借鉴，如：儒学人为万物之灵观念和马克思主义人民群众是历史主体的观念，儒家人性善说和马克思认为我们唯物主义者也承认人性善，儒学民心民意即天意的民本传统和马克思主义人民群众是历史的创造者观念；儒学思想经世致用传统，和马克思强调的哲学最重要性能，不仅是认识世界，而且是改造世界说；儒学汤武革命、顺天应人说，和马克思主义革命是历史发展的质变说等等。

---

① 参见张茂泽《马克思主义和儒学》，《文化学刊》2011年第5期。

照过去学界看，儒学中本来就有唯物主义派别，即以《易传》、荀子为代表的现实主义儒学传统。这个儒学派别在天人世界观上重视自然的客观地位和基础作用，强调在天人相分基础上实现天人统一；这和马克思自然人化和人自然化统一、真正的人道主义与真正的自然主义相统一的世界观一致。后来张载、王夫之发展出气学，强调气是世界的根源和基础，天理和良心必须依附气而存在，其世界观的唯物主义性质更加鲜明。在人性修养论上重视经验认识，强调人性在学习和克己修养的基础上变化气质，日生日成。这个派别在认识上特别发展了经验思维和历史思维方式，在经学上特别发展了符号意义的经验诠释传统，在教化实践上重视礼法等外在规范约束的教育意义和政治意义。古代儒学中本就有在世界观上接近马克思主义世界观的传统，可以成为马克思主义融会儒学的重要源泉。

孔孟之道作为人学，和马克思主义的人道主义也有不少共性，可以作为相互交流、融会的思想基础。

第一，在思想宗旨上，做人、成人是儒学的思想主题。它要求人们不要向下物化，如动物化为禽兽，或器物化为工具，这二化都矮化了人的地位，伤害了人的尊严；它也不要求人们向上成神。它只要求人们希贤成圣，做人、成人，这和马克思让劳动群众成为真正的自由全面发展的人的思想主题一致。

第二，在人性论上，天理、良知等仁义道德内涵，被儒学认定为人性的主要内容。欲望、需要，社会关系等，虽然也是人性的内容，但不被有修养的人们当作人的本性；而只是看成应该围绕仁义道德等人的本性而在修养、教化中不断改进、生成的气质之性内容。这和马克思认定自由才是人的本质内容，需要和社会关系只是为了实现人的自由本性的认识思路一致。

第三，在理想观上，儒学只是要人们做人、成人，理想的人即君子、贤人、圣人；在此基础上建设和达到理想社会。这种人格理想和社会理想主张，和马克思将人们在劳动基础上实现需要、社会关系、自由等真正的人道主义思想一致，和人人自由全面发展的共产主义人学理想一致。只不过，儒学强调的是理想人格特征和理想社会特征，强调实现理想人格的修养过程，马克思则更为强调达到共产主义理想社会的社会实践历史过程。

第四，在实现理想的方式上，儒家和马克思都强调人的社会性。儒家强调做人、成人，要求在社会共同体如家庭、国家、天下中进行，而不能躲在深山老林中静修，或者出家，摆脱、逃离家庭、国家等社会共同体的束缚而求解脱。在家庭、国家等社会共同体中修养，相应就提出了家人要求、国人要求、天下人要求。即《中庸》所谓五达道：君臣、父子、夫妇、昆弟、朋友。君君臣臣、父父子子、夫夫妇妇、兄兄弟弟等社会分工角色伦理的要求，作为对君不君、臣不臣、夫不夫、妇不妇、兄不兄、弟不弟等社会分工角色伦理失范的批判和矫正，与马克思人学思想在根本上不约而同、殊途同归。马克思提出了关于人人自由全面发展的伟大理想；为了实现这一伟大理想，必须更为深入地考察在阶级社会里不同历史阶段人们在生产劳动中逐步产生和发展的阶级性，以及依据此阶级性而展开的一定历史的阶级斗争，考察社会革命和社会改革对于社会生产生活的历史意义，考察阶级性和阶级斗争对于人成为真正的人的人学意义，即对劳动分工、财产私人占有导致人性异化的批判和矫正意义。

第五，在精神家园思想上，有信仰或信念，有远大理想，教化劝善，让人守规矩、有底线的宗教性儒学，或者说儒学的宗教性能，有人文的、理性的特色，批判淫祠、谄祷，批判否定迷信，这也和马克思主义提倡的共产主义信念的人文理性特征十分接近。

共产主义政治是儒家德治的真正实现。共产主义社会无阶级，无国家，无暴力机器，则无强制性法律，法治无从实施，只能实施德治。在共产主义社会里，人人自由全面发展，人性全面自觉和实现，人性修养很高，大家高度自觉，自律，自主，自由，强制性规范如法律等，缺乏人性基础和心理基础，故不再需要。劳动是第一需要，自由人的联合体组织社会生产生活，能让每个人驾驭发达的社会生产力，使其完全变成劳动群众的劳动能力；劳动分工，市场交易，财产私人占有带来的人性异化风险，降到最低，法律的延续，缺乏历史基础。

三 学术渊源

在中国现代新儒学中，马克思主义资源尚未得到充分发掘和利用。有些学者甚至将儒学和马克思主义对立起来，相互否定，似乎没有回旋余地。历史反复表明，学如其人，学术志向、学术态度、学风准确表现了学者的人格修养境界。一种学说如果只有批判的对象，而一无肯定者，就说明这种学说不仅发展不充分，而且面临困局，找不到出路；就像处于困境而自感没有希望和前途的弱者，只能牢骚满腹，一味发泄消极不满情绪。学术研究异化为非理性甚至反理性言行，岂能称为真学问！站在马克思主义中国化角度，这也可以看成还停留在意识形态表象层次，尚未来得及在学术上深入中国化的表现。

从学术思想渊源和思想方法看，现代新儒学之所以有现代之新，主要表现在引入西学资源上，由此诞生了柏格森式、新实在论式、康德式、黑格尔式等中国现代新儒学派别。马克思主义传入中国并中国化，为什么不可以、不能够有马克思主义的儒学派别？马克思主义的儒学就是结合我国社会主义现代化实践，汲取马克思主义学说及其方法，创造性诠释传统儒学思想，而建构和发展的中国当代新儒学。

实际上，中国现代学术思想史上已经出现了尝试马克思主义融会儒学的前辈学者的。例如，梁漱溟先生就曾经说，马克思主义和孔子的学说一致。只是由于历史原因，他引而未发，没有来得及充分阐述罢了。又如，贺麟先生早年作为现代新儒学的代表人物，后期则归宗马克思主义。他晚年描述自己的思想，叫作"辩证唯物论"。但其具体内容和我们见到的教科书内容并不相同，而是保留了早年"新心学"的若干理想主义内容。

而在马克思主义中国化洪流中，中国革命和中国社会主义建设实践活动中的经验总结之外，人文社会科学界的学者们进行的马克思主义理论中国化的事业，尤其不可忽视。我认为，近现代以来，马克思主义中国化在学术上的最重要成就，是建立起了马克思主义的历史学科。可以肯定，中国真正的马克思主义学者，既要有深厚的马克思主义理论修养，也应有中华优秀传统文化修养，不仅是科学思维的典型，而且也应是中华传统美德的典型，是中华优秀文化和马克思主义学说的有机结合。

实际上，老一辈中西兼修的马克思主义学者，如李大钊、郭沫若、侯外庐等，在建设马克思主义的儒学上，已经做了不少基础性工作。如在打倒孔家店时代，李大钊辨别真孔子和假孔子，无疑有助于廓清笼罩在儒学身上的迷雾。郭沫若对儒学同情理解，认为儒学天下为公和社会主义一致，特著《马克思进文庙》，肯定马克思学说和孔子的学说相通，是20世纪马克思主义史学家中对儒学要旨最有洞察力和深切体会的学者。创建马克思主义中国思想史学科的侯外庐，虽然奋力批判儒学，但在为人处世上，却始终有铮铮铁骨、威武不能屈，真可谓传统美德和共产党员党性修养有机结合的典范①，以可贵德操和不屈人格，实践了儒家的仁义道德，展示了传统美德在社会主义时期的人格魅力。强调新时代的国民，尤其是共产党员，既要有马克思主义学养，又要有中华传统美德修养，这些学者都有筚路蓝缕、以启山林之功。至于刘少奇同志《论共产党员的修养》，更是在党的思想建设、组织建设等方面，落实了马克思主义和儒学的结合，即科学的历史唯物主义学说，和做人的仁义道德修养的结合。这应是我党和苏联、东欧等共产党在文化上不同的主要表现，甚至可以看成我国能够避免"苏东事变"的内在原因。

马克思主义者而有儒学修养，认同中华核心思想理念，有中华传统美德，言行活动洋溢着中华人文精神，这些理应看成马克思主义融会儒学后提倡的理想人格。

要融会马克思主义和儒学，还需要辨析两者的不同，澄清两者间的历史误会，消解两者在理论上的对立。而这需要两个基本前提：

第一，回到马克思，回到孔子，确保我们所理解的马克思主义和儒学是准确的，实事求是的，有科学性，从而才能确保马克思主义和儒学尽可能以本来面目相会。所谓马克思主义，主要是以汉译《马克思恩格斯全集》为基本文本，以马克思为主、恩格斯为辅的科学学说，而不是人们日常印象中的、口耳相传的，或者说是教材中写的内容，决不能以"斯大林模式"作为马克思主义的代表，更不能以"文革"作为马克思主义的实践案例。所谓儒学，不是人们印象中、谈论中的儒学，不是五四以来一些人所认为的束缚人们个性的名教儒学、吃人的礼教儒学，也不局限于"祖述尧舜，宪章文武，宗师仲尼"蕴含的几位圣贤的理想人格，而是以四书五经为经典代表，在思想上则以孔孟之道为主，以《易传》、荀子、张载、王夫之的现实主义线索为辅等内容。

第二，人学的视野，即思考和解决人之所以为人、人如何为人、人的

---

① 侯外庐在《韧的追求》中表彰杜国庠，"能真正把中华民族最美好的道德和共产党员的修养结合在一起，自然地融会在个人一切行动之中"，"完全没有矫揉造作的痕迹"，见《侯外庐著作与思想研究》第一卷，长春出版社2016年版，第151页。

理想信念等问题的理论视野，是必须的。朱光潜曾经指出，马克思不但不否定人的因素，而且"以人道主义为最高理想"，自然科学、社会科学最终要发展统一成为人学①。我认为这是十分深刻的见解。马克思的人道主义，和儒学的人学性能，在思路上非常接近。儒家从人性出发，借助人性修养、人性教化的实践，而希望所有的人都成为理想的、真正的人，进而实现大同理想社会。马克思强调从实践出发，但也强调借助劳动群众的社会实践，认识人性，确证和实现人性，人人自由全面发展，而成为理想的人，最终达成理想的共产主义社会。故儒家所谓道德，不只是伦理道德，而且更主要的指本于天而成于人的人性内涵，是在天人合一基础上进行人性修养的收获，即修道、成德，也是在天人合一背景下进行人性教化的核心，即德育或德教。在儒家看来，人性的本质不仅是善的，而且是真的、美的，还是功利的。儒家主流主张人性善，并在此基础上提出人性修养、人性教化等主张。马克思也说过，我们唯物主义者也承认人性善；马克思认为需要构成人的本质，一定历史时期的社会关系就是人的本质，自由是人的本质，这些人性内容，都在社会实践基础上汇合为一，构成在实践基础上确证和实现人性的过程。故马克思强调从实践出发，也强调实践和人性辩证统一，认为人性的认识、自觉、确证、实现，是社会实践的基础、依据和理想，人类社会历史实践的理想就是人人自由全面的发展。归根结底，社会生产力就是人的劳动能力，社会生产活动就是人性的集中表现。在人类社会历史进程中，阶级性是人性在一定历史阶段的具体表现。少数人身上的剥削性能，阶级统治性能，是人性异化的片面、畸形表现，需要在历史发展中逐步克服和消除。

四　时代特征和理论特征

马克思主义的儒学具有不同于以往儒学的时代特征，即现当代特征，或者更准确地说，即社会主义儒学②。马克思主义的儒学是中国社会主义

---

① 朱光潜：《答郑树森博士的访问》，《朱光潜全集》第十卷，安徽教育出版社1993年版，第649页。

② 张茂泽：《论社会主义儒学》，《唐都学刊》2018年第3期。

儒学的主要组成部分。现代，社会化大生产，全球化，一方面使人性的自觉和实现条件更充分，途径更广阔，另一方面也使人性异化出现新情况。随着社会化大生产的发展，发展不平衡、不充分的情况更为明显。小生产、机器生产、社会化大生产、自动化生产等各种生产方式并存，社会制度不断建立、健全，同时也在不断改革和革命。社会剧烈变化，制度损益频仍。一些"聪明"人难免依违其间，巧取豪夺，成为所谓"成功人士"。人们容易见到他们积累财富的庞大数字，见到他们掌握权力的显赫威势，但若要追问他们的道德修养、人文精神，就显得贫瘠干涸，囊中羞涩，甚至空空如也，一无所有。这类"成功人士"们当然不能给广大劳动群众提供做人的榜样。

变革时期，道德修养愈益重要，儒学的现代化更为急迫。不止君不君、臣不臣、父不父、子不子等国家、家庭内有人性异化，而且整个社会中，由于社会生产力水平很高，而又不能为广大劳动群众所掌握，导致发达的社会生产力对劳动群众而言成为异化物；在此基础上，新型社会关系、上层建筑也成为劳动群众的异化物甚至对立物。"后现代"哲学所针对的时代课题就是人性异化；他们的解构，表现为一种委婉的批判，其实是对社会化大生产时期人性异化的抗议。其主要征象就是因为财产私人占有、私有观念发展，而导致资源垄断、权力垄断、财富垄断、知识垄断、技术垄断、信息垄断等等。垄断导致缺乏竞争和制约，也缺乏社会监督，难免权力任性，贪腐滋长；最坏的恶果是使各种生产资料、劳动工具、资本和劳动群众相脱离甚至对立，恶化了人性异化的程度。劳动者除了劳动力之外一无所有，具有了新表现。各种社会分工角色都面临异化问题，即人不成其为人。人不人，成为社会全体成员的现代病。社会主义的优越性之一，应该就在于建立起相应的社会主义制度，保障劳动者与生产资料、劳动工具、科学技术等的有机统一，保障劳动者和各种资源、财富、知识等的有机统一；从而在劳动者和生产活动的关系上，在劳动者掌握生产资料、劳动工具、科学技术等方面，能够比以前所有阶级社会都处理得更好。

在某种程度上可以说，建立和发展马克思主义的儒学，近似于要求建立、发展中国马克思主义的道德学，或者说发展社会主义新儒学；其历史任务就在于建立和健全社会主义道德。我们建设社会主义制度文明，有必要用社会主义道德为社会主义法治奠定基础，为广大劳动者提供内在心性约束，抑制人性异化的恶化，为社会主义时期劳动群众的道德幸福提供理论保障。社会主义道德，理应包含古代孝、悌、忠、信、礼、义、廉、耻等中华传统美德在内，也包含我国自由、民主、平等这些近代道德在内，同时还要发展出适合新时代的新道德。马克思主义的儒学，要阐明这些美德的内容，发掘这些美德的理论基础，探讨社会主义道德和社会主义法治的内在联系等等。

在社会化大生产条件下，人何以能成为理想的人的问题的解决，呼唤天人合一的仁义道德世界观的新形态；在修养论上，人如何能成为理想的真正的人，呼唤学习和克己结合的新解释、新方法，呼唤君子、贤人、圣人的新的时代人格；在教化论上，关注如何帮助他人成为理想的人，从而带动整个社会达成理想的社会的问题，呼唤新时代人文社会科学、自然科学技术的全面发展。这些问题，就成为马克思主义的儒学要解决的主要理论问题；在此基础上，在实践中制定和完善新时期的礼法制度、礼仪规范，是又一项历史任务。

新时代的人性修养，还要强调学习。但克己的内容，必须调整。不能还将人的欲望、需要看成消极的人性内容，或者甚至从人性中排除出去。克己寡欲，甚至灭人欲，将欲望视为洪水猛兽，和小生产条件下生产不足相应，可以理解。但在新时代社会化大生产条件下，社会生产已经比较发达，社会产品比较丰富，人的正当需要或欲望能够得到合理满足，这时，马克思关于需要构成人本质的看法，就比较符合现代社会实际了。儒学现代化，当然应从社会历史的新情况出发，引进马克思的需要理论，以改进自己的人性论。

新时代人成为理想的人，不仅要君君臣臣、父父子子、夫夫妇妇、兄兄弟弟，而且要求每个行业的每个职业，都尽职尽责。比如，家庭中，还应提倡母母女女、姐姐妹妹。又如学校要提倡师师生生。如果一个学校师不师，生不生，怎么教育改革都不可能将学校搞好。不仅要在生产生活中实现真正的自己，而且要在人际交往中，相互友爱陪伴，共度美好人生。

比如，新时代应大力研究和发展陪伴道德，帮助人们做合格的陪伴者。人是群居动物，有社会性，有理性。人理性的认识、实践活动需要相互陪伴才能进行，人的情感需要陪伴酝酿、积淀，在陪伴中充实、抒发，人的欲望需要在陪伴中满足、升华，遭遇人性异化，尤其需要陪伴来舒缓、安慰。家有同姓，居有同乡，学习有同窗，工作有同事。有共同理想，是同志，最好的朋友患难与共，甚而同生共死。陪伴道德的基础是人有共性，人性本善，有同心同德基础。人皆好真善美，恶假恶丑，有同德；人皆有良知良能，有同心，恻隐、羞恶、辞让、是非四心是一点点表现。陪伴应是人作为社群动物最基本的道德，君臣、父子等社会关系只是相互陪伴的分工表现。人们需要陪伴，小孩、大人、老人无不如此。成功需要述说，快乐需要分享，失败需要安慰，痛苦需要慰藉。远大理想也许一时难以实现，现实更要防止有人掉下痛苦的深渊。陪伴是人生痛苦的止疼片，是人性异化恶化的抑制剂。无阴则阳无以立，无阳则阴无以成。一人难称家，独君岂为国？民众需要英雄，英雄需要伴随。粉丝需要明星，明星需要喝彩。病人需要陪护、关爱，健康者需要向病人表达爱心。所有人都需要陪伴。理想树立需要先贤支持，理想坚持需要同志砥砺，理想实现需要同伴携手。现实生产生活需要一定的环境条件，人生奋斗，社会建设离不开未来引领，人类伟业，不管完成与否，最终还要寄望子孙后代，兴灭继绝，传承弘扬。

现实生产生活中，谁也离不开陪伴。有身边的直接陪伴，嘘寒问暖，有不在身边的间接陪伴，感情牵挂。有身体陪伴，亲切交流，有精神陪伴，心理依赖。有的需要陪伴多，有的需要陪伴少。有陪伴胜过无陪伴，精神交往好过身体陪伴，志同道合超越点头之交。他人的陪伴鲜活生动，自然亲切，日久生情，遂成知音，成伴侣，或为同志、同事，但会变化，不稳定。自由民主，获得的是独立自主，同时还有疏远、隔阂，而牺牲了亲近、陪伴。这时，反倒应回过头来，看看深情的伴侣，只要相守到永远，哪管个人得与失；却也难免悲欢离合，阴晴圆缺。所以，比起来，先贤的陪伴，经典的陪伴，就持久、稳定得多。要陪伴，就读书，与远方英雄对话，和古代圣人为友，其乐无穷。用发展的眼光看，在他人的陪伴中，会逐步发展出自我相伴，让理想人格绽放人性光辉。从人性的自觉和实现看，内在的自我陪伴处于较高阶段，更为重要。提高陪伴修养，要及早学会自我陪伴，让自己和自己对话。古人重视的反省，自己认识自己，就是一种理性的自我陪伴；西贤提倡的自由，自己决定自己，也是一种理性的自我陪伴。人们"放失"良心，就是失去了真正自己的陪伴，只剩下现实的自己，孤独在世，当然痛苦不堪。故孟子说："学问之道无他，求其放心而已矣。"因为，唯有那绝对、永恒的道的陪伴，才是绝对的、永恒的。故孔子叹曰："朝闻道，夕死可矣"。

新时代人成为理想的人，已经具备一些古人所不具备的实践条件。古人父父子子、夫夫妇妇，只能借助道德、礼仪规范，自发进行。新时代，我们完全可以借助政府的力量，自觉地、有计划地进行，在科学研究基础上理性地进行夫夫妇妇、父父子子、母母女女等家庭建设工作。比如，我们可以要求新婚夫妇领取结婚证的条件是，参加民政部门举办的丈夫、妻子公益培训班，邀请有经验的优秀丈夫、妻子给小夫妻们上课，介绍夫妇家庭生活经验和教训。培训班结束后，每位学员写一篇心得体会即可。我们也可以借助政府行政力量，为年轻的爸爸、妈妈举办爸爸、妈妈公益培训班，邀请有经验的爸爸和妈妈来授课，介绍做爸爸、妈妈的经验和教训，帮助年轻父母们父父、母母。考试就是写心得体会。相信经过培训，原来完全不知道如何做夫妇、父母的年轻人，就有一定的家庭自信、家长自信了。

这就要求，马克思主义的儒学，不仅是马克思主义和儒学融合的产物，而且是吸收其他诸子百家和西方哲学流派而加以会通的产物。意思是说，在马克思主义的儒学中，虽然名字上只有马克思主义和儒学两家，但作为新时期的学术思潮，必定不限于这两家。各家各派都可以作为其渊源，其中的合理思想都可以纳入其中。马克思主义的儒学是全面开放的，绝非关起门来自娱自乐；马克思主义的儒学是会通诸家的，而决非株守旧说，固步自封。

马克思主义的儒学也可谓我国现代新儒学在新时代的新发展。这种发展表现在，在理论上将更加圆融，辩证思维贯彻到底；人民群众主体地位的论证和实现，人民群众作为人的发展，将成为核心课题；社会化大生产的理论地位，劳动在人成为人的活动中的人学地位，将更为突出等。比如，新时代人成为理想的人，绝不只是士成为理想的人，农工商各业的劳动者，都要成为理想的人。这意味着，马克思主义的儒学，是全民儒学，而不是精英儒学。德不孤,必有邻,"圣不独圣"①。在社会主义建设时期,马克思主义的儒学也提倡圣人,但他们绝不只是少数古人,而一定是一个相互影响、紧密团结、积极向上、卓有成效的社会劳动者群体。

---

① 张茂泽:《道论》,人民出版社2016年版,第303页。

"中"之自然存在论意蕴

杨权利*

摘要：中国传统文化的"中和"之"中"，可以从四个基本维度，即自然存在论、心性修养论、社会存在论和类存在论进行研究。应该确定的是，"中"不具有本体论意义。因为"中"不是那个"在者"背后的"在"。它不是一切有规定性的，有内容和形式的存在的根源，而是"在者"的一种属性，只是事物运动的时间和空间的一种基本属性，或者是事物存在的一种状态。这种属性或状态是用来指示或衡量物质运动的时间和空间的，即"中"是衡量事物运动的时间和空间的尺度，或者是事物存在的一种状态。"中"既是客观性存在，也是过程性存在。"中"之辩证特性包括：绝对性和相对性的统一；无限性和有限性的统一；普遍性和特殊性的统一；它表现为一种幅度或范围。

关键词：中；自然存在论；绝对性和相对性

当代人对于中国传统文化的"中和"思想研究的路径有：用中国传统文化自身的态度、方法进行研究；或者用西方哲学的方法来解读；用马克思主义的方法进行阐释；也有人提出要打通中、西、马，从三者的综合角度去解释，这自然是一种可能性。由于本人的学识和能力的限制，特别是受专业知识的限定，对这一问题的研究，就只能站在马克思主义的角度

---

* 作者简介：杨权利（1963—），陕西泾阳人，西北大学马克思主义学院教授，硕士生导师，兼任陕西省马克思主义哲学史研究会副秘书长，主要研究方向：历史唯物主义、马克思主义人学理论。

来进行了,至于这种阐释是否恰当或者具有意义,只能由读者来评判了。

一 "中"不具有本体论的意义

对历史文化成果,理应"古为今用",但必须"推陈出新",借用黑格尔的说法称之为"扬弃"。基于此,我们反对对传统文化绝对否定的态度和方法,即那种认为随着时代的发展和社会的进步,传统文化已经过时,应该像青铜器一样被放在历史博物馆中供人瞻仰的观点很显然是不可取的,这种历史虚无主义已经被无数事实证明已经失去合理性。例如,对"中"之思想,有人以为这是"不偏不倚"的"骑墙派",或中间派,既然它不是革命的,就应该予以反对。但是,我们更应该反对另一种极端,将"中"或"中和"思想无限拔高,认为它无处不在,是一种普世价值,不仅对中国经济社会发展、社会治理、个人修养、价值观念的转变等有重大的指导意义,而且对世界趋于大同也具有重要意义。这种历史复古主义的危害更大,是另一种虚妄。

有一种观点认为"中"具有本体论意义。对此,我持反对态度。在日常用语中,"本"是事物的根源或根基,所谓"物有本末,事有始终",因而"本体"就具有了寻找事物最根底存在的意义。在哲学上,"本体论"一词被解释为一种关于一般存在、关于世界本质的学说,它不能借助于经验或自然科学,只有通过纯粹抽象的途径,借助于对逻辑分析才可以实现。就是说,它是一种脱离了具体存在的超验存在的学说。

本体论一词与"存在"一词密切相关。在哲学上,"存在"可以有两种含义:一是"在者"即世界上一切事物(包括物质和精神),它是具有某种规定性的存在,具有某种特定内容和形式。二是"在",即所有"在者"背后的"在",这个"在",按照黑格尔的说法,是"无规定性的直接性,先于一切规定性的无规定性,是最原始的无规定性"。[①] 而对"在"的反思性追求,就是哲学的"本体论"。由此观之,传统文化"中"之思想就不具有本体论意义。这是因为,"中"不是那个"在者"背后的"在"。它不是一切有规定性的,有内容和形式的存在的根源,它只是

---

① [德] 黑格尔:《小逻辑》,贺麟译,商务印书馆1980年版,第19页。

"在者"的一种属性，或者是表示空间、时间某种特性的方式。

二 "中"之自然存在论内涵

"中"之一词，从中国最古老的典籍到现代日常用语，是一个在普遍意义上使用的概念。从已有的考证和研究看，对这一概念在词源上的解释大体有三种：一为罗振玉先生的"旗帜说"，并由此引申出方位在中央之意，或象征中心之地。二是田树的"建鼓说"。并由此引申为时间的具体所指，同时还包含战时的指挥体系。三是郭沫若的"射箭说"，即射箭中的之中。由上述三种解释的共同点可以看出，"中"在最初是词义解释中应该与空间和时间有关。

在讨论"中"的自然存在论本义时，有学者将"中"解释为"在中"，并将"中和"解释为事物的规律、本质和状态。这种说法值得商榷。把"中"看成事物的规律、本质，这种观点的可能依据在传统的典籍里，如《中庸》有云："中也者，天下之大本也"。董仲舒在《春秋繁露》有云："中者，万物之达理"等等这些说法。但是，综合这里的思想，"大本"并不是本体论意义上的"本"，"天下""万物"不是从整个宇宙，也不是从自然存在论来讲的，而是从社会价值论角度和人的心性角度来言说的。进一步看，虽然说"中"是任何事物都具有的，但它并非是事物内在的本质的一种联系，就是说，它不具备规律应当具备的基本特征。

我认为，从自然存在论角度讲，"中"是事物运动的时间和空间的一种基本属性，或者是事物存在的一种状态。这种属性或状态是用来指示或衡量物质运动的时间和空间的，即"中"是衡量事物运动的时间和空间尺度，或者是事物存在的一种状态。

按照辩证法，对立的双方才能构成矛盾，因而，"中"就必然具有它的对立面。这个对立面就是"偏"。从空间看，上下、左右、前后就是"偏"；社会政治生活领域，左倾和右倾就是"偏"；在人的思维和行动上，过与不及就是"偏"。在时间上，过去是历史，是已经的死亡，现在是现实的生成，而未来是可能的现实。这三者要取其"中"，就是"现在"，在这个意义上，过去和未来都是"偏"。"中"和"偏"既是对立的存在，又是互为前提的存在。无"中"何来"偏"，而无"偏"，"中"就失去意义或变得无法衡量。

"中"既是客观性存在，也是过程性存在。

"中"具有客观性。作为一切"在者"运动的时间和空间的基本属性或存在方式。它本身也是"在者"。它和事物之间密切联系、不可分离。恩格斯在说明时间和空间与物质运动的关系时指出：时间和空间"这两种存在形式离开了物质，当然都是无，都是只在我们头脑中存在的空洞的观念、抽象"。① 列宁也指出："世界上除了运动着的物质，什么都没有，而运动着的物质只能在时间和空间中运动"。②

第一，物质的运动离不开"中"。首先，空间之"中"。任何运动都是在围绕一个中心来进行。从宇观角度看，总星系有它的中心，银河系、太阳系都在围绕中心旋转，地球的自转有轴心。在宏观自然界，物体从无生命物质到生命物质都是如此。而在微观领域，即使是再小的物质存在形态，如原子内部的电子，围绕原子核旋转。就是说，物质运动在空间上存在着"中"，或者不能离开"中"。其次，在时间顺序性上，具体事物的存在和运动总是要经历一定的时间。如果我们将时间看成为一个单向度的数轴，那么，它就存在着过去，现在和将来。从广义角度讲，时间之"中"就是指"现在"，或者说，物体运动过程中的时间之半谓之"中"，如一日之"中午"，我们可以称之为"时中"。这是由事物运动的过程性决定的。恩格斯指出："世界不是既成事物的集合体，而是过程的集合体"。③ 一切事物，只有经过一定的过程才能实现自身的发展，自然界、人类社会和人的思维都是如此。事物有发展过程就必然会有"中"。就是说，事物在空间上不能离开"中"。

第二，"中"也离不开物质运动。当我们提到"中"时，就必然会涉及什么东西的"中"。离开物质运动就无所谓"中"。此外，衡量"中"之方法、工具、手段尽管多种多样，但是，都离不开物质本身的运动。

---

① 《马克思恩格斯文集》第9卷，人民出版社2009年版，第500页。
② 《列宁选集》第2卷，人民出版社1995年版，第137页。
③ 《马克思恩格斯文集》第9卷，人民出版社2009年版，第250页。

"中"具有过程性。一方面,从空间广延性看,在物质自然界中,任何具体事物都占据相对稳定的空间,这时"中"可以表现为某事物的中心点或者中间状态(当然,也有可能不是中心或中间状态的情况)。而这种状态在一定条件下是稳定的,不变的。但是,事物总是要发生变化,而在变化了的条件下,"中"作为空间位置,就会随之发生变化。而且,不同质或不同类的事物有不同的"中",即使是同类事物的"中"也会各不相同。特别是当我们将这一事物置于整个世界相互联系、相互影响、相互作用的无尽链条中去考察的时候,"中"的变动性就更加明显。另一方面,从时间顺序性上讲,时间是一维的,度量任何一个具体事物时间之"中",只需要一个数值就可以表现出来。这是时间之"中"的相对稳定性。但是,时间不可能停留在一点上,它总是沿着过去、现在、未来一个方向前进,因而,时间之"中"又是随运动而不断变化的,具有变动不居性。

三 "中"之辩证特性

第一,"中"的绝对性和相对性。

作为自然存在论的"中"是绝对性和相对性的统一。

首先,"中"是绝对的无条件的。"中"的客观实在性是绝对的无条件的。"中"是事物的实然状态,不管人们是否认识或者怎样去认识,它都是作为事物本身固有的属性而存在,不依主体的意志为转移,人们头脑中关于"中"的观念是对现实事物之"中"的主观映像。同时,时间的一维性和空间的三维性是绝对的无条件的,时间只是沿着过去、现在、将来的方向流失,不可逆转。爱因斯坦的相对论证明了,一个具体事件发生的先后次序是确定的不可逆的。因而,这一事件在时间上的"中"就是确定的。从空间的任何一点出发,都能够引出而且只能够引出三条相互垂直并交叉于原点的直线,以此可以表示物体的空间位置或体积的大小,而任何具有一定体积大小的事物必定有"中"。

其次,"中"又具有相对性。由于具体事物的时间和空间是随着事物存在形态和运动速度的变化而变化,因而,"中"是有相对的有条件的。就是说,一方面,事物的具体存在形态是各不相同,每一个基本粒子、原子、分子，每一个宏观物体各有其"中"，无机物和有生命物质也有不同的"中"。另一方面，事物之"中"不是固定不变的，而是随运动速度变化而变化。爱因斯坦的狭义相对论证明了，随着运动的速度增加，物体内部的时间过程会变慢，空间距离会缩短。而广义相对论则揭示了时间、空间特性与物质分布状态的相关性，物质分布状态不同，引力大小则不同，时间和空间呈现不均匀的特性。

"中"是绝对性和相对性的统一。一方面，相对之中有绝对，任何相对都是绝对的一个方面、一个环节。另一方面，绝对之中有相对。无数相对之总和构成了绝对，亦即无数具体事物存在的"中"的总和构成了在时间和空间上无限之"中"。

第二，"中"的无限性和有限性。

"中"之绝对性和相对性的统一又表现为它是无限性和有限性的统一。这种无限性与有限性是和时间、空间的无限性和有限性相关。

时间、空间的无限性是指时间的一维持续性和空间的三维广延性是无限的。整个宇宙在时间上无始无终，在空间上无边无际。庄周在《庄子·天下》篇中说："至大无外，谓之大一；至小无内，谓之小一。"从这一意义上，时间和空间无"中"，或者说"中"是无法确定的，仅此而言，我们通常所说的"中"只是思维的抽象和理论的假设。或者说，我们所说的"中"只是对有限的宇宙或宇宙中的具体存在而言的。

时间、空间的有限性是对应于宇宙中的各个部分或具体事物的时间、空间的有限性。物质世界存在的每一个具体事物的发展过程有始有终，从事物的产生到发展到灭亡的整个过程的时间是有限的，而且每一阶段的时间也是有限的，因而时间之"中"就存在，也可以度量。任何物体都占据一定的空间位置，有其体积的大小，事物之间也存在着彼此并存和分离关系，就是说，任何具体的存在在空间上是有限的，因而，空间之"中"就存在，也可以度量。

"中"之无限与有限是统一的。一方面，无限包含有限，它由有限构成。无限的时间和空间必然将具体的现实的有限时间、空间包含于自身之中，离开一个个具体的有限的时间、空间，无限才真正成为"无"。"中"之无限、有限依然。另一方面，有限体现无限。任何具体的存在都有自己的界限，但是，由于事物不断运动的特性，具体的存在必然灭亡和转化，有限总是被打破、被否定而趋于无限。这种无限的趋势不在有限之外，而在有限之"中"。《庄子·天下》篇中的"一尺之棰，日取其半，万世不竭"之说，就是这个道理。这里的"半"就是"中"。

第三，"中"具有普遍性和特殊性

"中"之普遍性是指它存在于一切事物的发展过程中，存在于一切事物发展过程的始终。就是说，只要有具体事物的存在，就会有事物之"中"的存在。作为哲学意义上的"中"是一切具体存在的事物之"中"的抽象，它表示一切具体的"中"的共性或一般。有人将其称之为"大中"，是有一定道理的。"中"之特殊性是指世界上的任何一个具体的存在和这一存在的不同层次、侧面在时间和空间上的"中"之形态又具有个性或个别性。或者说，每一事物、事物的不同层次、侧面或事物发展的不同阶段，"中"所体现出来的性状各不相同。有人将其称之为"个中"也是有一定道理的。

"中"之共性和个性是辩证的统一。首先，"中"之共性只能大致包括个性，它只是同类事物共同东西的抽象；而个性不能完全进入到共性之中。"中"之共性深刻，只能依靠理性思维把握，而"中"之个性丰富多样，可以依靠感性获得和衡量。其次，一方面，抽象的一般意义上的"中"不能离开每一个具体的"中"，它寓于具体存在的事物并通过具体事物表现其存在。否则，它就只能是空洞的无任何意义的概念性存在。另一方面，他们之间在一定条件下可以相互的转化。在一定具体条件下的某种"中"，在另一种条件下可能成为"偏"或过与不及。在一个小的范围内是"中"，放在一个大的范围或背景下就是"偏"。在一种参照系下是"中"，在另一种参照系则可能是"偏"。如此等等。

第四，"中"表现为事物的"度"

"中"从本义上讲，有中间、中央之义。但是，这里的中间或者中央，首先不是绝对的点，因为，绝对的点只是数学的假设，而在现实过程中，抽象的绝对的数学的点是不存在的。如果从微观的角度看，任何点都是具有它的内部的结构，因而仍然可以分割，也就是说，这个点仍然具有自己的"中"。其次，中央或中间，也不一定是一分为二的"正中间"。古希腊被毕达哥拉斯提出的"黄金分割率"就是最为典型的例子。最佳的分割并不是在"正中央"。因此，"中"就只能是一个度，它有自身的幅度和范围，我们称之为上下限。把握这一特性的意义在于：首先，它能够使我们清晰而准确地把握事物的质的规定性。例如，相较于气态的水和固态的水，液态的水就是"中"，而这个"中"就不是一个点，而是一个数量界限，即一个标准大气压下摄氏零度到摄氏一百度的水。当我们掌握这一数量关系时，就能够将水从性质上限定在液态的范围内，从而清晰准确地把握事物的质的规定性。其次，它对于规范人的心性和行为有重要意义。儒家关于"中庸"思想既是一种新型修养的工夫，也是一种行为的准则，其基本内涵是主体在思想和行为上的不偏不倚，无过与不及。毛泽东在分析中国传统哲学这一思想的实质时指出，"过与不及乃指一定事物在时间与空间中的运动，当其发展到一定状态时，应从量的关系中找出与确定具有一定未定的质，这就是中或中庸"[①]。

四 结语

需要指出的是，单独将"中"作为一个问题考虑在学术上应该是被允许的。但是，很显然不能只是讲"中"。在中国传统思想中，"中"往往是与"和"联系起来使用，从而构成二者之间的体用关系。而且，中国传统文化中的"中和"思想，构成了自己独特的体系。但是，从根本上讲，并不是或者没有从自然观角度的阐释。在大多数情况下，中国传统的"中和"思想，都是从社会治理、价值观念、行为准则、心性修养等角度进行阐述的。由此看来，本文从自然存在论角度对"中"的考察，因而就具有了独特的意义。我曾经在第十届中韩学术交流大会上发表过一篇题为"和与争的辩证法"的文章，其思路与本文一致，其中讨论了"中和"之"和"的问题。这篇文章可以看成是它的续篇，即讨论"中和"之"中"。也算把我自己对中国传统文化的"中和"思想的一些看法表达了出来。

---

① 《毛泽东文集》第二卷，人民出版社1995年版，第页。

马克思的生产现象学初探

——以《资本论》及其手稿中的资本主义特殊生产方式为焦点

刘 宇*

摘要：马克思在《资本论》及其手稿论述"相对剩余价值的生产"部分，关于资本主义生产方式诸特殊方法的描述，采用了类似于现象学的方法。在他的描述中，资本家以剩余价值生产为意向构造了特殊的生产方式。这些方式不断增强资本增殖的可能性，并不断将劳动者并入到日益畸形的生产活动中。马克思通过这种描述来揭示资本主义生产方式的本质，即为他的"生产现象学"。这种生产现象学进而揭示了资本主义生产方式分割生活世界之整体性，形塑整个现代生活世界，使之抽象化和封闭化的可能性。通过这种现象学的揭示，也为人们超越资本主义生产方式的限定，从而恢复生活世界之整体性的实践提供了意识上的指南。

关键词：马克思；《资本论》；生产现象学；资本主义生产方式；生活世界

导言 马克思哲学与现象学之缘

马克思的政治经济学批判是其主要的理论贡献之一，该批判的目的在

---

* 作者简介：刘宇（1977—），山西大同人，哲学博士，西北大学哲学学院教授，硕士生导师，兼任中山大学实践哲学研究中心兼职研究员，主要研究方向：马克思主义实践哲学。

本文系国家社科基金项目"作为方法论的实践智慧及其应用前景研究"（编号：15BZX013）的阶段性成果。

于揭示资本主义生产方式的本质、结构以及运行规律。马克思曾表明这是一种"铁的必然性"。但对一事物之本质和规律的强调容易使人认为这种社会存在物是完全客观的，完全外在于人的主观意志活动而自在存在的。人出于意志的实践活动只能服从和利用而不能改变这个规律。但马克思还说过，历史性的社会存在不过是人的活动及其结果而已。那么，这种客观性的规律又如何能与主观性的活动相融合呢？主观性活动是怎样生长、生产或构造出客观性规律的呢？① 这个问题在马克思主义哲学研究领域挥之不去，乃至于在西方马克思主义学界形成了科学主义和人本主义两大阵营，分别强调社会存在的客观规律性和人实践的主观能动性，而在中国马克思主义哲学界也曾出现过苏联教科书体系的客观规律论与改革开放后的主体性哲学的对峙。②

近年来，人们试图用"实践本体论"来化解这个二元对立的问题，即历史性的社会存在是人类实践的过程和结果，实践又是在特定历史条件尤其是物质生产条件之下进行的，所以实践是主观能动性和客观条件性即规律性的相互统一。但这种本体论层面的解释至多是一种抽象的概念组合，并没有像马克思那样深入具体的历史和社会状况中来回答这一问题。尤其是无法回答，人的具体实践过程究竟怎样与历史客观条件相结合，一般性的人类实践究竟怎样产生出具体的社会存在。也就是说，实践本体论可以说明事情"是如此"，但无法说明"怎样如此"。

关于研究事物怎样生成，尤其是人的实践和认识活动怎样运行以至于构成了新的社会存在的问题，人们开始利用海德格尔的哲学构造出"实践的生存论"来解答马克思哲学中的人类社会的历史性生成如何可能的问题。③ 但这种研究依然归于抽象，无法切中人们对现实社会存在的认

---

① 参见徐长福《马克思的实践哲学与唯物史观的张力及其在西方语境中的开显》，载《马克思主义与现实》2012 年第 2 期。

② 参见王南湜《追寻哲学的精神——走向实践哲学之路》，北京师范大学出版社 2006 年版，第 375—390 页。

③ 这方面代表性的专著有邹诗鹏：《生存论研究》，上海人民出版社 2005 年；李龚君：《马克思的感性活动本体论》，天津人民出版社 2007 年。关于对这种路径的一般看法，参见张守奎《马克思哲学"实践生存论存在论"的革命性变革意义》，载《理论学刊》2008 年第 7 期。

识,更无法为人们的现实实践活动提供指南。① 尤其是,海德格尔的哲学专注于对主体基本生存结构的分析,并走向一种诗化的个体存在哲学,这一点与马克思所追求的科学地把握社会现实及其规律并以此指导社会群体实践的理想背道而驰。② 在回答如何认识现实社会规律的问题上,人们的目光从海德格尔的生存论哲学转向了胡塞尔的现象学,因为与海德格尔不同,胡塞尔的现象学明确地追求一种"严格的科学",希望通过对事物现象的分析得出关于其本质结构及客观规律的认识。这一点与马克思不谋而合。马克思也期望通过政治经济学研究,发现那"以铁的必然性发生作用并且正在实现的趋势",即"现代社会的经济运动规律"③。或许,马克思所探索的,正是胡塞尔所提出的"一门原社会学……也就是使社会学现象直接地被给予,并且根据这些现象的本质来进行研究的社会科学"。④

近些年,围绕着马克思和现象学之相关性的研究层出不穷,人们希望通过现象学的方法论意义,从根本处抓住马克思从对事物运动变化过程的洞察发现其客观本质和规律的方法论前提。⑤ 用张庆熊教授在《现象学方法与马克思主义》一书导论中的话,可以这样看待二者的关联:

> 在现象学的"面向事情本身"的原则和辩证唯物主义的"实事求是"的原则之间,在现象学的"明证性"学说和唯物辩证法的"透过现象看本质"的学说之间,在现象学揭示科学的危机、人的生存的危机与历史唯物主义揭示资本主义的经济危机之间,在它们各自

---

① 参见张守奎、田启波《生存论哲学研究应关注现实生存问题》,载《光明日报》2017年12月18日。
② 参见马尔库塞《海德格尔的政治观念》,牟春译,载张庆熊主编:《现象学方法与马克思主义文选》,上海三联书店2014年版,第34—35页。
③ 马克思:《马克思恩格斯全集》,第44卷,《资本论》(第一卷),人民出版社2001年版,第8—10页。
④ 参见邓晓芒:《实践唯物论新解——开出现象学之维》,武汉大学出版社2007年版,第152—153页。
⑤ 除了大量的论文,这方面的专著也有不少,如邓晓芒:《实践唯物论新解——开出现象学之维》,武汉大学出版社2007年;张庆熊:《现象学方法与马克思主义》,三联书店上海分店2014年;汪胤:《本质与劳动——马克思思想的现象学解读》人民出版社2014年;李鹏:《马克思哲学的现象学思想研究》,中央编译出版社2014年版;刘贵祥:《马克思的感性活动论研究——一个生存现象学视角的探索》,中国社会科学出版社2016年,等等。

对实证主义方法的批判和对人的异化的研究方面，确实能够找到许多切入点，进行比较研究，从中获得启发，推动马克思主义哲学方法论的发展。①

这里明确表达出作为方法论的现象学与马克思主义哲学的互通性。从另一位哲学名家邓晓芒教授的《实践唯物论新解——开出现象学之维》一书的自序中也可以看出这一点。他说：

> 我从80年代中期开始注意到胡塞尔的现象学，我惊叹于这种方法论哲学与我以往对马克思主义哲学的理解有如此紧密贴切的吻合之处……我的思路是，通过现象学把握感性，通过感性把握实践，通过实践把握历史唯物主义（历史感），通过历史唯物主义把握辩证法（辩证逻辑），又通过辩证逻辑回到人的感性的、自由自觉的生命活动，由此建立起马克思的人学现象学。②

这一波以现象学方法论探讨马克思主义哲学诸基本问题的潮流，可以说延续了20世纪中期兴盛于德国和法国的现象学马克思主义，在哲学层面加深了人们对马克思的感性实践活动之内涵的理解，并在此基础上形成了对现代社会异化和科层制问题的一种批判话语。但是，正如以马尔库塞、萨特、梅洛—庞蒂等为代表的现象学马克思主义偏离了马克思关于资本主义生产方式的具体理论分析，当前国内以现象学解读马克思主义哲学的路径，如果依然停留于探讨诸如"生存"、"实践"、"感性"、"历史"等抽象概念的层次，那么，这条路径依然无法切中马克思对现实社会的深刻认识。③

根据上述，对马克思思想内涵的理解需要化解其中客观性和主观性相对立的难题，而且这种化解不能停留于概念抽象性的层次上，需要深入到

---

① 张庆熊：《现象学方法与马克思主义》，第13页。
② 邓晓芒：《实践唯物论新解——开出现象学之维》，第4—5页。
③ 关于现象学与马克思的新近研究，在主题和内容上更为细化和深入，如2017年在南京大学召开的"现象学与马克思专题研讨会"上诸位青年学者的研究。参见李林蜜、马迎辉："第一届'现象学与马克思'专题研讨会综述"，载《哲学动态》2017年第8期。

历史经验的发生过程中，通过对经验现象的研究发现主体活动与客观规律接榫之处。就此而言，现象学方法无疑是适当的。现象学正是沟通主体与客体，从主体可明见的直观现象出发，切中事物之客观性的一条道路。实际上，此处需要的不是"应用"现象学来解读马克思，而是从马克思那里看到现象学本身的展现。正如在政治经济学批判中马克思应用了来自黑格尔的辩证法，却没有告诉我们他使用的辩证法是什么一样，在那里，马克思实际上也使用了现象学，尽管他连这个黑格尔曾用过的词语都没有提到过。尤其是在《资本论》中，马克思细致地描述了资本主义生产中的劳动过程及其历史发展，从中显现出资本主义生产方式的本质性结构。这种"透过现象看本质"的方式实际上正是现象学的运用，而且是较为复杂的运用，因为马克思的目的不仅仅是认识，还有批判。①

本文试图通过分析马克思在《资本论》及其手稿中"资本的生产过程"这一研究领域下关于"剩余价值的生产"的部分内容，尤其是"相对剩余价值的生产"中对各种特殊生产方法的描述和分析，展示马克思对资本主义生产方式的现象学式解剖。并以此为基础，说明这种解剖如何为批判资本主义对现代社会的形塑提供了认知前提。正如胡塞尔的作为严格科学的现象学为后人从现象学视角进行的现代性批判提供了前提。

一 马克思生产现象学的论证前提

本文将马克思在论述相对剩余价值生产使用的特殊生产方法时所体现的现象学内涵，称为"生产现象学"。之所以如此称谓，是因为马克思在政治经济学批判中鲜明地通过细致描述历史境域中的资本主义生产过程，即活生生的资本主义生产现象本身，来揭示资本主义生产方式之本质结构。在此，一方面，本质并非现象背后的基础及抽象，而就在现象的运动

---

① 有学者研究了马克思的政治经济学批判尤其是《资本论》中内在的现象学意蕴，比如张一兵教授称马克思的《1844年经济学—哲学手稿》中的思想是一种"人学现象学"，在《1857—58年经济学手稿》中的思想是"经济学语境中的历史现象学"；何中华教授称《资本论》本身就是"作为人的存在的现象学叙事"。参见张一兵：《回到马克思——经济学语境中的哲学话语》，江苏人民出版社2009年版；何中华：《作为人的存在现象学叙事的〈资本论〉》，载《学习与探索》2014年第5期。

过程中层层递进地显现着；另一方面，现象并非只是感官所接受的直接表象，而是以特定的方式在特殊境域中展现着的事实本身。马克思的论述表明，只有回到具体的生产现象本身才能发现资本主义生产方式的秘密。

马克思在《资本论》中对现象学方法的使用是与辩证法相辅相成的。在《资本论》德文第二版跋中，马克思通过他人的书评这样说明他所使用的辩证方法：

> 在马克思看来，只有一件事情是重要的，那就是发现他所研究的那些现象的规律。而且他认为重要的，不仅是在这些现象具有完成形式和处于一定时期内可见到的联系中的时候支配着它们的那个规律。在他看来，除此之外，最重要的是这些现象变化的规律，这些现象发展的规律，即它们由一种形式过渡到另一种形式，由一种联系秩序过渡到另一种联系秩序的规律。……批判将不是把事实与观念比较对照，而是把一种事实同另一种事实比较对照。对这种批判唯一重要的是，对两种事实进行尽量准确的研究，使之真正形成相互不同的发展阶段，但尤其重要的是，对各种秩序的序列、对这些发展阶段所表现出来的顺序和联系进行同样准确的研究……这种研究的科学价值在于阐明支配着一定社会有机体的产生、生存、发展和死亡以及为另一更高的有机体所代替的特殊规律。①

从这段话中可以看到，与黑格尔辩证法将观念的运动秩序加之于事实之上相反，马克思的研究总是在现象和事实的基础上发现其中的规律，即现象本身的特定形式以及形式之间相关联的方式。形式本身是抽象的和静止的，但现象是具体的和变化的，那么，如何在对现象的描述中展示形式呢？这便是现象学所面对和要解决的难题。② 实际上，马克思心目中的辩证方法在《资本论》第一卷的论述中有两种显示形式，一种是他自己强调的，按照一种"先验的结构"来叙述理论的概念推理方式，另一种便

---

① 马克思：《资本论》（第一卷），人民出版社2001年版，第20—21页。
② 参见张祥龙《朝向事情本身——现象学导论七讲》，团结出版社2003年版，第6—16页。

是在对历史现象的描述中揭示本质结构的描述方式。前者的运用主要是在第一篇和第二篇中从商品到货币再到资本的逻辑推理中，后者的运作则是在第三篇和第四篇对剩余价值生产的论述中，尤其是第四篇"相对剩余价值的生产"中对生产方法之历史演进的描述。

在《资本论》中，当马克思的叙述从商品推导到货币，再推导到资本，进行到"货币转化为资本"的环节时，发现了资本总公式的矛盾：既然商品的买卖都遵循着等价交换的原则，那么，在流通领域中实现价值增殖是如何产生的。价值增殖产生于流通领域，是资本主义生产方式的表象，也是过去的政治经济学家们所坚持的东西。但马克思排除了价值增殖产生于流通领域的各种可能性，并得出结论：价值是在流通领域通过交换出现增殖的，但它的真正产生却不在流通领域。价值增殖的根源在资本总公式 G－W－G' 中货币所购买的一种商品 W 本身上。这种商品必须有一种特殊的使用价值，使得购买它的预付资本价值与商品中包含的相应部分价值之间存在着差额。任何商品的购买都是价值的付出，对它的消费又是使用价值的减损，唯有对人的劳动力的消费会增加价值。这是人之为人的特殊性之一。所以，劳动力能够作为商品被购买，是价值增殖的必要条件，而且是本质性的必要条件，这就是劳动力的买卖在货币转化为资本过程中的本质必要性。①

推论进行到这一步，还须说明这种商品带来剩余价值的可能性，马克思接着说明劳动力价值的内容，即生产和再生产这种特殊商品需要消耗一定的价值。而劳动力即其体力和智力的总和具有无穷的潜力，它可以制造出远远超过维持其存在所要消耗价值的东西。这个超出的部分按照社会制度的规定被劳动力的购买者所占有，就形成了商品价值增殖导致货币转化为资本的可能性。接下来还须继续论证这种转化的现实性，即通过劳动力的使用而实现价值增殖的过程和方式。但这个环节并不在流通领域，也就是不在公开的市场交易中，而是在资本家私人所有的领域即生产领域中，所以这是一个"秘密"，是一个对于外部观察者而言隐蔽的场所。"在那里，不仅可以看到资本是怎样进行生产的，而且还可以看到资本本身是怎

---

① 马克思：《资本论》（第一卷），第 194—198 页。

样被生产出来的。赚钱的秘密最后一定会暴露出来。"①

可见，由资本家控制工人所进行的生产过程本身，是货币羽化为蝶也就是从潜在的资本转化为现实的资本的关键环节。如果看不到这个生产领域内部发生的事情，只看公开的流通领域，就只能看到一个自由、平等、所有权和互惠互利的社会交往过程，也就根本无法发现资本主义之为资本主义的本质所在。如果说从商品到货币再到资本的进程，是任何资本主义社会运转的外部观察者都可以看到的东西，就可以采用概念推论的方式将之阐明为一个似乎是"先验的结构"，那么，对生产这个隐蔽场所的考察，就必须通过"内部人"的视角来观察。换句话说，对流通领域诸事物的考察采取的是理论家的外部观察方式，而对生产领域诸事物的考察则须采取对活动者的内部观察进行理论分析的方式。活动者通过特定的活动产生出特定的事物，即呈现为某种形态的事物。对这种事物之产生过程的描述，成为研究者所要分析的事实材料，它在一种符合其呈现方式的分析中显露出其本质结构。前者呈现为现象，后者将现象升华为本质。此处，马克思所面对的现象不是像实证主义的科学研究所设想的那样，通过对客观对象的中立性观察获得的经验材料，而是事物向实际经验者所显现的内容和方式。因此，研究这种现象就不能像实证主义那样，将所谓的客观经验材料归纳和抽象为普遍概念和规则，而必须通过现象学分析看到，事物如何在活动者的意向性活动中被构成其所是的样子。

当然，与胡塞尔的意识现象学不同的是，马克思所分析的不是认识活动，而是生产活动，是由资本所有者获取剩余价值的意向所生发出来的资本主义生产过程。马克思曾说过，在资本主义社会中资本是主体，资本家只是人格化的、有意志和意识的资本职能执行者。② 资本家的活动反映着资本本身的意向，资本的意向性激活了社会中存在的各种生产条件，使之构成为资本主义所特有的生产活动。资本家及其庸俗经济学家对那个"隐蔽"的生产过程，只会采取认为其理所当然的自然态度，无反思地接受其存在的现实性与合理性。而马克思在了解这种自然态度的基础上，采取现象学的反思态度，看到了该生产过程的不同侧面，由此看到了资本主

---

① 马克思：《资本论》（第一卷），第204页。
② 同上书，第178页。

义生产方式的片面性本质，并在一个整体性视域下对此本质的问题及后果进行了批判。

二 生产现象学视域下的资本主义生产过程

马克思在《资本论》及其手稿中详细阐述的生产相对剩余价值的劳动过程，被后人发展为"劳动过程理论"，旨在揭示资本主义劳动过程的实质，尤其是劳动如何从形式从属于资本向实质从属于资本的转变机制。① 但这种理论的研究视角与马克思对资本主义生产的现象学式探究并不一致。因为马克思明确讲过，劳动过程是"人类生活的一切社会形式所共有的""人和自然之间的物质变换"。② 而资本主义的生产过程是劳动过程和价值增殖过程的统一，是一种特殊的生产方式。因此，可以通过两个视角来考察这种生产方式，一是劳动过程的视角，二是价值增殖过程的视角。马克思说：

> 如果我们从劳动过程的观点来考察生产过程，那么工人并不是把生产资料当作资本，而只是把它当作自己有目的的生产生活的手段和材料。……可是，只要我们从价值增殖过程的观点来考察生产过程，……生产资料立刻转化为吮吸他人劳动的手段。不再是工人使用生产资料，而是生产资料使用工人了。不是工人把生产资料当作自己生产生活的物质要素来消费，而是生产资料把工人当作自己的生活过程的酵母来消费，并且资本的生活过程只是资本作为自行增殖的价值的运动。③

一般劳动过程的结构是"人—劳动资料—劳动对象"，其中，人是有目的的活动的发出者。通过这个结构实现的是人进行劳动的目的。如果劳动的目的是生产物品，即活动的意向指向物品的使用价值或效用，物品的

---

① 参见谢富胜《控制与效率——资本主义劳动过程理论与当代实践》，中国环境科学出版社2012年版。
② 马克思：《资本论》（第一卷）第215页。
③ 马克思：《资本论》（第一卷），第359—360页。

效用指向人的生活目的。那么，在以人的生活目的为指引方向的生产中，由诸个体的特殊价值观和生活感受所组成的生活场域成为生产的境域。在此情况下，劳动过程中所使用的劳动资料和所改造的劳动对象均会打上个人生活意义的烙印。如果按照这种一般性的生产意向来理解资本主义生产方式，就看不到其特殊性，也看不到其中隐含的特殊的社会关系。这也就是马克思的政治经济学批判超出那种"实践生存论"的地方。而对具体事物的现象学探究"必须依靠对各个对象种类的特殊显现方式的具体研究。像胡塞尔常说的那样，哲学必须有能力将它的普遍的大票面钞兑换成接近实事的细致分析的小零钱。"① 马克思对此有类似的考虑，科学研究虽然是以普遍原理为目标，但所追求的应该是由多样性综合统一的"具体的普遍性"（或曰"具体的总体"）。资本主义通过特殊的生产方式将具体的劳动抽象化，因此，把作为人类活动普遍特征之一的劳动过程看作是资本主义的，这实际上是资本主义之特殊性本身的产物。②

由于资本主义生产过程具有双重目的：一是生产商品，二是价值增殖。而且，后者是资本家组织生产过程的真正目的，前者是实现后者的手段。在马克思看来，资本主义生产方式必须以整个资本逻辑结构为语境，才能理解其真正的意义。在资本主义社会中，只有服务于剩余价值生产的劳动才是"生产劳动"，否则便是"非生产劳动"。"只有把生产的资本主义形式当作生产的绝对形式，因而当作生产的永恒的自然形式的资产阶级狭隘眼界，才会把从资本的观点来看什么是生产劳动的问题，同一般说来哪一种劳动是生产的或什么是生产劳动的问题混为一谈，并且因此自作聪明地回答说，凡是生产某种东西、取得某种结果的劳动，都是生产劳动。"③

因此，现象学地研究资本主义生产方式，必须按照资本主义自身的特性，把资本作为主体，把资本的增殖意向作为其活动的起点，把剩余价值的生产作为其意向对象，把资本通过这个意向来构造社会形态的过程作为

---

① 胡塞尔：《现象学的方法》，倪梁康译，上海译文出版社2016年版，编者导言，第13页。

② 马克思：《马克思恩格斯全集》第30卷，1857—1858年经济学手稿，人民出版社1995年版，第42—45页。

③ 马克思：《马克思恩格斯全集》第48卷，人民出版社1985年版，第43页。

揭示资本主义社会结构的内容。这一点不同于庸俗经济学家对生产方式的研究。后者只考虑生产过程的第一重目的，从技术方面考察生产过程的效率问题。他们认为，通过改进生产技术以提高劳动生产力，是经济发展必需而合理的环节，是生产的基本规律。殊不知，只有在资本主义条件下，才有如此大的动力进行技术发展，并且按照尽可能提高生产速度、缩短生产时间、节省生产消耗的方向来改进。更重要的是，既然是以与劳动相对立的资本的视角来把握，那么，整个生产过程的设计和运行便须完全忽略直接劳动者的主体性以及作为人而言的丰富性。

马克思看到生产过程中隐含的价值增殖过程，以价值增殖过程作为生产过程的构成性境域，来考察生产过程。这就是马克思的"生产现象学"。其中，马克思所描述的每一个生产过程的细节，都是以价值增殖为意向。对生产过程的直观，是通过把握这个意向性而进行的。这个意向性构成了资本主义生产方式这个特殊范畴。在生产过程中作为现象的人与物之间的技术关系，只有在人与人之间的社会交往关系即资本为了增殖而对劳动的统治关系的视域中才能得到理解。而通过描述技术关系所包含的指向剩余价值的意向性，对技术关系的直观就完成了对社会关系的揭示。工人通过直接生产过程，不断生产出被当作商品的产品，也不断生产出资本，以及以资本为核心的社会关系。工人不过是资本自我生产的一个环节，生产方式服从资本的意志和价值增殖的规律，而与工人自身无关。

当劳动实质性地从属于资本，即劳动过程完全丧失其独立性，而由资本的力量所构建，工人的活动方式便完全服从资本的意识和意志。工人的生产意向脱离了与生活世界的关联，而进入一个被资本构建出来的关联网络之中。在此过程中，生产者与生产条件的主客体关系发生了颠倒。在资本主义劳动过程中，劳动的诸形式如协作、分工、工场手工业、机器体系和工厂，表面上表现为生产技术的力量，但实质上是资本内在的生产力。工人被迫并入到资本所营建的整个生产网络中，其个体劳动力必须以资本所所购买的各种生产条件为中介，并听命于该生产条件，才能作为力量发挥作用。[①] 所有工艺方式的变革和发展，都服从于增加剩余劳动时间和必要劳动时间之间的时间差。

[①] 马克思：《资本论》（第一卷），第417页。

马克思按照劳动从属于资本的历史进程，详细地描述了从手工工人的协作到工场手工业再到现代机器大工业的资本主义生产方式变革。但这个描述并非如表面上那样是按照时间顺序排列的，而是按照生产活动方式接近资本主义本质的程度由浅入深地来排列的。所谓劳动从属于资本之程度"浅"与"深"的差别，就在于劳动者越来越像单纯的物那样，自动地、连续地、不断地服从于巨型的自动机。其发展趋势就是要让一切生产要素，包括生产资料、生产材料和劳动力一刻不停地处于活动之中，尽量地结束一切浪费，主要是劳动时间的浪费。这就需要把原本在时间进程中的劳动过程改造为只具有空间的性质。

在资本主义特殊生产方式的第一个阶段即协作劳动中，是资本将单个工人结合到一起，集体地共同完成原先依此进行的劳动。"工人作为独立的人是单个的人，他们和同一资本发生关系，但是彼此不发生关系。他们的协作是在劳动过程中才开始的，但是在劳动过程中他们已经不再属于自己了。他们一进入劳动过程，便并入资本。作为协作的人，作为一个工作机体的肢体，他们本身只不过是资本的一种特殊存在方式。因此，工人作为社会工人所发挥的生产力，是资本的生产力。……劳动的社会生产力好像是资本天然具有的生产力，是资本内在的生产力。"[1] 在协作中，资本把工人的个别劳动结合为一个整体，使得他们同时完成一系列生产环节，由此大大节省了生产的时间和空间。但这种模式下的资本只是增加了结合的力量，而单个工人的劳动仍然属于自己。

在资本主义生产的第二个阶段即工场手工业中，生产过程中的分工凸显出彻底改造工人本身的力量。在工场手工业中，"终生从事同一种简单操作的工人，把自己的整个身体变成这种操作的自动的片面的器官，因而他花费在这一操作上的时间，比循序地进行整个系列的操作的手工业者要少。"[2] 为了缩短身体运动的时间，劳动者个体本身被分割开来，成为某种局部劳动的自动的工具。这样，马克思从资本的视角考察完这种生产方式的"进步性"之后，然后又从工人的视角对它进行了批判："工场手工业分工不仅只是为资本家而不是为工人发展社会劳动生产力，而且靠使各

---

[1] 马克思：《资本论》（第一卷），第386—387页。

[2] 同上书，第393页。

个工人畸形化来发展社会劳动生产力。它生产了资本统治劳动的新条件。因此，一方面，它表现为社会经济形成过程中的历史进步和必要的发展因素，另一方面，它又是文明的和精巧的剥削手段。"①

在资本主义生产方式变革的下一个阶段即机器大工业中，劳动方式又有了质的变化：劳动资料从工具变成机器，从而取代劳动力变成生产中的决定性力量。"对资本来说，只有在机器的价值和它所代替的劳动力的价值之间存在差额的情况下，才会使用机器。"② 机器的生产率越高，被使用的可能性越大。这其中的关键部分便是工具机取代手工。工具机是工业革命的起点，因为在发达机器的三个部分——发动机、传动机构，工具机或工作机——中，前两个部分的作用只是把运动传给工具机，只有工具机真正地作用于劳动对象，并按照一定的目的改造它。在机器生产中，分工不再是主观的，而是整个过程客观地按照各部分本身的性质分解为各个组成阶段，"每个局部过程如何完成和各个局部过程如何结合的问题，由力学、化学等等在技术上的应用来解决。"③ 这种客观性保证了生产过程的自动化。"现在，资本不需要工人用手工工具去做工，而要工人用一个会自行操纵工具的机器去做工。因此，大工业把巨大的自然力和科学并入生产过程，必然大大提高劳动生产率。"④

上述马克思对生产方式变革进程的描述，解释了资本增殖视域下特殊生产活动如何可能的问题。很明显这是从资本自身的视角出发看到的现象，但马克思的政治经济学研究不止于此。他还从人的视角，从人作为主体的劳动和生活的角度来观察这种生产方式的变化。从这个角度，他看到了工人的片面化，劳动者被资本无止尽地摧残，他们作为人被彻底地漠视所带来的痛苦与绝望，他们家庭的崩溃，以及社会的苦难。这种视角的变更使得马克思能够更为深入地直观资本主义的本质。可见，马克思的生产现象学看到了多种性质综合统一的资本主义生产方式之特殊性，而且他也以一个更大的视域即社会，看到了资本主义生产方式本身处于肯定性和否定性相交织的矛盾统一体之中。这也就是马克思生产现象学所特有的批判

---

① 马克思：《资本论》第一卷，第422页。
② 同上书，第432页。
③ 同上书，第437页。
④ 同上书，第443页。

性功能。

三 生产现象学视域下资本主义生产方式对现代生活世界的形塑

资本主义生产方式在满足资本增殖欲望的过程中，已经成为现代社会一道普照的光，彻底地改造了社会。马克思的生产现象学也回答了，资本主义的生产方式为什么具有塑造现代生活世界的能力，以至于我们生活的方方面面都笼罩在其阴影之中，或如韦伯所言的现代生活的铁笼之中。

生活世界是人们日常生活的总体性区域，它构成人们日常生活中处理事务、相互交往的境域。"所谓世界就在现象学上被理解为普遍境域，也就是普全的指引联系，所有意义指引的个别联系都共同归属于其中，而我们的行为就是由这种意义指引来引导的。"① 生活世界中的诸事物在人的活动之中相互关联，人们对其日用而不知、习焉而不察。人们习惯性地生活于其中，形成独特的生活方式和心灵品性。"在我们的行为中服从那些已经包含在某个境域中的先行勾勒，这意思就是说：遵循相应的习惯。通过习惯化，也即通过'习性化'（Habitualisierung），我们就形成了相应的习性（Habitualitaeten）。"②

马克思认为工艺学能够揭示人的生活、生活条件、精神观念的直接生产过程，就是说，工艺，即人们的生产劳动方式，构建了生活世界的前提和基础。在资本主义之前的诸社会模式中，人们的生产劳动实质性地属于日常生活的部分，农业或手工业的生产活动本身就是生活本身。针对几乎永恒不变的劳动对象，人们习惯性的劳动方式也就构成他们日常生活的基本形式。生产的过程和目的从属于生活的过程和目的。③ 而在资本主义的特殊生产方式下，人们同原初的日常生活世界脱离了直接关联，并被塑造成一种特殊的生活方式和心灵品性，而后，这种塑造的结果反过来又构建

---

① ［德］克劳斯·黑尔德：《世界现象学》，孙周兴编，三联书店2003年版，第56页。
② 同上书，第59页。
③ 参见波兰尼的"嵌含"（embedded）和"脱嵌"（disembedded）概念。见［匈］卡尔·波兰尼：《巨变——当代政治与经济的起源》，黄树民译，社会科学文献出版社2013年版，第25—29页。

了一种新的世界，但它已经失去了人的真实的生活状态。马克思认为，当现实的劳动过程实质性地从属于资本，劳动过程是由资本而不是由劳动者的交往构建而成的。这样，资本才能完成对劳动者及其活动的全面改造和重塑，从而完成其特定的目的——价值增殖。

马克思对资本主义生产过程的描述提示我们，它大致通过三个步骤而完成了对现代人及其生活世界的重塑。首先，它切断人们与传统生活世界的联系，把人们及其生活资料从整体的日常生活世界中孤立出来；其次，它将这些孤立的人与物在一个脱离生活世界的人为封闭空间中重新组合，并驱使人们习惯于其中；最后，这种新的方式扩展到人们的其他生活领域中，进而渐渐成为普遍的生活方式。但显然，这种新生活方式的基础和出发点是一种特殊的人为构造的生产方式。与之相反，资本主义之前的生产方式是在生活世界的总体运动中自然形成的。下面简略说明上述三个步骤。

第一步，资本主义生产切断人们与日常生活的直接关联。可以从三个方面来说明这个隔离过程：人与物、人与人以及人与自身。生活世界中的物品相互关联，各自在人们生活中担当不同功能。随着人们生活的习惯和熟悉，物成了载有人的生命印记的东西，是人的总体生活的内在构成部分。即使是在生产中的物，也是生产者日常生活的内在环节。人与人的关系更是如此，人们各自以特定的角色结成的各种社会关系，构成人们生活的基础。在日常生活中，人专注于自身的各种活动，这些活动就是他们的总体生活环节。因此，自身与总体融合为一体，其中包含着事物与他人。

协作、分工和机器体系，既需要以工人从其原初生活世界中隔离出来为条件，又是不断地加强着隔离，并使原来的生活模式彻底崩溃。这个过程首先需要将工人与其生产资料，即劳动者与其劳动对象条件完全隔离。当劳动者的生存条件只有劳动力即孤立的个人本身时，他便不得不脱离与生活世界的联系，因为那个世界中的人、事、物已经不再能负担他的基本生存了。接下来，他被迫出卖自己，尽管他的劳动契约只是出卖了劳动力，但真正卖出的却是整个劳动过程，也就是他的生活本身。在新的劳动空间中，协作隔绝着人与人之间的原初联系，用资本将之重新组合。但资本将人们的组合完全限定在生产的客观需要中，任何人与人之间的关联，如果超出生产需要的范围，都会被禁止。而在分工中，人被割断了与物的整体性的关系①，也同时丧失了人的总体性，变得越来越片面。在生产过程中劳动者的身体运动与智力相分离，也就隔离了对周遭世界的理解。在机器体系中，人更是完全从属于机器，人与物、人与人以及人与自身的关联附属于机器的自动运转。②

资本主义特殊生产方式之所以必须隔断劳动者与其生活世界的关联，就是因为其生产的目的在于价值增殖。交换价值本身就是脱离具体的人事物的抽象存在。"（资本的使用价值）这里，资本是按照它在劳动过程中所具有的一定关系出现的。但是，正是在这里，资本不仅仅是劳动所归属的、把劳动并入自身的劳动材料和劳动资料；资本还把劳动的社会结合以及与这些结合相适应的劳动资料的发展程度，连同劳动一起并入它自身。资本主义生产第一次大规模地发展了劳动过程的物的条件和主观条件，把这些条件同单个的独立的劳动者分割开来，但是资本是把这些条件作为统治单个工人的、对单个工人来说是异己的力量发展的。这一切使资本变成一种非常神秘的存在。"③

第二步，资本主义生产将脱离了日常生活世界的人们按照效率原则重新构造。劳动过程的合理化——去情境化——剥除劳动过程中所涉及的人和物的具体性，也就剥除了真正的物性和人性。在工厂生产中，劳动的抽象性展现无遗。一般的劳动过程是劳动者通过劳动资料作用于劳动对象。而在资本主义生产中，劳动者和劳动对象均被抽象化了，因为劳动资料的力量凸显出来，从而使得劳动者和劳动对象都附属于劳动资料。④ 对资本家来说，剩余价值仅仅作为一个时间量的本质，决定着生产活动必须完全可还原为量的形式，但是对于工人来说，却是对他们的整个肉体的、精神的和道德生存具有决定性的质的范畴。资本主义的合理化体系有着两面性：一方面，体系的操作是建立在社会合理性三条原则（1. 等价交换；

---

① 参见［德］冈特·绍伊博尔德《海德格尔分析新时代的技术》，宋祖良译，中国社会科学出版社1993年版，第40—41页。

② William Clare Roberts, "Abstraction and Productivity: Structures of Intentionality and Action in Marx's Capital", in Andrew Chitty & Martin McIvor, ed. *Karl Marx and Contemporary Philosophy*, New York: Palgrave Macmillan, 2009, pp. 188–204.

③ 马克思：《马克思恩格斯全集》，第49卷，人民出版社1982年版，第118页。

④ 同上书，第51—52页。

2. 分类和规则的应用；3. 成果的优化和结果的量化。即市场、组织和技术）的一条或几条基础上；另一方面，这个体系又是卷入其中的人所经验到的复杂的生活世界。①

资本主义生产是在特定的时空秩序之下进行的。如果生产是在日常生活世界中进行，它的空间是对外敞开的，内部浑然一体的，生产者相互之间在这个空间也融为一体；它的时间是与生活本身相连的，生产过程是整个生活过程的一个构成性的片段，它的意义（其活动的方式和结果）指向整个生活的意义，因此具有明确的伦理价值。而在资本主义生产中，生产空间被分隔化、单元化、封闭化、关联化、统一化；生产时间被刻度化、数量化、连续化、无限化。其目标就在于，使人与物均抽离其生活情境，成为片面的、功能性的人和物，从而成为完全被控制的对象。人与物在数学时空中被合理化的程序工具（如机器、纪律）重新构造，在各个层面不断强化，形成了现代生活世界的整体图景。②

第三步，这种特殊生产方式，作为最高效的价值增殖方式，迫使全社会各个领域以之为模型并为之服务，从而资本塑造出一个新的生活世界。

马克思说，"随着劳动在实际上从属于资本，在生产方式本身中，在劳动生产率中，在资本家和工人之间——在生产内部——的关系中，以及在双方彼此的社会关系中，都发生完全的革命。"③ 它引起生产方式上的改变，因而引起社会关系上的改变，并归根到底引起工人的生活方式上的改变。当原先的生活世界不断被分割，人们的习性不断地片面化和机械化，这种效率极大的世界构造方式从生产领域扩展到整个社会的其他领域。卢卡奇说，

> 要使资本主义生产完全产生效果的前提成为现实，这种变化过程就必须遍及社会生活的所有表现形式。这样资本主义的发展就创造了一种同它的需要相适应的、在结构上适合于它的结构的法律、一种相应的国家等等。……现代资本主义特有的东西是：在合理技术基础上

---

① ［美］安德鲁·芬伯格："对合理性的合理批判"，载《科学文化评论》2006 年第 3 卷。
② 参见福柯《规训与惩罚》，刘北成、杨远婴译，三联书店 2012 年版，第三部分。
③ 马克思：《马克思恩格斯全集》，第 48 卷，第 20 页。

的严格合理的劳动组织，没有一个地方是在这种结构不合理的国家制度内产生的，而且也绝不可能在那里产生。因为这些现代企业形式由于有固定资本和精确的计算而对法律和管理的不合理性是极为敏感的。①

接下来发生的事便是 20 世纪的西方马克思主义很多学者所极力批判现代社会的普遍"物化"、人的"单面化"等等。由上述可知，马克思所揭示的资本主义生产方式，具有形塑现代世界的能力。这也说明了马克思的生产现象学为何能够为卢卡奇、马尔库塞、萨特、梅洛—庞蒂、哈贝马斯等人的现代性批判予以奠基。

结语：马克思生产现象学的实践哲学效应

现象学的运用为克服主观和客观的对立提供了途径。它从特殊事物向特殊接受者显现的直观体验出发，通过描述和分析这个"如何显现"的过程和机制，发现该特殊事物的内在本质。因为正是该事物具有那样的特殊本质，才会以那样的方式显现给接受者。但一般把目光只盯在对象本身会使人忽视自我与对象的内在关联，从而割裂意识活动与对象存在。在实践活动中也是如此，实践者往往囿于自己所追求的目标，把活动本身看作实现或获得对象的手段，从而会割裂主观活动与客观目的。

在马克思的生产现象学中，马克思作为研究者看到资本构建特殊生产方式的整个过程、机制和境域，从而能够把握资本活动的主体性和实现对象的客体性之间的关联。尽管资本主义生产方式构建了一个貌似协调而完整的生产剩余价值的世界，但目光只盯住剩余价值即只采取自然态度的资本家，实际上仍处在割裂整体生活世界的一个特殊世界之中。同样，专注于自身生存而进行劳动的劳动者们也是如此，同样处在割裂整体生活世界的一个特殊世界之中。他们都被自身的特殊兴趣（interests）俘获了意识。② 生产现象学揭示了资本主义生产的特殊世界如何与人类生活的整体

---

① 卢卡奇：《历史与阶级意识》，杜章智等译，商务印书馆 1996 年版，第 158—159 页。
② 参见黑尔德《世界现象学》，第 21—22 页。

世界相对立，也就揭示了如何突破那个特殊世界，恢复人类生活世界之整体关联的可能途径。

如果实践者采取这种现象学的态度，一方面看到特殊世界在整体境域中构成的方式，另一方面看到那个特殊世界之外的生活世界的整体关联意义，那么，他/她在实践意识中就会将目光转向那个整体世界，而把那个特殊世界当作其中一个变形的插曲。这样，实践者在实践意识中便可能超越那个特殊世界。工人在生产活动中被奴役和摧残并不会摧毁作为人而言的工人，只要他有超越这种生产活动之特殊视域的实践意识。这种现象学态度对自然态度的超越性，实际上就隐含着实践者超出具体境域的限定而追求完满生活的可能性。① 当然，这种超越不可能发生在理论中，而必须发生在实践中。②

---

① 参见黑尔德《世界现象学》，第 90 页。
② 马克思在《关于费尔巴哈的提纲》中讲到，"社会生活本质上是实践的。凡是把理论导致神秘主义的神秘东西，都能在人的实践中以及对这个实践的理解中得到合理的解决。"参见《马克思恩格斯选集》第 1 卷，人民出版社 1995 年版，第 60 页。

解释世界与改变世界的内在贯通

马新宇*

摘要：在《晚期海德格尔的三天讨论班纪要》中，海德格尔对马克思提出了一个诘问："解释世界与改变世界之间是否存在着真正的对立？"两者本质上内在贯通，解释世界以改变世界为理论归宿，改变世界以解释世界为理论前提。无论在提出诘问的海德格尔那里，还是在马克思那里，这种贯通都显而易见。海德格尔和马克思都力图克服传统哲学主客对立的思维方式，但采用的方式不一样。海德格尔通过对"人生在世"结构的分析，消解了这一对立，指出人与世界的天然一体性，在这个意义上，解释世界即是改变世界；马克思立足于实践克服主客二元对立，在此意义上，对世界的解释必然要求诉诸改变，改变世界即是解释世界的彻底实现。

关键词：解释世界；改变世界；存在；实践

在《晚期海德格尔的三天讨论班纪要》中，海德格尔对马克思《关于费尔巴哈的提纲》的最后一条，即"哲学家们只是用不同的方式解释世界，问题在于改变世界。"① 提出了一个诘问："解释世界与改变世界之间是否存在着真正的对立？难道对世界每一个解释不都已经是对世界的改变了吗？对世界的每一个解释不都预设了：解释是一种真正的思之事业

---

* 作者简介：马新宇（1982—），宁夏固原人，西北大学马克思主义学院副教授，硕士生导师，主要研究方向：德国哲学、伦理学。

① 《马克思恩格斯选集》第1卷，人民出版社1995年版，第57页。

吗？另一方面，对世界的每一个改变不都把一种理论前见（Vorblick）预设为工具吗？"①

海德格尔的诘问包含了两个方面，一是解释世界即是对世界的改变，并以改变世界为预设，所谓的改变同时也是"思之事业"的体现；一是改变世界以解释世界为前提，解释世界的理论是以"理论前见"的身份而出现的改变世界的工具。总而言之，海德格尔认为，解释世界和改变世界是内在贯通的。事实上，马克思也没有强调解释世界与改变世界的对立，换言之，这两者在马克思那里同样是内在贯通的。他只是力图说明，解释世界的哲学把侧重点放在了对世界的解释，而不是对世界的改变。马克思并没有否认解释世界的哲学对思维的重大改造作用，而对思维的改造同样是一种改变。另外，马克思的哲学作为改变世界的哲学，本身即是一种对世界的解释，与其他解释世界的哲学的不同之处在于，马克思更强调这种解释的立足点在于人和社会，这种解释的实现对人类发展与社会发展具有重大意义。

站在马克思哲学的立场上，海德格尔虽然强调了解释世界与改变世界的内在贯通，但他所谓的改变是思想上的改变。虽然这种改变的实现对人的生存境遇会有很大程度的改观，但海德格尔并没有像马克思那样，给我们指出一条现实的改变之路。在海德格尔看来，"存在"在历史上时而隐藏自己，时而显现自己，通过"思"使"存在"澄明便成了人们的一种理想，这即是"思之事业"的目标。由此看来，海德格尔似乎依旧停留在马克思所批判的"解释世界"的立场上。这总体上是由于两位哲学家的立场不同，关注人的方式不一样，但显而易见，他们是有交集的，在某些方面甚至是一致的。

一 解释世界是改变世界的理论前提

不论是海德格尔还是马克思，他们都承认解释世界在改变世界中的作用。这种作用在某种意义上被等同于理论对实践的指导作用，虽然两者有

---

① F. 费迪耶等：《晚期海德格尔的三天讨论班纪要》，载《哲学译丛》2001 年第 3 期，第 53 页。

差异，但这并不是本文所要讨论的重点。承认解释世界的重要作用需要附加另外一个前提，即"我们的认识能力深深地扎根在前科学的实践以及我们与人和物的交往中。"① 承认了这一点，不但在一般意义上坚持了马克思哲学的性质即唯物主义，同时也不否认解释世界在改造世界过程中的优先性。

海德格尔对马克思的那句诘问已经说明了解释世界的作用，在他看来，对世界的改变已经预设了"理论前见"作为工具，即从理论角度预见改变世界过程中可能发生的事情。世界的改变并不一定完全按照理论设想的进程，但解释与改变之间的间距和张力无论对解释本身来说，还是对现实来说都具有非常重要的意义。

需要说明的是，在海德格尔看来，人与世界不是对立性的存在，"世界不是立身于我们面前、能够让我们仔细打量的对象，只要诞生与死亡、祝福与诅咒的轨道不断地使我们进入存在，世界就始终是非对象性的东西，而我们人始终隶属于它。"② 在这个意义上，人与世界浑然天成，并不存在一个独立于人这个主体之外的世界，然后人再去认识以客体身份出现的世界。传统哲学意识不到这一点，预先设定了主客二分，然后再提出"主体何以认识客体"之类的问题。主客不分的天然境界即是存在显现的理想状态，这个意义上的存在体现在人的活动中。人在活动中对存在便有所领悟，不管是出于主动还是被动，他都能感受到存在本身。因而是在事情中，在世界中，人意识到了存在，而不是在以主体的身份认识客体世界时把握到了这些东西。在海德格尔看来，正是传统意义上的认识活动导致了存在的被遗忘。虽然认识活动是存在的方式之一，但认识即意味着分裂。因为认识首先要将认识对象当作以静态方式出现的东西，然后才能对其进行定性观察，从而形成理论。在把对象分门别类的过程中，人同时也把自己当作了一种存在物。主客不分的天然境界已然破碎成主体、客体等残片，认识活动本身却无力将他们重新组合成生命本身。

因此，在海德格尔的意义上，解释世界即意味着重新认识人与世界的关系，明确"人生在世（In-der-Welt-Sein）"的结构，进而确证"此

---

① 哈贝马斯：《后形而上学思想》，曹卫东等译，译林出版社2001年版，第15页。
② 海德格尔：《林中路》，孙周兴译，上海译文出版社2008年版，第26页。

在"在使存在显现过程中的作用,实际上就是要恢复主客不分的天然境界。改变世界即意味着使人从与各种存在物打交道的烦忙中抽身出来,不在自身之外寻求安身立命之所,而是以"此在"把握存在、守护存在,与存在比邻而居。在这个意义上,解释世界必然是改变世界的理论前提。

马克思哲学所意指的解释世界,是指以往的哲学家们把侧重点放在了对世界的理解和领悟上,忽略了解释的目的和导向。这种意义上的解释大致包含两种取向,一是单纯的对世界进行解释,或者仅仅沉浸于解释,不做其他方面的考虑;一是在解释的过程中包含着改变的诉求,只是相对来说,他们更注重解释,或者说对如何改变并没有提出行之有效的方案。早期的自然哲学即是对世界的解释,当然这并没有否认这种解释的出发点可能是为人类生活寻求一个坚实的根基,但从结果上看,他们大致只是一种解释。苏格拉底意识到了这个问题,所以他发出要将哲学从天上拉回人间的号召,提出"认识你自己"等。马克思也有同样的壮举,他在《〈黑格尔法哲学批判〉导言》中提出了消灭哲学,所谓的消灭哲学即是消灭只对世界进行解释的哲学,不是消灭哲学本身,或者说他的目标不再只是解释,而是要将哲学变成一种社会批判理论。

尽管如此,解释世界仍然是改变世界的理论前提。诚如马克思所说,"哲学的实践本身就是理论的。正是这种批判以其本质衡量个别的事物,以思想衡量特殊的现实。但是哲学的这种直接实现,在其最内在的本质中是充满矛盾的,而且正是其本质显现于现象中并在现象中留下印迹。"① 因此,虽然马克思强调哲学的实践作用,强调它的改变世界的作用,但从性质上来说,它承担的还是解释世界的作用,只是这种解释要求诉诸改变,或者说这种解释世界的哲学只有实现到现实世界中才能完成其自身。

二 改变世界是解释世界的理论归宿

如前所述,海德格尔和马克思都承认解释世界的理论前提作用。这同时意味着,解释世界从其本性上说指向改变世界,或者说,改变世界是解

---

① [英]戴维·麦克莱伦:《马克思思想导论》,郑一鸣、陈喜贵译,中国人民大学出版社2008年版,第8页。

释世界的理论归宿，但这一点在海德格尔和马克思的身上体现的并不相同。海德格尔的改变就是重新认识到人与世界的天然一体性，使人摆脱对各种存在物的依赖，以"此在"彰显存在，置身其内而不是安身于外；马克思的改变不仅仅是在意识中把握到了这种状况，而是要求这种理论只有实现其自身才能完成其自身，换言之只有彻底改变了世界，解释世界的任务才能完成。

海德格尔认为，人由于烦忙与各种存在物打交道，结果也将自己存在物化，变成了主体，而他与之打交道的各种存在物变成了客体。主体与客体的分裂使整个历史成了存在被遗忘的历史。哲学因而只沉浸于对存在物的追寻，却遗忘了存在本身。他在《哲学的终结与思的任务》中提到，"纵观整个哲学史，柏拉图的思想以有所变化的形态起着决定性的作用。形而上学就是柏拉图主义。尼采把他自己的哲学标示为颠倒了的柏拉图主义。随着这一已经有卡尔·马克思完成了的对形而上学的颠倒，哲学达到了最极端的可能性，哲学进入其终结阶段了。"① 柏拉图为此岸寻求根据，追溯至彼岸，实际上是为此岸的存在物寻求最后的依托，尼采、马克思虽然颠倒了柏拉图，但只是从彼岸转移到了此岸，并没有摆脱为存在物寻求根据的传统使命，在尼采那里，为存在物奠基的是权力意志。在马克思那里，存在物与生产劳动有着直接关联，如海德格尔所说，"唯物主义的本质不在于一切只是素材这一主张中，而是在于一种形而上学的规定中，按照此规定讲来一切存在者都显现为劳动的材料。"②

与存在物打交道的过程促进了科学的发展与技术的进步，这两者反过来又进一步加剧了存在被遗忘的进程。因为在这个过程中，唯一能够彰显存在的"此在"已经成了诸种强制的产物，"海德格尔用支架（Ge-stell）一词称呼诸强制的共同之处。支架是集中（Versammlung），是所有安排（Stellen）方式的共同性，这些安排方式将人塞入尺度之中，当前人就是在这个尺度中生存（eksistiert）的……人已经从对象性的时代进入了可订造性（Bestellbarkeit）的时代：在我们未来时代的这种可订造性之中，凭借订造的估价，一切都可以不断地被支取。严格地说，再也没有

---

① 海德格尔：《海德格尔选集》，孙周兴等译，三联书店1996年版，第1244页。
② 同上书，第384页。

'对象'了，只有为了每一位消费者的'消费品'，而消费者自己也已经被置于生产与消费的运转之中。"①

在这个意义上，改变世界即意味着打破诸种强制，消解技术的"支架"对人的伤害，祛除现代性导致的存在的遗忘。在这些方面，海德格尔做了详细的论述和批判。但这些仅仅是一种理论的论述。他体味到了时代的苦难，甚至告诉我们痛苦的来源和根据，却没有告诉我们应该怎么走。在诗的语言中去思存在改变不了现实，因为如他所说，"思，就是沉浸于专一的思想"，虽然"它将一朝飞升，有若孤星宁静地在世界的天空闪耀。"② 但这只是一种理想和寄托，他所谓的"改变世界"改变不了现实。

不同于海德格尔，马克思哲学有着强烈的实践感，他的改变世界不是一句口号，或者是思想领域内的改变，而是解释世界的实现，是哲学的现实化。早在中学时期，马克思就立下了为人类奋斗的宏伟志愿，他在中学毕业论文中写道，"如果我们选择了最能为人类而工作的职业，那么，重担就不会把我们压倒，因为这是为大家作出的牺牲。"③ 他的一生就是在努力完成这个任务，他所做的一系列理论探索就是为了实现这个目标。

在《论犹太人问题》中，通过政治解放与人的解放的对比，马克思指出了政治解放的不彻底性，认为只有人的解放的完成才能彻底实现人的自由全面发展；在《〈黑格尔法哲学批判〉导言》中，马克思提出消灭理论意义上的哲学，使哲学成为一种社会批判理论。并积极探索德国的出路，那就是形成无产阶级，"哲学把无产阶级当作自己的物质武器，无产阶级也把哲学当作自己的精神武器。思想的闪电一旦真正射入这块没有触动过的人民园地，德国人就会解放成人。"④ 即是说，哲学的实现，解释世界的理论的实现需要现实力量，这就是无产阶级，现实力量要达成改变世界的目标，需要解释世界的理论的指导，哲学必须承担起这个任务，在这个意义上，改变世界便是马克思哲学的理论归宿，是解释世界的彻底实

---

① F. 费迪耶等：《晚期海德格尔的三天讨论班纪要》，载《哲学译丛》2001年第3期，第57页。
② 刘小枫：《诗化哲学》，华东师范大学出版社2007年版，第296页。
③ 《马克思恩格斯选集》第1卷，人民出版社1995年版，第459页。
④ 同上书，第15页。

现；在《1844年经济学哲学手稿》中，马克思通过揭露异化劳动和私有财产的关系，对黑格尔哲学的批判，探索出了改变世界的出路，那就是扬弃私有财产，向共产主义过渡，共产主义即是私有财产的积极扬弃；在《关于费尔巴哈的提纲》中，他将自己对哲学功用的思考凝聚在了最后一条，"哲学家们只是用不同的方式解释世界，问题在于改变世界"[①]；《德意志意识形态》对历史唯物主义的阐述，以及《资本论》对资本主义运行规律的研究都是为了改变世界，实现人的解放。总而言之，马克思所有的理论探索均以改变世界为指向，改变世界是解释世界的理论归宿。

三 马克思哲学中解释世界与改变世界的内在贯通的独特性

通过以上的论述可以发现，海德格尔虽然强调解释世界与改变世界的内在贯通，但他改变世界的方案对现实并没有太过直接的影响。在他看来，对世界每一个解释已经是对世界的改变，因为这种解释预设了"解释是一种真正的'思之事业'"。也就是说，只要我们发现了存在被遮蔽的原因，我们就能意识到如何使存在显现。以往的哲学关注存在者，因而遗忘了存在，那我们就应该终结这种哲学。

哲学终结之后，去"思""存在"是"思之任务"，这是真正的"思之事业"，这个过程是解释世界的过程，也是改变世界的过程，同时也是对现实并不发生直接影响的过程，当然，这是从改变客观世界的角度而言。因为后期海德格尔指出，"语言是存在的家"，"思"和诗的任务就是把存在代入语言。"思就是诗，尽管并不就是诗歌意义的一种诗。存在之思是诗的源初方式……广义和狭义的所有诗，从其根基来看就是思，思的诗化的本质（das dichtendeWesen des Denkens）维护着存在的真理的统辖，因为真理思地诗化。"[②] 在这个意义上，所谓的改变并不对现实发生直接影响。

海德格尔应该不会理会这种问题，因为在他看来没有什么客观世界，人与世界是浑然一体的，不分主客。在这样的视域中，解释和改变是必然

[①] 《马克思恩格斯选集》第1卷，人民出版社1995年版，第57页。
[②] 刘小枫：《诗化哲学》，华东师范大学出版社2007年版，第300页。

同一的过程。换言之，从海德格尔哲学本身来看，解释世界与改变世界是同一的。而在我们看来，这种改变不是一般意义上的改变，但这个问题在海德格尔那里没有合法性。

海德格尔通过对"人生在世（In – der – Welt – Sein）"结构的分析，消解了传统哲学主客二元对立的思维方式。但对传统哲学思维方式的消解并非只有这一种方式，马克思立于实践基础上内在贯通主体和客体也是一种不错的选择，相比海德格尔的方案，马克思的方案更具现实性。海德格尔意识到了二分，采取的方式是返回古希腊甚至之前，返回源初的那种混沌。暂且不论这种混沌是存在本身敞开的唯一方式还是人类意识没有进化的体现，返回的可能性本身就值得商榷，解释与改变同一而对现实没有影响似乎也说明了海德格尔的方案存在着一定问题。尽管海德格尔对马克思有诸多诘问，但他的这些诘问并没有将马克思置于死地，反而给我们留下了更多空间。我们通过分析将发现，马克思的方案不仅体现出了解释世界与改变世界的内在贯通，而且由于其立足实践，更彰显出了这种内在贯通的独特性，即要求现实的改变，而不仅仅是一种理论上的改变（如海德格尔那样）。

在《关于费尔巴哈的提纲》中，马克思指出："从前的一切唯物主义——包括费尔巴哈的唯物主义——的主要缺点是：对事物、现实、感性，只是从客体的或直观的方式去理解，而不是把它们当作人的感性活动，当作实践去理解，不是从主观方面去理解。所以结果竟是这样，和唯物主义相反，唯心主义却发展了能动的方面，但只是抽象的发展了，因为唯心主义当时是不知道真正现实的，感性的活动本身的。"[①] 马克思在这里指出了旧唯物主义的客体直观性，也揭露了唯心主义的抽象能动性。这两种哲学都是解释世界的哲学，但它们都没有理解实践的革命性意义，因而并不能对改变世界产生直接的影响。

马克思认为唯心主义抽象的发展了人的能动作用。以黑格尔为代表，唯心主义意识到了人的存在是一个历史性的过程，实践在历史的进程中具有重要作用，但黑格尔完全在抽象的绝对概念运动的范围内论述实践。在他的体系中，主体是绝对精神，而不是真正从事实践活动的人。黑格尔把

---

① 《马克思恩格斯选集》第1卷，人民出版社1995年版，第58页。

实践称为"善","善"是黑格尔哲学中的一个概念,这种概念的特点就在于能把自己的主观规定客观化,"'善'是'对外部现实性的要求',这就是说,'善'被理解为人的实践=要求(1)和外部现实性(2)"①,由此可见"善"即实践。实践本身包含着主观要求和客观现实性两个方面的内容。黑格尔"善"的理念是其体系中"认识"的理念的一个环节,另外一个环节是"真","真"和"善"分别与认识和意志(行动)、理论和实践相对应。概念经过认识和行动,各自扬弃主观性和客观性的片面性,达到主观性和客观性的完全内在贯通,这就是绝对理念,即绝对真理。这个过程需要抽象的精神劳作。马克思对黑格尔"劳动"的批判也是针对黑格尔这个层面的意义上对劳动的使用。所以马克思说"黑格尔唯一知道并承认的劳动是抽象的精神的劳动"②。

　　黑格尔的哲学本身包含着革命性的思想,特别是他的辩证法,因为辩证法要求不断的否定现实,马克思正是运用黑格尔的辩证法超越了黑格尔。黑格尔那句耳熟能详的名言,"凡是现实的都是合理的,凡是合理的都是现实。"同样包含着革命性的思想,因为这句话意味着我们应该消灭现存的不合理,使合理的变成现实的。这些革命性的思想并未被后来的老年黑格尔派、青年黑格尔派所继承,只有马克思发掘了这些思想,将它们从解释世界的理论演绎为同时也是改变世界的理论。

　　马克思批判了从前的一切唯物主义。从哲学史的角度看,古代自发的朴素唯物主义、近代形而上学(机械)唯物主义都承认外部世界的客观存在,并认为这种存在不以人的意识为转移,这种观点具有很大程度上的直观性。对这些客观存在,人们只能消极被动的接收,而不能发挥人的主观能动作用,如马克思所说,唯物主义变得敌视人了。对人的湮没源于旧唯物主义不懂得实践的作用,实践以客观现实为基础,同时又是人发挥主观能动作用的过程,这个过程中既体现出了自然的本原作用,又展示了人的主观能动的作用,而旧唯物主义只是看到了自然的本原作用,忽视了人的能动作用。

　　在对一切旧唯物主义的批判中,尤以对费尔巴哈的批判最为典型。费

---

① 《列宁全集》第55卷,人民出版社1990年版,第183页。
② 马克思:《1844年经济学哲学手稿》,人民出版社2000年版,第101页。

尔巴哈也讲实践。他的实践观念从《基督教的本质》到《未来哲学原理》再到《宗教本质讲演录》日趋成熟，但最终仍没有达到马克思所理解的状态。在《基督教的本质》阶段，费尔巴哈把实践理解为人的利己主义行为，认为它是宗教产生的根源。对实践极尽贬低之意，他"对于实践只是从它卑污的犹太人活动的表现形式去理解和确定"；在《未来哲学原理》阶段，费尔巴哈对实践的理解前进了一大步，把实践看作判断存在不存在的标准，也即检验真理的标准，认为理论不能解决的问题，实践可以解决。但这里的实践是一种感性直观和日常生活的实践，是饮食男女、吃喝拉撒睡的活动，仍具有局限性；到了《宗教本质讲演录》阶段，费尔巴哈已经将实践理解为人的感性活动，并把实践作为自己学说的一个基本观点，用来批判唯心主义和宗教神学。但费尔巴哈仅仅将实践理解为人的感性活动，没有进一步从"革命的批判的活动"的意义上进行理解。

马克思对费尔巴哈的批判主要针对其在《基督教的本质》中对实践的理解。马克思认为费尔巴哈只把理论看作真正的人活动，重视理论而轻视实践，费尔巴哈不了解实践的革命性意义。因为他不懂得实践，所以他对感性世界的理解只能从两个方面展开，"一方面仅仅限于对这一世界的单纯的直观，另一方面仅仅局限于单纯的感觉"①，"直观和感觉"到的东西仅停留在表象阶层，这不可避免地与意识中的东西相矛盾，但由于费尔巴哈不懂得这是实践两重化世界的结果，便只能假想一个高于表象的本质性的东西。事实上，不仅感性世界是人的历史活动的产物，而且对感性世界的直观和经验也是历史传承的积淀。费尔巴哈不懂得实践的革命性意义的结果就是在历史观上背离唯物主义，"当费尔巴哈是一个唯物主义者的时候，历史在他的视野之外；当他去探讨历史的时候，他绝不是一个唯物主义者，在他那里，唯物主义和历史是彼此完全分离的"②；再者，费尔巴哈所理解的人，是生物学上的人，是抽象的人，这样的人所从事的实践活动与动物的本能活动没有什么区别。

由此可见，旧唯物主义和费尔巴哈的唯物主义虽然在解释世界方面能发挥一定的作用，但由于其理论的局限性，对改变世界并没有太过直接的

---

① 《马克思恩格斯选集》第1卷，人民出版社1995年版，第75页。
② 同上书，第78页。

影响，即使能改变世界，这种改变同样有局限性。

马克思在批判和研究黑格尔、费尔巴哈的基础上，提出了崭新的实践观念。把实践理解为主体依据一定的目的变革客体的感性活动，是主观见之于客观的活动。实践的主体不是虚幻的、高高在上的绝对精神，而是生活在现实中的人（区别于黑格尔）。实践也不是动物的本能性活动，不是卑污的犹太人的活动，而是人的本质对象化、人的目的现实化、现实世界理想化的过程（区别于费尔巴哈）。实践不是纯粹的观念活动，它以客观现实为基础；实践不是动物的本能活动，它体现出了人的主观能动性；实践不是主体臆想的产物，它具有社会历史性。在实践的基础上，解释世界与改变世界实现了现实的内在贯通，对世界的解释以改变为目的，对世界的改变以解释为前提。解释世界是改变世界的理论前提，改变世界时解释世界的理论归宿。

综上所述，解释世界与改变世界是内在贯通的。马克思说"哲学家们只是用不同的方式解释世界，问题在于改变世界。"[①] 其目的并不在于确立解释世界与改变世界对立，而是在内在贯通的基础上，强调其理论的独特性，即解释世界的理论必须诉诸世界的改变，改变世界是解释世界的理论的完成。海德格尔等其他哲学家们虽然都强调解释世界与改变世界的内在贯通，但由于他们没有意识到实践在改变世界中的独特作用，或者由于其体系本身的限制，所谓的解释抑或改变，都囿于理论的圈子，没有下降到现实生活本身。

---

① 《马克思恩格斯选集》第 1 卷，人民出版社 1995 年版，第 57 页。

从《周易》旧实学到中国新实学

周树智*

摘要：实学是中国古代特有的哲学文化传统，是指实事求是、务实求实、经世致用之学，藏于3000多年前西周时代古老的《周易》。《周易》产生于农耕文明时代早期，是中国古代先哲圣贤由"敬天"转向"爱人"的重要标志，是古人由神学思维、象数预测、占卜算卦筮术向哲学、义理学、理智思维转变过渡的标志，是中国有成文史以来第一部有据可查的哲学经典文献。《周易》从表象形式上看的确是一部神学思维、占卜算卦算命、象数预测筮术之书，但若深入进去，抽象挖掘其内容实质，发现它蕴涵着极其丰富深邃的实学哲学思想。《周易》的实学哲学思想精华，奠定了中华民族精神的基因和中华文明的根基。当然，《周易》受历史时代制约，其中的实学哲学思想含有大量糟粕，已成为阻碍中国人走向现代文明的沉重包袱。当今中国已进入工商文明和信息文明的全球化新时代，理应与时俱进，放下包袱，轻装上阵，革新《周易》旧实学，取其精华，弃其糟粕，返本开新，构建新实学，为中华民族伟大复兴和构建人类命运共同体做出贡献。从《周易》旧实学走向中国新实学，是中国哲学发展的必由之路。

关键词：《周易》；实学；新实学

---

* 作者简介：周树智（1942—），男，陕西西安人，西北大学教授，兼任陕西省价值哲学学会名誉会长，陕西省马克思主义哲学史研究会名誉会长，西北大学哲学研究所名誉所长，主要研究方向：哲学、政治学。

实学是中国古代特有的哲学文化传统。所谓实学，是指实事求是、务实求实、经世致用之学。在研究西安历史文化和中国传统文化的学者中，一般都把中国实学理解为明末清初的学术思潮，这不符合中国哲学史的历史事实，是不妥当、不正确的。

笔者经多年求索，寻根溯源思魂，发现中国特有的古老的实学哲学文化，藏于3000多年前西周古老的经学文献《周易》。《周易》是中国有成文史以来第一部有据可查的哲学经典文献。《周易》中的实学，既有精华，也有精粕。我们应与时俱进，取其精华，弃其精粕，返本开新，构建新实学，为今所用。

一

中华传统文化源远流长，寻根溯源思魂，笔者发现民间传说的"三皇"之首天皇伏羲氏观河图洛书发明创造的先天经卦，旋转运行的"八卦图画"易经文化，应是中国传统文化的最早源头。

依据历史文献记载，在伏羲氏先天经卦、旋转运行的"八卦图画"易经文化传承过程中，发生过断代失传的事待考，只好暂且悬置。据传说，后世黄帝演义的后天别卦、旋转运行的"八卦图画"易经，创造阴历"皇历"，铸三鼎以昭示天下，同样尚待考古证明。后世夏朝也有后天别卦·八卦"连山"易经，商朝有后天别卦·八卦"归藏"易经，可惜都已失传，尚待考古证明，笔者只好暂且悬置不论。

真正把伏羲氏先天经卦、旋转运行的"八卦图画"易经文化，直接传承延续不断至今，形成中国传统文化主根的"最早的"历史经典文献，是3000多年前西周文王西伯侯姬昌被商纣王囚拘羑里而演义的伏羲氏先天经卦、旋转运行的八卦图画易经、创造发明的后天别卦、"八卦图画"的（复卦）"六十四卦图画"《周易》。《周易》是中国有成文史以来第一部有据可查的哲学经典文献，是中国传统文化的主根。这可以从民俗传说、历史文献和历史考古文物得到证明。①

一讲《周易》，一般人都知道它是"易经"，是占卜算卦算命、神圣

---

① 参见周树智《文化自信概念辨析》，载《宝鸡文理学院学报》2018年第6期。

神秘神奇、玄虚深奥的筮术天书，但很少有人知道，它不仅是占卜算卦、算命筮术的天书，而且是中国第一部有丰富哲学义理内涵的哲学圣经。这是可以理解的。因为一般人受历史条件、知识结构层次、职业位置、传统风俗习惯和时间限制，很少专门去思考研究《周易》。笔者因专业爱好，在学习研究中国哲学历史、寻根溯源思魂过程中，揭开《周易》被人们普遍误解为一部神圣神奇、玄虚深奥的占卜算卦、象数预测、决策筮术天书的神秘面纱，发现原来《周易》是一部中国古代先哲圣贤由"敬天"转向"爱人"的重要标志之书，是古代先哲圣贤由神学思维、占卜算卦、象数预测的筮术向哲学、义理学、理智思维转变过渡的标志，是中国有成文史以来第一部有据可查的哲学经典文献，是中国传统文化的主根。

从表象形式上看，《周易》确实是一部占卜算卦、算命象数、预测决策的巫术书，它分上下两篇，以阳爻"—"和阴爻"- -"为基本符号图象单位，以三爻为一经卦。"三爻"者，代表天地人"三才"的变易之道。以三阳爻"☰"乾卦和三阴爻"☷"坤卦为卦首，占卜演化出八幅图象为之经卦八卦图。八卦图象由宇宙自然界八种自然事物构成：天（乾卦）、雷（震卦）、火（离卦）、泽（兑卦）、地（坤卦）、山（艮卦）、水（坎卦）、风（巽卦）。又以二进位制占卜演化出上三爻（外卦）与下三爻（内卦）合一之六爻八卦（复卦）为基本符号图象单位。然后以六阳爻"☰"乾卦和六阴爻"☷"坤卦为卦首，进而占卜演化出六十四幅图象为八卦（复卦）六十四卦。以初、二、三、四、五、上六爻定八卦中爻之位次，以奇偶数之六、九定八卦之阴阳性质。六爻者为变通之道。以象数预测决定占卜算卦者方位，按照占卜象数预测决策行事，极为玄虚神秘。

深入进去，抽象反思，笔者发现《周易》的内容实质，却是蕴涵着极其丰富实学哲学文化秘密的中国第一部哲学宝书。①

概括抽象《周易》中实学哲学文化的内涵精华，发现其义博大精深，言简意赅。其精髓至少蕴涵于三大方面：

---

① 参见周树智《周易哲学义理简论》，载《西安周易研究》第1辑，西北大学出版社2018年版。

(一) 本体论:"一元阴阳和实元气本根论"

《周易》,是周文王以伏羲氏先天经卦、八卦图象为据,进而以二进位制占卜演义出后天别卦·八卦图(复卦)、六十四卦图,分上下两篇,以六阳爻"☰"乾卦和六阴爻"☷"坤卦为卦首图象。其精神实质在于要求世人明白:易经《周易》发现阴阳二气和实之元气,生物生人,生生不息,是自然宇宙取之不尽用之不竭的能源原动力。这是 2700 年前曾任西周周宣王、周幽王两朝史官的太史伯阳父(史伯)揭示给世人的。他指出:阴阳五行"和实生物,同则不继"。① 阴阳二气和实之元气生物,进化到人类,就演变为人的生命,所以人活一口气。进而男女关系,和合和实生人。当仔细观察思考"☰"乾卦和"☷"坤卦二卦的含义时,你会发现,"☰"乾卦和"☷"坤卦二卦,原来就是指男根(生殖器)和女阴(阴道)。男根和女阴和合和实生人,男主女从,生生不息。因此,中国古代先民对生殖繁衍很崇拜,以阴阳"和合"为喜神②,信奉传宗接代多子多福。所以,可以说《周易》就是生命哲学之书。这就是《周易》呈现给世人的自然宇宙里万物新陈代谢、生生不息的阴阳和实之元气生命本根本体论。

(二)"三才三界观"

《周易》通篇讲"天人合一"(即天地人"三才"一体)。实际告诉世人:宇宙中现实的"三才"(天地人),实为三个层次的复杂系统结构,人顶天立地,构成"三才"三界观:即自然宇宙观、人类社会观、现实世界观。教化世人顺从自然,正确对待处理人与宇宙自然界关系、人与人(社会,或人化自然界)关系、人(思想)与自我现实世界关系,人只有与宇宙自然界、人类社会界、自我现实世界和谐和睦和平相处,才能防祸避灾、趋利避害、化险为夷、逢凶化吉、亨通迎吉、吉祥如意、生生不息,过上文明幸福美好的生活。

---

① 左丘明:《国语·周语上:西周三川皆震伯阳父论周将亡》《国语·郑语:史伯为桓公论兴衰》,山西古籍出版社 2007 年版,第 12—13 页、第 226—227 页。

② 夏征农、陈至立编:《辞海(缩印本)》,上海辞书出版社 1990 年版,第 1740 页。

（三）"四道生存法则"：易经《周易》通篇讲四大"道"（即系统道理，或道系体系），实际告诉世人"四道生存法则"

《周易》讲的四"道"，就是天道、地道、人道、神道。《周易·谦卦·彖》曰："《谦》亨。天道下济而光明。地道卑而上行。天道亏盈而益谦，地道变盈而流谦，鬼神害盈而福谦，人道恶盈而好谦。谦尊而光，卑而不可逾，君子之终也。"① "神道"一词，出自《周易·观卦》。《观卦·彖》曰："大观在上……观天之神道，而四时不忒，圣人以神道设教，而天下服矣。"②

1. "天道"：即六阳爻"☰"乾卦，讲宇宙天空。实际是指阳气轻盈升浮而成天空。对人事言，实际是教人定天时，刚健有为。如《乾·大象》言："天行健，君子以自强不息"。③

2. "地道"：即六阴爻"☷"坤卦，讲人居地球。实际是指阴气厚重降沉而成地。对人事言，实际是教人取地利，柔顺为德。如《坤·大象》言："地势坤，君子以厚德载物"。④

3. "人道"：散涵于各卦之中。孔子在《系辞》中，对当时学者研究《周易》有个总的评价："仁者见之谓之仁，智者见之谓之智，百姓日用而不知，故君子之道鲜矣。"⑤ 而孔子对《周易》精髓解释为："夫《易》何为者也？夫《易》开物成务，冒天下之道，如斯而已者也。"⑥ 笔者理解"开物成务之道"，就是教人务实求实，以求人和为基，开启智力、开发资源、开拓事业领域，以成就实事伟业。"百姓日用""开物成务"八个字，可以说是对《周易》的整体实质、思想内容和人道价值的恰当概括，就是教人务实求实以达百姓日用的实用目的，这才是《周易》的真实目的和宗旨。

4. "神道"："神道"的"神"，似很神秘神奇神妙神圣。其实质，就是讲人对自然神的敬仰崇拜，特别是对祖先神灵的敬仰崇拜。《周易》

---

① 朱熹：《周易本义》，中国书店1994年版，第41页。
② 同上书，第48页。
③ 同上书，第16页。
④ 同上书，第21页。
⑤ 同上书，第109页。
⑥ 同上书，第114页。

表达了中国古代先民对天神（"老天爷"）、地神（"土地爷"）、人神（以阴阳"和合"为喜神，敬仰祖先神位）这些自然神的敬仰信奉。"神道"的"道"，从感性感觉而可知，是指"道路"。从理性抽象上思考，是指阴阳交感和实、混沌一体的元气原初状态。如孔子言："一阴一阳之谓道。"① "形而上者之谓道，形而下者之谓器。"② 就是说，"道"本身即是阴阳和实、混沌一体之元气。这种阴阳交感和实、混沌一体的元气有自己的运行规则和道路，即内部一直处于旋转运动、变化不已、生生不息。如老子言："玄而又玄，众妙之门。"③ "道生一，一生二，二生三，三生万物。"④ 又如孔子言："生生之谓'易'"。⑤ "易"者之道，实际就是"天地人神"变易、不易、简易的否定之否定的变动进化过程。

"神道"最神奇神妙、玄虚深奥之处，就在于观察、认识、处置对象的思维方法是实事求是。如孔子言："古者包羲氏（即伏羲氏，另一称谓，笔者注）王天下也，仰则观象于天，俯则观法于地，观鸟兽之文与地宜，近取诸身，远取诸物，于是始作八卦，以通神明之德，以类万物之情。"⑥ 这种以"天地人神合为一体"的"元道"的整体辩证思维方式，其实质，就是东汉班固发现的2000年前西汉景帝之子河间献王刘德的"修学好古，实事求是"的学风。唐朝颜师古注解为："务得事实，每求真是也。"⑦ 即务实求真学风。毛泽东在延安作《改造我们的学习》报告，又有新的注解和发挥。他说："'实事'就是客观存在的一切事物，'是'就是客观事物的内部联系，即规律性，'求'就是我们去研究。我们要从国内外、省内外、县内外、区内外的实际情况出发，从中引出其固有的而不是臆造的规律性，即找出周围事变的内部联系，作为我们行动的向导。"⑧ 就是说，"实事求是"，不仅有务实求真的认识论含义，而且有求真务实的实践论含义。"实事求是"，做事必成。

---

① 朱熹：《周易本义》，中国书店1994年版，第109页。
② 同上书，第116页。
③ 任法融：《道德经释义》，三秦出版社1990年版，第13页。
④ 同上书，第105页。
⑤ 朱熹：《周易本义》，中国书店1994年版，第109页。
⑥ 同上书，第118页。
⑦ 班固：《汉书》八，中华书局1959年版，第2410页。
⑧ 《毛泽东选集》第3卷，人民出版社1991年版，第801页。

正是《周易》中的"实学"哲学文化精华为中国传统文化和中华文明树"经"立"道"，经世致用，奠定了中华民族精神、民族魂的元道整体辩证思维方式、信奉自然神、实用价值理性及和实元气生命哲学实学文化传统的基因和根基，从而造就诸子百家和无数爱国献身的英雄豪杰，所以说，《周易》是中国传统文化的主根。[①]《周易》中的实学哲学传统文化精华，经历代传承（特别是历代官方推崇周公经学、孔孟儒学和老子道家文化）至今，从而使中华文明成为世界上四大古老文明中唯一传承至今而没有中断的古老文明。

二

今天人类历史已步入现代工商业文明和互联网电子信息文明新时代。笔者站在3000年后的今天，观察反思世界历史，重新审视和反省《周易》的思想内容，发现《周易》的实学哲学文化总体上落后了。因为它毕竟是原始自然农耕文明时代的产物，不可避免地受制于历史时代，存在旧时代旧文化的一些致命的缺点和问题。概括起来主要是：

（一）《周易》在总体上主张"天人合一"（"天地人一体"）的"三才三界"宇宙自然观、人类社会观和现实世界观，教化世人明白上高下低、天高地厚、天圆地方，树立"天神"无极无限、绝对权威的思想观念，人只有适应自然，与自然和谐相处，顺从自然才能生存。教人明白一切皆由天命所定，不可逆天做事，甘当顺民百姓，躲避预防天灾人祸；而不是教世人如何积极应对自然灾害，积极改变改造恶劣的自然环境，创造人和自然可持续发展的人化自然优美环境，以实现更符合人性的人类文明和自由幸福美好的理想生活。

（二）《周易》从"☰"乾卦"☷"坤卦二卦开始，通篇教人明白阳主阴从、男尊女卑、大人小人、君子庶民的血缘宗法、家长制、专制的等级思想观念，或不平等的命定论观念，一切皆由命定，人只能听天由命，教人学会听说顺教"服从"，树立"男权""夫权""父权""族权"思想观念，不能忤逆不孝，只能做逆来顺受的忠贞妻子、孝子。

---

① 参见周树智《周易：中国传统文化的主根》，载《文化学刊》2015年第9期。

（三）《周易》有不少卦教人明白君贵臣贱、主子奴才的血缘宗法的君王集权独裁专制的封建家国一体的血统论和君王论，树立胜王败寇、循环往复、周而复始的轮回论的"王权""君权"思想观念，对外讲礼义，对内讲严惩，只能服从主子，甘当忠君、臣民、奴才和庶民百姓，逆臣叛臣则杀无赦。

（四）《周易》的重要哲理，就是教人完全相信大人、圣人、君王之言，句句是真理，一句顶一万句，唯大人之命是从的绝对真理观，教人明白上智下愚不移，树立大人"话语权"绝对权威，以智治愚，绝对不能反上、顶撞上司大人，甘当草民、下人、愚民。

（五）《周易》本来就是占卜算卦筮书，通篇教人崇拜迷信筮神筮术，占卜算卦、求神问命、防避灾祸、以求吉祥，教人崇拜迷信神秘主义神学，树立"神权"思想观念，盲目信仰神灵，要达到入迷的迷信程度，甘当心诚则灵、盲目迷信神权的教徒信众。

（六）《周易》通篇重视整体经验观察、实践经验总结和从整体终极辩证思维上把握对象的运动趋势，这一点很好！但是，它缺欠严密细致、具体入微的理性分析、逻辑推理、论证、证明和科学实证等，这恰恰需要用西方哲学"唯物"或"唯心"单极分析式思维观念和方法予以补充校正。

由《周易》中的实学哲学思想内容所奠定的西安历史文化和中华传统文化观念，自秦汉完成其形态结构模式后，后世只是固化其形态、结构、模式、模型。《周易》最大的缺点甚至糟粕是：无视或抹杀现实中各个人的独立存在、独立思想、独立人格，不许平民百姓独立自由的思想创新，只许我注"六经"，不许"六经"注我。到 1840 年鸦片战争中国惨败后，中国清朝政府向外国列强割地赔款，中国沦为外国列强的殖民地和半殖民地，人们才突然发现：有五千年文明的古代中华帝国在整体上确实落后了！人们才恍然大悟：在原始自然农耕文明条件下先哲圣贤所创造的以《周易》实学哲学文化为主根的中华传统文化，在整体上确确实实已落后于时代发展要求了！中华民族必须学习西方新学，对自己的传统文化进行革新，特别是对自己的价值观念进行革新，必须对中华传统文化进行脱胎换骨的革命改造。只有创建适合新时代发展要求的新实学文化，克服《周易》旧实学的缺点，中华文明和中华民族才能实现伟大复兴。

三

"新实学"概念是笔者1995年9月16日在陕西省哲学学会于西安政治学院召开的"世纪之交的哲学走向"学术研讨会上所做的《中国需要新实学》发言中提出的。世纪之交,观世界,深反思,深感在改革开放、市场交易的全球化新时代,国际交往实际是实力(军力、物力、财力、智力)的较量。市场交易有自己的运行规律,以供需关系为前提,只有遵照公平交易规则,遵守合同协议,做老实人、依靠实力、诚实守信,才能实现互惠互利、合作共赢共享的目的,中国和世界才有持续发展的希望。反观国内现实,虽然中国社会主流呈现务实求实、敢想敢说敢干、实干创新的景象。但是,说假话、大话、空话、套话、官话已成风,弄虚作假、坑蒙诈骗、行贿受贿之腐败行为更是泛滥成灾。而哲学界只是讲书本哲学,理论脱离实际,在象牙塔里坐而论道,清谈空谈,自娱自乐。当时深感中国哲学界需要进行一场伟大革命。因此,笔者提出用中国古代实学和马克思的实践唯物主义哲学相融合而创新的新实学药方,治现代人的虚假病。笔者心想,人们只有树立新实学的新观念、新机制、新思想、新品质、新作风,才能解决中国和世界的现实问题,中国和世界需要新实学。①

23年后,即在由中国北京首次承办的第二十四届世界哲学大会上(2018年8月12日—8月20日),笔者在8月17日于国家会议中心进行的"价值哲学论坛"上发表演讲,报告了23年来持续不断奋斗求索的《中国新实学》,引起与会学者的关注和热议。可以说,中国新实学是适应新时代需要,应运而生的。现将中国新实学的一些基本想法概括如下:

(一)新实学概念:所谓中国新实学,是指立足于现实的个人、现实的历史的存在,一切从实际出发,实事求是,理论联系实际,以适应和改变现实世界的社会实践为历史使命,以实现现实的人与现实的环境的和谐生存和可持续发展为宗旨,以有中国特色的务实为乐为新时代的立场、观

---

① 参见周树智《中国需要新实学》,载《人文杂志》增刊,1995年第2期。

点、方法的新哲学理论体系。①

（二）新实学定位：新实学是新时代的一种新哲学构想。21世纪人类进入改革开放、工商文明和信息文明的全球化新时代。新时代需要新的哲学构想，新实学就是适应和服务于这一新时代需要的一种新哲学构想。它由新中国一名普通哲学教师提出，为新中国的新民——普通公民代言发声。新实学非一人之力所能为也。倡导者希望和对新实学感兴趣者一起，共建新实学。

（三）新实学特性：唯实性，即现实性、真实性、实用性、实践性。

（四）新实学体系架构：新实学由八个部分构成：（1）本体论；（2）革新论；（3）认识论；（4）价值论；（5）实践论；（6）政体论；（7）养生论；（8）人生论。

（五）新实学理论缘源：（1）《周易》旧实学；（2）马克思"实践唯物主义现代哲学"；（3）立足现实，拨乱反正，正本清源，融合创新，开创中国特色新实学、新哲学、新文化、新学风、新学派。

（六）新实学宗旨：立足现实，走向世界，解决现实问题，为实现中华民族伟大复兴和构建人类命运共同体的伟大历史使命服务。

（七）新实学学风：讲人话，说真话，实话实说，正常说话，深入浅出，通俗易懂，生动活泼。反对说假话、大话、空话、套话、官话。务实为乐。

笔者坚信，从《周易》旧实学走向中国新实学，是中国哲学发展的必由之路。

---

① 参见周树智《建设当代中国新实学：论马克思主义哲学中国化》，载《理论学刊》2004年第4期。

王阳明的良知论和知识分子的道德问题

谢阳举[*]

摘要：王阳明先生创立良知学说的切入点是什么？这要从社会时弊寻找原因，笔者认为，其触发点之一就是文实之辨。在其《全集》中，随处可见的一个指向就是对"虚文"沉积的批判，这是对同时代官场、士林和世俗社会中形形色色的形式主义的反击。阳明子认为，社会道德危机的由来之一正是文弊和学非所学。对文质进行反思标志着王阳明敢于大胆怀疑儒家圣学读经传统而回归到人的道德主体上来，正是沿着这条思路，他最终坚实地发现并站到"良知"这块道德磐石上。从一定意义上说，阳明先生良知论的直接锋芒所向就是读书人、仕人、士大夫的道德沉沦，用今天的话说：其要害就是批判广义知识分子的道德认识和操守问题。更值得注意的是，借此我们可以穿透王阳明的历史语境，侧重于讨论知识人和道德的关系，这可以上升为一般意义上的道德良知和知识分子的关系。王阳明的良知自足论实际上将道德源头溯源定向到本来自足的人性支点，而摆脱知识、地位、财富等外在标志，这样的基于人类学实践认识论的理论的深意在于：道德哲学总是需要人性奠基和人的精神自觉。或者我们也可以说，王阳明发起的道德革命实质上是一种对质朴本源的人性及其主体形式的复归运动。这一点也是当代儒学振兴的不二出路。

---

[*] 作者简介：谢阳举（1965—），安徽无为人，十三届全国政协委员，西北大学中国思想文化研究所副所长，教授，博士生导师，兼任中国环境哲学专业理事会副理事长、中国环境伦理学会常务理事、中国宗教学会理事、中国辛亥革命研究会理事、中国老子道学研究会理事、华夏老子研究联谊会常务理事，陕西省孔子学会会长，主要研究方向：中国思想史、中西哲学比较、现代环境哲学。

关键词：王阳明；良知；道德主体；知识分子；道德

引　言

王阳明先生创立良知学说的切入点是什么？这要从社会时弊寻找原因，笔者认为，其触发点之一就是文实之辨。在其《全集》中，随处可见的一个共同点就是对"虚文"沉积的批判，这是对官场、士林和世俗社会中形形色色的形式主义的反击。阳明子认为，社会道德危机的由来之一正是文弊和学非所学。他对文质进行反思的直接意义在于：这标志着王阳明敢于大胆怀疑儒家圣学读经传统而回归到人的道德主体上来，正是沿着这条思路，他最终坚实地发现并站到"良知"这块道德磐石上。

在一定意义上说，阳明先生良知论的直接锋芒所向就是读书人、仕人、士大夫的道德沉沦，用今天的话说：其要害就是批判知识分子的道德认识和操守问题。更值得注意的是，借此我们可以穿透王阳明的历史语境，侧重于讨论知识人和道德的关系，这可以上升为一般意义上的道德良知和知识分子的关系。

王阳明的良知自足论实际上将道德源头溯源定向到本来自足的人性支点，而不在于知识、地位、财富等外在标志，这样的基于人类学认识论的理论的深意在于：道德哲学总是需要人性奠基。或者我们也可以说，王阳明发起的道德革命实质上是一种对质朴本源的人性的复归运动。这一点也是当代儒学振兴的不二出路。

王阳明在中国伦理学史上的主要贡献是发明良知，证成知行合一。其理论提出的一个缘由是针对当时的士阶层。本文旨在引申这一背景指向及其一般意义，申论王阳明的良知学说和知识分子道德主体性问题的关系。

阳明先生创立并提出良知学说的切入点之一就是文实之辨，在其《全集》中，随处可见的一个共同点就是对明代社会"虚文"沉积现象的批判，这一点很长时间以来没有收到学界足够的关注。这一批判，个中至少有两层意思，其一是当时社会人欲横流，贪欲炽烈，而天下士人的道德意识和认知被外物与"书文"诱惑或遮蔽；其二是士人趣文弃实，流于形式主义，在道德修行的方法上本末倒置、支离破碎由来已久，他们对道德义务及其内心根据失去把持。在一定意义上说，阳明先生良知论的直接锋芒所向就是读书人、仕人、士大夫的道德沉沦，用今天的话说：其要害就是批判知识分子的道德认识和操守问题。在传统社会，知识分子是一个独特的阶层，位于统治阶级的最底层，又是统治阶级与被统治阶级的桥梁，他们的价值取向对公共意识和社会事务具有引导性、示范性作用。那么，知识分子的道德危机是如何产生的？这么追问，在当时可谓抓住了社会道德的主要症结。今日我们重谈这一问题也可谓应世之需，因为，知识分子在今天号称社会的良心，然而名实允当与否仍是一个问题，而这关乎当下社会道德文明的水准，关乎中华民族的伟大复兴。

一 文质思辨的新维度：文籍对道德精神的遮蔽

阳明先生以创立良知理论而闻名，他认为社会道德危机的由来之一正是文弊和学非所学。透过其著作可见，他破除良知障碍的重头戏就是从文实关系上入手的。"文"，指中国古代一切文字形态的东西，广而可及一切形式、教条、僵死的东西，狭义上指的是儒家经籍，特别是汉儒、宋儒的诠释类作品；"质"即质地、本质，在王阳明的语境中其根本意思显然是朝向"道"，主要包括道德原则及其体悟，是道德客观准则和主观认识的统一。

一般而言，"文"和"道"不可分，"文"是为"道"服务的，可是，不可忽视的是，"文"可能对"道"产生遮蔽作用，这种作用却容易为大多数人所忽视。王阳明认定："天下之大乱，由虚文盛而实行衰也"[1]，所谓"虚文"，不仅是指"文"对道的疏离，更重要的是指"文"对"道"的遮蔽。

据《传习录上》载：徐爱问文中子（王通）和韩退之（韩愈），王阳明说："退之，文人之雄耳。文中子，贤儒也。后人徒以文词之故，推尊退之，其实退之去文中子远甚"[2]，又进一步说："子以明道者使其返朴还淳而见诸行事之实乎？抑将美其言辞而徒以譊譊于世也？天下之大乱，

---

[1] 王阳明：《王阳明全集》（新编本）卷一《语录一·传习录上》第一册，吴光、钱明、董平、姚延福编校，浙江古籍出版社2010年版，第8页。

[2] 同上书，第8页。

由虚文盛而实行衰也。使道明于天下,则《六经》不必述。……孔子述《六经》,惧繁文之乱天下,惟简之而不得,使天下务去其文以求其实,非以文教之也。春秋以后,繁文益盛,天下益乱"①,甚至说:"始皇焚书得罪,是出于私意,又不合焚《六经》。若当时志在明道,其诸反经叛理之说,悉取而焚之,亦正暗合删述之意……天下之不治,只因文盛实衰,人出己见,新奇相高,以玄俗取誉,徒以乱天下之聪明,涂天下之耳目,使天下靡然争务修饰文词,以求知于世,而不复有敦本尚贤、返朴还淳之行,是皆著述者有以启之"②。王阳明直接的批判是所谓"著述者",延伸所及,则包括一切文籍形式和经生文人。

这一批判的意义何在?笔者以为,学术界一直没有给予其应得的高度评价,而王阳明对文质的批判颇能反映其哲学的高度,也透示出其通往良知理论创建的独特途径。因为这一批判的实质在于超越书本和教条而返归道德主体及道德理性能力本身,应该说这意味着道德主体的苏醒和自觉。哲学任务的一个说法就是返回原始本初的感觉、知觉、经验或心灵体认,而这就需要对外在事物报以怀疑的审视,重新返回内在亲证与理解。王阳明对文质的反思,最直接的意义就是:它标志着王阳明敢于大胆怀疑儒家圣学传统而回归到人的道德主体上来,正是沿着这条思路,他最终坚实地发现并站到"良知"这块道德磐石上。

休谟在提出和捍卫其道德学说时曾经说:"我们如果相信这些原则,即我们在巡行各个图书馆时,将有如何大的破坏呢?我们如果在手里拿起一本书来,例如神学书或经院哲学书,那我们就可以问,其中包含着数和量方面的任何抽象推论么?没有。其中包含着关于实在事实和存在的任何经验的推论么?没有。那么我们就可以把它投在烈火里,因为它所包含的没有别的,只有诡辩和幻想。"③ 阳明希望有一把烧毁"诸反经叛理之说"的烈火,与休谟的说法不只是表面相似,而是存在哲学研究根本方法上的相通性。有人可能会说,笔者的看法似乎是倒果为因,而在笔者看来,阳明先生要确立鲜活的道德意识和判断力,就必须破除外在的教条及其载

---

① 王阳明:《王阳明全集》(新编本)卷一《语录一·传习录上》,第一册,吴光、钱明、董平、姚延福编校,浙江古籍出版社2010年版,第8—9页。
② 同上书,第8—9页。
③ 休谟:《人类理解研究》,关文运译,商务印书馆2007年版,第137—138页。

体，从道德哲学分析本身出发，所以，笔者认为，阳明批判文弊，不是确立良知之后带出来的见解，而是其体证良知必经的"破坏性"环节。

中国是个文明古国，也是典籍大国。文字学家对中国古代文献积累与学术创新的关系有很好的分析，例如罗振玉就曾指出"至隋唐已降，典籍愈多，学愈繁复，士子束发受书，至于皓首或尚不能穷一艺。又以文取士，去行益远，殊失古人为学之本源，宋儒崛起，一矫汉唐以后重文轻行之失，由博而反之约，流风所被，下逮元明，师儒之功顾不伟哉"①。中国古代文籍浩繁，治其学者，一不小心，就会堕入书渊或日渐养成所谓"经学思维"，因而昧失主体意识，钝化自己独立思考的精神。具体到明代而言，顾宪成说过："当世人桎梏于训诂词章间，骤而闻良知之说，一时心目俱醒，恍若拨云雾而见白日，岂不大快！"②

尼采曾经说，恰当的历史使人成为人，过剩的历史学使人不成其为人③。怀疑是精神觉醒所必备的，是哲学创新必经的一步，阳明思想内在地包含有一个历史理性和道德理性批判的大环节。从怀疑的精神上看，可以说王阳明代表着中国中世纪伦理道德之学的一场革命，是道德意识拔地而起的重建。王阳明要发明良知，从经典文本中找不到，他必须冲破文籍的躯壳、打碎教条式的言说沉积，回归独立心灵，即从直接的道德意识与价值经验出发，在亲历亲证中体认。

这一思考其实也算不上什么前无古人的独创，实际上，文质、文迹之辨，易简、损益、返本开新之论，在中国思想史上不为罕见，例如《老子》、《论语》、《易传》、《庄子》、陆九渊等等都有论述，那种泥于文字痕迹和训诂章句而遗失微言大义、迷失思维判断力的人本来就不受褒扬。但是，将类似的批判与道德意识稳固地联系起来的则是王阳明，阳明先生的突出之处在于击中了问题的要害，发明出良知。一般地看，他的学说有助于我们跳出文籍，超越外在说教，转入内在的哲学反思，而这是伦理哲学主体挺立的根本条件。

---

① 罗振玉：《本朝学术源流概略》，上海书店1989年版。
② 顾宪成：《小心斋札记》卷三，冯从吾、高攀龙校，台北广文书局1975年版，第62页。
③ 尼采：《不合时宜的思想》，转引自《现代西方价值哲学经典·先验主义路向》（上），冯平主编，北京师范大学出版社2009年版，第89页。

二 良知和知识分子的道德问题

除了返回原初感知或直觉之外，哲学的另一个意思就是彻底的反思与批判，而它们又是不无联系的。王阳明的批判没有停留于表层的、一般性的文质反思，也不只是关注语言和意义的关系问题，王阳明的反思的根本意义在于对知识积累和道德关系的重新审视，而这一点，是笔者深为钦佩的。因为，它开启了中国历史上道德主体对文籍乃至知识、科学等争取独立性地盘的行动，我们可以说，到了这个时候才称得上真正有了道德哲学。在伦理哲学中，知识和道德固然存在紧张关系，所以，纯粹认识和实践价值认识之间的关系，一直是伦理哲学中绕不过去的一个问题。苏格拉底肯定知识和道德之间的正向关联，中国儒释道各路思想家的看法也不统一，大体而言，朱熹肯定知识和道德的积极关联，而且从知行关系上对其做了有辩证性的理解，但是他的解决并不彻底而是留下了有待弥补的缝隙，所以就有了"朱陆之争"。

更值得注意的是，笔者在此不完全是为了讨论道德和知识二者的关系，而是希望回到王阳明的历史语境，侧重于讨论知识人和道德的关系，这可以上升为一般意义上的道德良知和知识分子的关系，而这正是笔者着重强调阳明子思想突破的突出意义所在，这也是中国思想史上许多思想家们讨论道德问题的特色之一。

照常理而言，历史上的知识分子往往对儒家经典浸润最多，拥有丰富的文化知识和专门学问，但是，可以说他们最有道德么？在今天，知识分子理应是具备较多的人文知识、社会科学知识和自然科学知识的群体，可是，即便确实如此，可以说他们的道德最为高尚么？根据阳明直接返回到原初道德意识和经验的批判，知识分子的知识优势与道德高度之间不再有必然的正向关联。在阳明先生那里，道德是自为独立的一门学问和功夫，其他专门的知识与其并非一回事。"良知"是根源于情感体证而达到的天地万物一体之仁，是去除一己全部私意计较而显现出来的纯乎天理公道之心，不具有这些纯粹特性和方法的知识固然不算道德认识。也就是说，不能说"文化人"、"知识人"和"科学人"良知就好、德性就纯，甚至有可能出现完全相反的情况，即知识分子不仅可能因为自己主业而耽误良知的体认，而且，大伪似诚、大奸似善在历史上代有人出，少数知识分子完全可能以伪善、伪道学面貌出现，成为道德人格的肢解贩卖者。

这正如康德受卢梭启发而发现的一个事实，即常人反而更好地保存有健康的道德感知和道德良心，所以，康德曾经说，自己的实践哲学，其所作所为无非是给普通人日用而不知的道德原理在做抽象总结和理论论证而已。王阳明称："圣人之道，吾性自足，向之求之于事物者，误也"（龙场悟道）①；"良知、良能，愚夫愚妇与圣人同"②。康德和王阳明的思考论说异曲同工，实际上都将道德源头指向本来自足的人性支点，而不在于知识、地位、财富等外在标志，这样的理论的深意在于：道德哲学总是需要人性奠基。或者我们也可以说，王阳明发起的道德革命实际上是一种对人性与道德主体复归的运动。这一点也是当代儒学振兴的不二出路。

三　良知和知识分子的人格问题

在王阳明的表述中，"大人"是具有良知良能的新型知识分子的典范，可是他们又是健康的普通人，或者说真正的知识分子不过是不失良知或"道心"的人。阳明为什么要树立这样的人格？因为他的学说归结于价值和意志理论，只有上升到人格才有道德价值和意志真正统一的主体。尼采曾经呼号，要重估一切价值。他以其拳拳赤诚纯真之心，对道德和历史进行了批判反思，历史上许多道德高尚的圣徒或者道德楷模在尼采眼中成了非道德的、言行不一、欺世盗名、误人子弟的典型。阳明先生的反思，在某种意义上和尼采的哲学鞭挞具有可比较的意义。二者都极言人格、价值和意志，只不过在尼采那里是超人人格、健康生命的价值和权力意志，而在王阳明那里，则是所谓"大人"的人格、非个体的宇宙万物的价值和纯粹良知的意志化。

王阳明声称，圣学就是要成就"大人"的人格，而"大人之学"在于"明明德"，在于从最基本的仁性情感体验而上升到万物一体的超越情

---

① 王阳明：《王阳明全集》（新编本）卷三十二《年谱一》，第四册，吴光、钱明、董平、姚延福编校，浙江古籍出版社2010年版，第1234页。

② 王阳明：《王阳明全集》（新编本）卷二《语录二·传习录中》，第一册，吴光、钱明、董平、姚延福编校，浙江古籍出版社2010年版，第54页。

怀，所谓"大人之能以天地万物为一体也，非意之也，其心之仁本若是，其与天地万物而为一也。岂惟大人，虽小人之心亦莫不然，彼顾自小之耳。是故见孺子之入井，而必有怵惕恻隐之心焉，是其仁之与孺子而为一体也；孺子犹同类者也，见鸟兽之哀鸣觳觫，而必有不忍之心焉，是其仁之与鸟兽而为一体也；鸟兽犹有知觉者也，见草木之摧折而必有悯恤之心焉，是其仁之与草木而为一体也；草木犹有生意者也，见瓦石之毁坏而必有顾惜之心焉，是其仁之与瓦石二位一体也；是其一体之仁也，虽小人之心亦必有之。是乃根于天命之性，而自然灵昭不昧者也，是故谓之'明德'"①。阳明还认为，"志不立，天下无可成之事，虽百工技艺，未有不本于志者"②，《阳明全集》论"志"的地方比比皆是，几近啰唆。一种普遍的责任和道德学说，必需追问人从何而来，向何处去，人在宇宙中的地位和功能如何，否则，不能证立高贵的道德生活，而王阳明的学说就合乎这样的要求。

　　简单地说，阳明先生实际上是由道德情感而及道德价值，由道德价值而及道德意志，由道德意志而及道德人格，将道德本体、道德属性、道德心灵统一起来，建立了一种崭新的儒家道德哲学理论，与早期儒学历史上天人缠结、道德和习俗不分、格言训诫式的传统局面大为不同了。然而，这样的人格却是小人和圣贤君子同等具备的，也就是说，从道德良知看，无所谓君子小人之分别。在王阳明这里，只有两种人，一是"利根之人"，一悟即得良知本体；另一种为"不免有习心在"者，"本体受蔽"，所以要做为善去恶的功夫。这二者相需，就是"四句教"（"无善无恶心之体，有善有恶意之动，知善知恶是良知，为善去恶是格物"）的全体意思③。他所追求的似乎深奥难解，我们完全可以换一种方式表述阳明子的意思，他实际上无非是要求复归人性，这是他的时代，也可能同样是我们的时代儒学复兴的真正逻辑起点。

　　王阳明对人格典范的强调，是其心目中新知识分子的集中表现，应该

---

① 王阳明：《王阳明全集》（新编本）卷二十六《续编一·大学问》第三册，吴光、钱明、董平、姚延福编校，浙江古籍出版社2010年版，第1015页。

② 同上书，第1021页。

③ 王阳明：《王阳明全集》（新编本）卷三《语录三·传习录下》第一册，吴光、钱明、董平、姚延福编校，浙江古籍出版社2010年版，第128—129页。

说，这也正是现代知识分子内涵中的应有之义。中国历史上，壁立千仞的仁人志士在在俱是，但是，反观近世以来，趋炎附势，追逐功名利禄，而至于寡廉鲜耻、苟且偷生的知识分子却也层出不穷。如何砥砺知识分子的人格，廓清士林风气，使其真正担当起社会良知的重任，依然是我们社会中的大问题。在许多方面，阳明的学说包含多重启示。

宋明理学历来被指空谈性命，本文无意于为此辩解，不过，宋明理学和其核心理论的社会性源头及其功能是需要我们重新辨明的。

在德行诠释学与关学之间

——关于"德行诠释学"建构与张载关学研究的一次师生对话

魏 冬 潘德荣[*]

摘要：关学是根植于关中，以北宋时期张载为宗师，并且具有九百余年传承历史的儒家理学学派。"德行诠释学"是潘德荣教授近年提出的一种以"实践智慧"为基础、以"德行"为核心、以人文教化为目的的诠释学。关学崇尚以礼为教、注重实践躬行，其本身的存在和发展是对"德行诠释学"的一个现实注脚、事实支撑。建构德行诠释学需要发掘关学经典诠释的一些特有理念、方法和思想倾向；同时，研究和弘扬关学，也要注意借鉴德行诠释学的理念方法对关学人物的道德行为做更深层次的解读。

关键词：张载；关学；诠释学；德行诠释学

作者按：华东师范大学终身教授、博士生导师潘德荣教授是"德行诠释学"的提出者。西北大学关学研究院魏冬教授在2010—2012年跟从潘德荣教授从事博士后研究期间，即关注中国哲学研究对诠释学理论方法的借鉴与发掘，近年更侧重于关学与诠释学关系的思考。2018年5月22

---

[*] 作者简介：潘德荣（1951—），浙江长兴人，华东师范大学终身教授，博士生导师，主要研究方向：诠释学、德国哲学。魏冬（1977—），陕西合阳人，西北大学关学研究院副院长，教授，硕士生导师，兼任陕西省孔子学会副会长兼秘书长，眉县横渠书院特聘研究员，主要研究方向：张载关学、儒释道与藏汉文化关系。

日，魏冬教授应邀在华东师范大学哲学系做了一场题为"'关学'一词内涵指向的历史探讨"的学术报告。23日，潘德荣教授在华东师范大学闵行校区图书馆主楼做了题为"'理解'与'表象'：阳明'花树之喻'的哲学意蕴"的终身教授学术报告。会后师友共聚，畅叙友情。席间潘德荣教授和魏冬教授围绕关学研究与德行诠释学创建的相关问题，进行了一场颇有探讨性的对话。鉴于这次对话对学界进一步了解德行诠释学和关学特征具有积极的意义，现根据对话内容作进一步整理完善，以飨诸君。

一 什么是"德行诠释学"？

魏冬教授（以下简称"魏"）：老师，我好几年没有和您见面了，今天时间匆匆，但还是有几个重要的问题需要向老师请教。第一个问题，就是我注意到老师这几年讲"德行诠释学"。我看了老师的文章，有这两个印象：一个感觉就是觉得老师的"德行诠释学"似乎与孔子关系密切一些，儒家色彩比较浓厚些；第二个感受就是老师的"德行诠释学"似乎更强调行动实践，也就是"行"的方面，而不是单纯的思辨和理论建构。不知道这样理解对不对？

潘德荣教授（以下简称"潘"）：是的，你的理解很对。我近几年结合西方诠释学发展存在的困境以及中国哲学诠释学的构建问题，提出了创建"德行诠释学"这个设想，并以此作为"中国诠释学"的根本取向。那什么是"德行诠释学"呢？简而言之，"德行诠释学"就是一种以"实践智慧"为基础、以"德行"为核心、以人文教化为目的的诠释学。这个解释中"实践智慧"这个词，主要是源于西方诠释学，特别是亚里士多德和伽达默尔；而"德行"这个概念的提出，则主要是基于我对中国哲学传统中孔子诠释思想的理解。我们知道，删订六经，是孔子在中国诠释思想史上的重大贡献之一，尤其是孔子解《易》，更开启了一种新的诠释路向。《周易》本为卜筮之书。在孔子之前，大行其道的当是史、巫的解《易》之法。"巫"解《易》主要用于卜筮，力求正确理解神的启示而趋吉避凶；"史"解《易》则能进而明其"数"，推知天文历法。他们解《易》均重在《周易》卦象符号之原义。而孔子公然申明"后其祝卜"，倡言解《易》"观其德义"、"求亓德"，于是解《易》的重心，就由原来侧重从经文之原义（神的启示）转向了以"德行"为核心的人文教化了。孔子重"德行""仁义"，力图通过经典诠释来阐发儒家义理，以"德"为天道教化世人，培育君子人格，这是孔子诠释思想的一个重要特征。后来孔子的诠释思想对后世儒学的经典诠释产生了深刻的影响，遂取代史、巫之法而成为中国诠释传统之主流。

"德行诠释学"的核心是什么？我们通过对孔子解《易》的梳理，就能发现，孔子的诠释理念，一言以蔽之，就是旨在"立德""弘道"。此一宗旨使儒家的经典诠释具有了鲜明的价值导向特征。而我们所能看到古代文献，大都是经孔子删订六经后才得以流传下来的。这意味着，我们对古代精神世界的认知，已经深深地打上了孔子的理念之烙印。"德"与"德行"是中国文化传统中古老的重要概念，在孔子删订的经文中就已频繁出现。尤其是在《周易》《周礼》中，我们看到了对"德"与"德行"的精要阐发，其所揭橥的"三德"与"九德"，其旨趣无非"践行"二字。比如《周礼》三德之说中的"至德"，朱子解说为"诚意正心，端本澄源"，是以被视为"道本"、亦即"行道之本"（行修身养性之道的"本"）。可见，这是一种内在于心的"践行"，以提升人的道德修养之境界。而"敏德"与"孝德"，便是依据存于心中之"德"而见诸外在行为的践行。至于"九德"，更是指向"德"在某种具体情境下的施行，凸显了"德"的功用。所以说"德行诠释学"，至为突出的一点，就是通过"行"，来成就"德"。

但我提倡构建"德行诠释学"，并不仅仅囿于中国诠释传统，同时也检点了西方的诠释传统。在西方诠释传统，与孔子的诠释理念最为相近的是亚里士多德和伽达默尔，他们的共同点是从"实践智慧"出发思考德行的诠释问题。但是，西方的"Phronesis"与国人所理解的"实践智慧"并不可等而视之，它们之间有同有异。所同者，就是它们都内在地包含着价值的向度，注重人自身的德行；所异者，主要是对于何谓"德行"的理解。形成这种差异性的根源在于各自的文化传统与认知旨趣的不同。比如希腊语的"αρετη"（arete）在英译中经常被译为"excellence"，即中文的"卓越"或者"美德"的意思；或者被译为"virtue"也就是"德性"的意思。但我认为，用中文的"德行"概念来对译"arete"更为贴切，因为古希腊的"Arete"概念兼含"德"与"行"两义。

既然如此,那我为什么不用亚里士多德或者伽达默尔的"实践智慧"来建构新的诠释学呢?首先,我们在亚里士多德那里看到,"实践智慧"与"德行"是不可分割的,惟有依据实践智慧才能成其为"德行"(arete,Tugend),这是他与孔子相契合的地方。但是,亚里士多德最终将"沉思"确立为最高的"德行",他认为神的活动、福祉就在于沉思,人惟在"沉思"这一点上与神最为近似。而"沉思"会使人获得智慧(Weise),有智慧的人是神所喜爱的,被神所喜爱的当然是最幸福的人。与亚里士多德立足于"沉思"、并将其视为最高的德行不同,孔子将"德""行"并举,德在行中。行不惟依据德,而且成就了德。我们还可以清楚地看出,在"德行"观念上,亚里士多德的侧重点在"德",而孔子的侧重点则基于"行"。正是在这里,我们看到了孔子与亚里士多德的德行理论的重要区别,也就是孔子德行理论的殊胜之处。其二,就伽达默尔言之,我们能看到,探讨实践智慧之本质(das Wesen der Phronesis)的问题,在伽达默尔的《真理与方法》中,就已被置于一种"中心位置"了。我们也能看到,伽达默尔对亚里士多德实践智慧的阐发对我们也极具启迪意义。但尽管如此,伽达默尔却并没有将"实践智慧"完全运用于他的诠释实践中。也就是说,在伽达默尔诠释学那里,他虽然将探讨实践智慧之本质的问题置于一种"中心位置",但却未能充分关注诠释的价值向度,他阐明了此在形成于理解,却未能进一步指出我们的理解所应取的方向,亦即我们的理解应当向着那种基于社会共同体之共识的价值理念而展开,以此为依据来塑造自身。但对我们来说,我们不仅要知道:"何以存在着不同的理解"?而且更应知道,"我们为何而理解"?在这一点上,我们的诠释学思考就应当以一种建设性的态度来审视伽达默尔理论的缺憾。正是出于对"实践智慧"的深入思考,我才把目光逐渐从西方诠释学转向了中国诠释传统。而我们的研究也表明,"实践智慧"同样也是构建中国诠释学的基础性概念。若基于"实践智慧"建构中国诠释学,"德行"概念便是其核心。

正因如此,在我看来,只有基于中国诠释传统的"德行"而建立的诠释学,才真正实现了理论与实践(涵盖了意识活动和践行两者之"实践")之统一。也正是这种统一中,亚里士多德诠释思想中作为终极标准的"神意"退隐了,代之而起的是孔子所倡导的经典诠释的人文教化之目标，伽达默尔诠释学也由此而获得了继续前行的动力。

进而我们要注意到，我所讲的是"德行诠释学"，而不是"德性诠释学"。我之所以强调"德行"而不是"德性"，主要基于对孔子的思想的理解，我觉得孔子思想的归宿，乃在于给人提供一"德行"上的引导。也就是引导人对自己的"德"有所认知，并落实于具体的行为上，具体的生活实践上。反过来，"性"这个词，是相对晚出的，到孟子的时候，它才得到进一步广泛的应用。而且"德"本身，就包含着"性"的意义在其中。启用"德行"，本身就具有注重德和行这两个方面的意思，也包含着以道德的认知和实践在其中的自我成就和完善。

二 关学所具有的"德行"特征

魏：感谢老师给我的解读。如果老师觉得我的判断大致不错的话，我就有勇气接着老师的话题，就我目前对关学的了解而言，做一些"诠释"了。

我们知道，关学的实际开创，是从北宋时期的张载开始的。但对关学史的构建，则主要始于明代万历年间的冯从吾。在冯从吾创撰《关学编》之后，"关学"这个词，连同冯从吾所赋予它的"关中理学"的基本界定，以及冯从吾通过《关学编》所呈现出来的构建关学史的基本体例，也都被后人所接受和认同了。检点冯从吾创撰《关学编》之后关学史的撰写，无论是清代王心敬、李元春、贺瑞麟所作的《关学编》补续，还是柏景伟、贺瑞麟、刘古愚三人对以往《关学编》及其补续的合编，都明显的呈现出了以冯从吾《关学编》所奠定的关学的基本界定、关学史撰写的基本体例的特征。虽然，他们在对作为"关学"的"关中理学"的外延上理解有所不同并呈现出逐步扩大的趋势。同时，黄宗羲、全祖望对《宋元学案》《明儒学案》的撰写，也都接受了冯从吾对"关学"的基本界定。而民国时期四川双流人张骥的《关学宗传》、安徽颖上人曹冷泉的《关学概论》，也都是在冯从吾的"关学"概念的基础上予以拓展扩充。所以我们说，"关学"作为实体虽然起源于北宋，但对其名谓的提出和获得认同，对其历史的撰写，则始于距其500多年后的冯从吾。冯从吾所提出的"关中理学"意义上的"关学"，是从明代万历年间到民国时期

300多年理学以及关学发展史上的共识，这在当时也是常识。我们今天研究关学，如果意识到无论作为实体的关学还是观念上的"关学"都是一种基于历史而延续到当下的存在的话，就首先要对古人关于"关学"的界定有所尊重。这是我昨天讲的一个基本的观点。

另外，我想结合我对老师提出的"德行诠释学"的理解，简要地向老师和大家汇报一下我近年研究关学的一点体会。近年我在关注关学史文献，特别是冯从吾等人的《关学编》及其补续的时候，特别关注了一个隐藏在关学历史文献背后的理论问题，也就是在冯从吾等关学史家的眼中，所谓的关学人物应该具有怎样的基本特征？怎样的人物才能算是关学人物？我们发现：在冯从吾的《关学编》中，他所收录的人物撇开关中这一地域因素不谈，在理学流派上就有源自张载的，源自周敦颐的，源自二程的，源自朱熹的，源自王阳明的。后来王心敬续补的《关学编》中，甚至把带有天主教信仰的王徵也纳入了。由此可见关学人物在学术渊源上的多元性。这就提出了一个问题，这种从属于不同理学流派的关学人物，何以能成为一个"关学"学派？换而言之，关学史家在其《关学编》中所收录的人物，是否具有同一学派的意义？在这些关学家那里，"关学"是一个学派概念，还仅仅是一个单纯具有地域性的理学形态概念？对于这一问题，历史上的关学史家都没有明说。但我们通过对他们所作的关学史文献中人物的分项统计，就会发现在冯从吾等关学史家的笔下，收入关学史的人物普遍有一个共性：这就是他并不认为有明晰的学术渊源或者特出的思想、著作才是构成关学人物的必要条件，与之相反，很多没有清晰学术渊源、没有师承关系、没有著述的人物也被收入了关学史了。在关学史家的笔下，这些人物和有著述、有思想创造、有师承渊源的关学人物一样，都有一个共有的普遍特征，即他们都认同尊崇孔子，都注重道德的身体力行，都崇尚实践而反对空谈，更为突出的是，他们都特别注重对张载以来所奠定的"礼教"的持守。而他们的这种群体"共性"，又恰恰构成与他们同时代的异地的理学派别的"特征"。这似乎在说明：关学的基本精神，就是在"德行"二字上。故而，关学未必是一种思辨和理论特点突出的智慧，但应该是带有行为道德特征的实践智慧。可能在这个意义上，关学才能成为一个学派。

潘：从你的描述来看，关学的确与我所说的"德行诠释学"具有相同之处。前面我讲到孔子解《易》。我们说,《周易》的每一卦都可以基于"德"来解,但就孔子所倡言的"九德"而言,与之直接相关有九个卦。《周易》以此九卦来界说"九德":"作《易》者,其有忧患乎?是故履,德之基也;谦,德之柄也;复,德之本也;恒,德之固也;损,德之修也;益,德之裕也;困,德之辨也;井,德之地也;巽,德之制也。履,和而至;谦,尊而光;复,小而辨于物;恒,杂而不厌;损,先难而後易;益,长裕而不设;困,穷而通;井,居其所而迁;巽,称而隐。"(《系辞下》)在此特别耐人寻味的是,"履"为何被视为九德之首?这当然可以从《周易》卦序来看,因为在与九德相关的九个卦中,"履卦"最先出现。但我们更要关注的是,真正能使"履"卦成为九德之首的,是它被定位为"德之基"。何谓"履"?据王弼的解释:"履者,礼也",直解"履"为"礼"。而在许慎《说文解字》中,释"履"为"足所依也"(今人谓之"鞋"),后延申为"践履":"履,践也。言践履之道……"。朱熹在其《周易本义》也解释说:"履,礼也,上天下泽,定分不易,必谨乎此,然后其德有以为基而立也。"以此观之,"履"含有两义,即"礼"与"践行"。如果进一步在整体上观照此两义,一言以蔽之:依循"礼"而践行。由此,"履"作为"德之基",就具有了双重的规定性:一方面表明了"礼必在践履","礼"须经践履才能成就其"德",将道德的规范性转化为人的德行;另一方面,要求人的践行须遵循"礼"的规范,是故"君子以非礼弗履"(《周易·大壮》),以将"礼"落于实处。此谓"践履为实,有实行,然后德可积而崇也。故曰:履,德之基也。"因"履"被视为德之基础,也就规定了其后的八德对于"履"的依存性,同时也规定了践行八德的价值取向。换言之,八德乃是在践履过程中的"德"之自我彰显,若无践履之实"行",所谓八德也就失去了存在的基础。而"礼"本是践履的应有之义,因而也制约着基于"履"的八德。《周易》解说九卦之德,皆切合人事之用,无不依循"德"——落实在人的具体行为上,即合乎"礼"——所规定的道德向度。从这个解释就可以看出,德行诠释学与关学"以礼为教"、注重践行的传统是一致的、相通的。

魏:谢谢老师的解释。我们知道,横渠解释儒家经典,是极为重视《周易》的;横渠教人,也是特别注重礼的,他也更为重视行,在日常的生活中落实对礼的践履。这不仅是张载之学的一个特色,而且也是后来关学的一个极为重要的传统。这样,不仅从经典解释的角度还是从价值取向的角度,张载的关学都与孔门的"德行",有着直接的,或者更为密切的渊源关系。因此,我们通过这里就能看到,张载所倡导的关学,不仅与孔学的经典诠释面向相通,而且也与其指向相通。进而,如果这一点能够成立的话,我们似乎对关学史家思想中的"理学"成分需要重新定位,即在他们看来,理学并不仅仅是在北宋中期开始形成的一种儒学新形态,从本质属性上讲,理学首先是儒学的,首先是恢复了重建了孔子所提出的"仁"学的本质:"仁"学乃是基于道德的实践——"行",而指向"德",这两者是密不可分的。如果是这样,理学主要的面向,未必就是单一体现于著述方面的思想的发展(虽然这也是重要的),但更为重要的是对自己选择的价值观念的坚守和践行。如果是这样,对关学史的审视,就不能完全局限于思想史或哲学史的角度,而应该更侧重于对关学人物行为方式和道德观念的探讨。这样视域下的关学,应该首先是"道德实践史",而不是"思想建构史"。也许这样,才能更符合关学的特征和实际。因此,我想,关学的基本特征,应该和老师讲的"德行诠释学"是相通的。关学传统本身的存在和发展,也许本身就是对老师的"德行诠释学"在关中地区的一个现实注脚,或者是一个事实支撑。

三　关学史建构中的德行指向

魏:老师,通过上面的描述,我们知道关学史的建构,实际上要晚于他所表述的对象的实际发生。而我们所要了解关学是什么,关学具有什么样的特征,首先必须借助的,就是这些关学史家所撰写的文献。毫无疑问,这些关学史家在为他所设定的关学人物写传记的时候,必然也要参考历史上这个人物实际的情况,但是,我们也看到,在这个过程中,我们所看到的人,和他所看到的人是不同的。比如我们今天基于其他材料看到的王徵就是一个带有浓厚儒家色彩的天主教徒,但在王心敬的笔下,我们看不到王徵有一点天主教的气息,而全部是儒家式的。这是他所看到的王徵本来就是这样的,还是他有一种意图,刻意将王徵描写成他笔下这样的?对于这个问题,我还没有答案,还需要进一步探讨。但在此也崭露出一个看法：就是通过关学史家的撰述可以看出，作为观念史的关学，虽然是基于关学的发展历史的，但其中也不可忽略的是，其中有关学史家的"有意选择"、"有意刻画"在里边。他们正是通过为关学人物立传的方式，通过一个个个案，为我们活生生地展现了自己所认同的关学人物的行事风格、精神气象，从而结合起来呈现了关学的整体风貌，而将他们所要说的"史意"，更多隐藏在其中了。所以从某种角度而言，关学史的编撰，并不仅仅是对关学历史或人物的复原，而带有一定的诠释意味在其中。虽然，他们所采用的方式不是哲学式或思辨式的理论诠释。那这是否也透露出一种可能：即作为关学的理学的存在，虽然与其他流派一样，都根源于对孔学价值作伦理理念的诠释，但由于其本身具有尚德、重行、隆礼的倾向，而这些倾向则是需要通过人的行为活动来呈现的，所以他们选择了用传记体来展现关学精神的方式。我觉得，这里边似乎有一种"主体间性"的因素在起作用。而在冯从吾的《关学编序》里，我觉得他所说的一句话也是有史学诠释的意味的，他说："嗟夫！诸君子往矣，程子不云乎'尧舜其心至今在'。夫尧舜其心至今在，诸君子其心至今在也。学者能诵诗读书，知人论世，恍然见诸君子之心，而因以自见其心，则灵源浚发，一念万年，横渠诸君子将旦莫遇之矣。不然，而徒品隲前哲，庸晓口耳，则虽起诸君子与之共晤一堂，何益哉？"这岂不是有诠释学中"人同此心，心同此理"的体验假设吗！所以我觉得，在关学史家那里，其实他们的目的并不是想单纯的像史学家那里把关学人物的面貌呈现出来，而是要通过这种"对过去呈现"的史学方式，以为后人提供德行的榜样和导向，这难道不是和德行诠释学的价值导向相吻合吗？

潘：但问题是：怎样将关学的研究与"德行诠释学"的建构结合起来？或者说，如何借助德行诠释学，推进关学的研究？或者如何从关学的传统中，提升出诠释学的"德行"特征？

魏：对于这个问题，我还没有系统的思考。但我想起码可以有两个着眼点。一个是我们注意到，关学家除了特别注重"以礼为教"，特别注重道德的实践之外，还有一个比较突出的特征，就是重视对儒家经典的解读。以目前整理的《关学文库》为例，我们就发现：张载、韩邦奇、杨爵，都有对《周易》的注解。所以对《周易》的注解，构成了关学中"经典诠释"的一个突出特征。我觉得我们应该，也可以从关学家对《周易》的解读中，发掘出其经典诠释的一些特有的理念、方法和思想倾向，这或许对德行诠释学的发展是有一定贡献的。其次，如果能借助德行诠释学的理念和方法，对关学史文献中关学人物本身的道德行为做更深层次的解读，将之从单纯的个人传记式"描述"，转入到对他在特定时代事件或者环境之下的行为分析，或者对关学的进一步研究更有意思些。

当然，还有一个角度，可能需要老师和各位同门进一步的关注和帮助。我在上海学习期间，有一个明显的感受，就是我们陕西从事关学研究的群体中，大都具有注重古代文献的学风和特征。而在上海，特别是老师的门下的学生，具有宽阔的西学背景，或者更为开阔的"国际视野"。咱们华师大哲学系在"国际化"的交流方面，也是独树一帜的。所以我就想，我们应该把这两种学风和优势结合起来，可能会更好的推进关学研究和德行诠释学的建构。我举个例子，在关学研究群体侧重于文献的整理发掘的同时，我们潘门的弟子们也可以发挥自己的优势，比如关注海外英语界、德语界、韩语界、日语界对张载及关学研究成果的搜集整理和翻译，我们可以尝试着编一套"海外关学研究文献集成"，我想这对关学研究视域的开阔，推动关学在国际的传播，应该都是极其有意义的。

四　德行诠释学的走向展望

魏：最后，我还有两个问题需要向老师请教。第一个问题是：我发现老师的"德行诠释学"是以孔子的"德行"为基准建设的，但在日常生活中，似乎老师与佛教界的交流和合作不少，那老师是怎样看待孔子与佛教等不同宗教文化之间的关系的？

潘：我不是宗教徒，但在学术的交流中，我自己首先都对不同的宗教和文化抱有宽容的态度，也怀有敬意。创立德行诠释学无疑是一项艰巨的任务。目前，我的探索侧重于儒家的诠释传统，但是建立一种具有中国文化整体特点的德行诠释学，还必须整合道家、佛家的诠释传统中丰富的诠释思想资源。还要注意的是，自马克思主义引入中国后，我国学界在对马克思主义经典作家的著述之翻译和诠释工作中积累了非常丰富的诠释经验，为我们建构中国诠释学提供了不可或缺的思想资源。因此当我们讨论当代中国的诠释思想时，马克思主义的诠释理论无疑是一个非常重要的组成部分。除此之外，我还想强调的一点是：德行诠释学之创立虽然立足于中国学术传统的诠释理念，但它的学术视域却是世界性的，在我看来，它预示着世界诠释学研究的未来走向：融合中、西的诠释思想，且将诠释的本体论、方法论与德行论融为一体。德行诠释学的创立，不仅意味着孔子所奠定的中国古老的传统诠释理念在当今时代仍具有其经久不衰的生命力，同时也是我们对世界的诠释学研究做出的应有的贡献。

魏：那老师的这个敬意，岂不是和程朱讲的"涵养须用敬，进学则在致知"有一定关联？我记得老师在2003年《文字·诠释·传统——中国诠释传统的现代转化》中，主要是侧重朱子的诠释学，而今天老师的讲座，所谈及的主题是王阳明的"花树之喻"，老师您是不是从朱子学转向阳明学了？

潘：诠释学是不分中西古今的，也是不分程朱陆王的。德行诠释学的进展，就是我原来觉得"德行"是一个方面，但另一个方面，必须和"良知"结合起来。这是我在思想上的一个进展。我们知道，孔子的诠释理念在王阳明那里发展为"知行合一"说。朱熹尝说："知与行须是齐头作，方能互发"，这在某种程度上可视为王阳明"知行合一"说之先声。不过朱熹所说的"知"与"行"乃是两件事，"知"为"穷理"，"行"为"践履"。它们都很重要，且紧密相关，非"齐头作"不能"互发"。而在王阳明看来，知与行乃直接合而为一："知者行之始，行者知之成。圣学只一个功夫，知行不可分作两事。"又云："知之真切笃实处即是行，行之明觉精察处即是知。"以此观之，王阳明"知行合一"之"知"并非纯粹地从"格物"所得的知识，亦即不是认识论意义上的对知识的把握之"知"，或"广记博诵古人之言词"，被用作"求功名利达之具于外"的工具。在王阳明那里，"知行合一"之知乃是"明德性之良知"。被王阳明称为自己"立言宗旨"的，无疑是知即行、行即知。这种意义上的知行合一存在于人的意识活动内部，具体地说，"一念发动"既是知，亦是行。不过，这只是就王阳明的立言宗旨而言。"知行合一"还有另一重含义，就是"知"与"行"两件事之"合一"。"知"与"行"两者在目标与功能上的互摄、互动、互证，使之成为"合一"的整体，因为无论知还是行，终究是为了立德（明明德）、履德。

试析汉代儒学的基本特征

王美凤[*]

摘要：西汉武帝接受董仲舒的建议，"罢黜百家，表章六经"，儒学走向了"独尊"的地位，成为官方的意识形态。同时其思想内容也发生了显著变化，具有了一些不同于先秦儒学的新特征。主要包括以经学为教育主要内容以及以解释六经为其要务的经学化倾向，以及由此带来的儒家经典的神圣化与儒学的制度化；其次是其融合道家、阴阳家和法家思想，出现了以"霸王道杂之"为特征的综合性；再次，重礼、重术而轻心性修养的特征，使其具有鲜明的实用性倾向；最后，推崇"天意"，强调天有意志，宣扬天人感应学说，使汉代儒学出现了神学化倾向。汉代儒学是别开生面的，既有对先秦儒学的承继，但更有适应时代的变化。尤其是其经学化特征、实用性特征，深深地影响了魏晋隋唐时期儒学的走向和特征。

关键词：汉代儒学；经学化；综合性；实用性

经过战国中后期思想文化上的交融，先秦诸子百家学说逐渐被整合，出现了一些带有综合性质的学术思想体系，其中的儒家、道家（黄老）、阴阳家就具有这种学术态势。黄老之学兴盛于汉初，但到西汉中叶以后，汉武帝接受了董仲舒的建议，"罢黜百家，表章六经"（《汉书·武帝本纪》），逐步确立了尊儒的方策，促使汉代儒学发生了重大转变，表现在

---

[*] 作者简介：王美凤（1964—），山西原平人，西北大学关学研究院副院长、教授、硕士生导师，主要研究方向：关学、中国思想文化史、儒释道三教关系史。

不仅在百家之学中的地位发生了根本性变化，由先秦诸子中的一家之说走向了社会思想格局中的"独尊"地位，成为官方的意识形态。同时其思想内容也发生了显著变化，具有了一些不同于先秦儒学的新特征，可以"新儒学"来概称之。汉代新儒学的形成，有其深刻的社会原因与时代背景。经过汉初六十多年的经济恢复和发展，到汉武帝时，国力强盛，经济富庶，为其在政治上、军事上的进取提供了雄厚的物质基础。但与此同时，国内外的各种矛盾也日益尖锐复杂，黄老思想已不再适应当时社会政治发展的需要，这就为儒学走向政治舞台打下了基础。与此同时，汉武帝为了加强中央集权，建立一个强大的封建王朝，实现大一统的政治局面，就不得不认真总结历史的经验和教训，探求三代政权更迭、春秋战国诸国林立、战乱频仍和秦朝二世而亡的真正原因，寻找出一条新的治国之道。这一问题意识，促使儒学发生了带有明显时代特征的转变。此外，适应战国末到西汉初思想融合的发展趋势，独尊以后的儒学实际上融合了其他诸学派的思想而具有了一些新的特征。

汉代儒学的基本特征可以概括为以下几个方面：

第一，经学化。儒家经学在先秦其实已经有了，《庄子·天运》："丘治《诗》《书》《礼》《乐》《易》《春秋》六经"，说明早在先秦，孔子已开始传习六经，然他主要以《诗》《书》《礼》《乐》教弟子。从一定意义上说，先秦诸子与《六经》在思想上存有某种程度的内在联系。但是经由孔子整理删削之后的《六经》，其性质就发生了变化，逐渐成为儒者所专门拥有和讲习的经典。即使在秦代，经学也依然有人传习，秦曾立诸经博士就是例证①，这为儒学在汉代的经学化奠定了基础。"汉兴，然后诸儒始得兴其经艺，讲习大射乡饮之礼。"（《史记·儒林列传》）儒家经学得到大力发展，出现了一批传授儒家学说的经学家，并逐渐形成系统。在此历史背景下，儒学的不断发展，引起社会、朝廷关注，一些儒家典籍开始被立于学官。随后，儒家有专经博士的设置，这为儒学官方化、儒术的独尊奠定了基础，也为儒家经学登上历史舞台创造了条件。到汉武帝时期，社会政治经济等条件和思想学术领域的各种条件逐渐成熟，武帝

---

① 王蘧常《秦史》："博士，秦官，掌通古今。"并提及叔孙通、黄疵、周青臣、淳于越、伏生等人，有传。（上海古籍出版社2000年版，第261页。）

开始建构适应封建大一统的思想体系，于建元五年（西元前 136 年）"置五经博士"，同时于元光元年（西元前 134 年）采纳董仲舒的建议"罢黜百家，独尊儒术"。儒学被逐渐定于一尊，成为占统治地位的思想学说。所谓儒学的经学化，一是说汉代儒学以解释六经为其要务。汉儒虽然也推尊《论语》《孟子》，但其更关注的是孔子之前的六经之学，把《论》《孟》则视为解经的"传记"，如《汉书·扬雄传》："传莫大于《论语》"。而汉代统治者其治国的一些指导原则、根据往往在五经中去寻找。特别以董仲舒为代表的今文经学家，尽力发挥经书中的所谓"微言大义"，以服务于当时的政治，为统治者提供理论的依据。二是汉代的儒学教育也以经学为主要内容，选拔任用官吏也要经过经学的考试，并往往以六经为考核的内容。当时想要当官就要研习儒家经典特别是六经（实则为五经）。董氏就是因以《春秋公羊》学为依据所上"对策"而被汉武帝赏识并被提拔为江都相的。公孙弘亦因研究《春秋》而从布衣入三公，封为平津侯。此时读经已成为步入仕途的捷径，如当时因能"通五经，以《齐诗》《尚书》教授"而成名的夏侯胜，尝对学生说："士病不明经术；经术苟明，其取青紫如俛拾地芥耳。学经不明，不如归耕。"① 意思是说，只要能通《六经》学术的人，其取得高官厚禄如拾草芥，在这种激励机制下，经学也就兴盛起来，于是"天下学士靡然乡风。"② "自后公卿之位，未有不从经术进者。"③ 班固在《汉书·儒林传》里也说："自武帝立《五经》博士，设科射策，劝以官禄，迄于元始，百有余年，传业者寖盛，枝叶蕃滋，一经说至百余万言，大师众至千余人，盖禄利之路使然也。"这样，学术既被定于一尊，经学遂成了谋取功名利禄的工具，"学术的正宗与政权的正统互相利用，搅在一起了。"④ 儒学走上与政治紧密结合的经学化路子是历史的事实，正是汉儒不同于先秦儒的一个突出的特征。

儒学经学化的结果还派生了另外两个重要的特征，一是儒家推崇的经

---

① 《汉书·夏侯胜传》。
② 《史记·儒林列传》。
③ 皮锡瑞：《经学历史》，中华书局 1959 年版，第 101 页。
④ 侯外庐、赵纪彬、杜国庠、邱汉生：《中国思想通史》第 2 卷，人民出版社 1957 年版，第 313 页。

籍被经典化被神圣化。这种经典化与神圣性，使《六经》逐渐成为儒家学者的一种信仰。如匡衡说："臣闻六经者，圣人所以统天地之心，著善恶之归，明吉凶之分，通人道之正，使不悖于其本性者也。故审六艺之指，则天人之理可得而和，草木昆虫可得而育，此永永不易之道也。"《白虎通·五经》说："经所以有五何？经，常也。有五常之道，故曰五经。《乐》仁，《书》义，《礼》礼，《易》智，《诗》信也。人情有五性，怀五常，不能自成，是以圣人象天五常之道而明之，以教人成其德也。"这些都是儒家经籍被经典化、神圣化的证明。二是儒学逐渐制度化。武帝时代董仲舒在其"天人三策"中强调了思想文化的统一对于国家民族意识形态的必要性和重要性，并建构起一套以阴阳配性情，五行配五常，以天人感应神学目的论为特征的理论体系，极力宣传君权神授，以凸显君主的权威，并建立相应的制度和法律。由此，儒学上升为国家意识形态的地位。《汉书·董仲舒传》称："推明孔氏，抑黜百家。立学校之官，州郡举茂才孝廉，皆自仲舒发之。"可见董仲舒为儒学的制度化建设奠定了理论基础。至公孙弘建议武帝为博士置弟子员，开经艺之试，进一步对经学的发展提供了制度的保障。

第二，综合性。汉代儒学基本上沿着战国末年思想的综合趋势在发展。武帝所谓的"独尊儒术"，其所"尊"之"儒"实为以董仲舒、胡母生等人为代表的、融合了法家和阴阳家等诸家思想的今文经学（以公羊学为主），儒学走上了直接与政治结合、为政治服务的经学化道路。范文澜说，董仲舒对西汉事业的贡献，"在于他把战国以来各家学说以及儒家各派在孔子名义下、在《春秋公羊》学名义下统一起来"①。也就是说，董仲舒所建立的新儒学体系，带有很强的综合性。例如，其君臣之义、尊卑之序的伦理思想主要来自孔子、荀子；其"三纲"思想可能受到孟子的"五伦"、《吕氏春秋》的"君臣、父子、夫妇六者当位"以及韩非的"三事"说的影响；其阳尊阴卑观念来自《易传》，其整个思想体系则以阴阳五行说为基本框架来建构。作为董仲舒思想体系最核心的范畴"天"，也是先秦墨子、孟子、荀子有关"天""天志""天道"思想的融合。董仲舒对汉儒思想体系的创造，则主要在于他以"天意"为核心，

---

① 范文澜：《中国通史》第二册，人民出版社1994年版，第146页。

把传统的儒家政治伦理、法家的法术思想等统统纳入到阴阳五行的框架系统中，搞儒法结合，儒与阴阳家的结合。从总体上说，董仲舒的儒学思想是"兼儒、墨，合名、法"（《汉书·艺文志》），继承、综合多于创造，故《汉书·艺文志》亦称他"始推阴阳，为儒者宗"。① 以董仲舒为代表的汉代新儒学的出现，使原先被视为"不达时宜，好是古非今，使人眩于名实，不知所守"的"俗儒"，变成了"本以霸王道杂之"（《汉书·元帝本纪》）的汉代制度化的儒学了。其综合阴阳家和法家思想，是汉代儒学的重要特征。

作为汉代儒学重要一翼的汉代《易》学，也是吸收和融合了阴阳家、道家一些思想的新易学体系。汉易是由孟喜、京房等人奠基的，他们的特点是把阴阳二气的观念与《周易》的八卦联系起来、糅合在一起，认为卦爻的变化体现了阴阳二气的消长。《周易》的筮法主要讲象数，卦气说把数与气联系起来，认为一、三、五、七、九等奇数代表阳气的变化，二、四、六、八、十等偶数代表阴气的变化，并以这种数与阴阳之气的结合为基础，对六十四卦、三百八十四爻按照预期的目的加以重新地组合，形成所谓卦气说。孟喜、京房还以易理的卦象解释一年内节气的变化，即以六十四卦配四时、十二月、二十四节气、七十二候等等，认为卦爻的变化体现了节气的变化，并把阴阳之数与阴阳二气联系起来解释这种变化，从而建立了更为细密的以阴阳五行为框架的自然哲学体系。② 此外作为汉代儒学改革者的扬雄，则把儒家的仁义道德、社会伦理与阴阳家、道家的思想相融合。他说："夫天地设，故贵贱序。四时行，故父子继。律历陈，故君臣理。"（《太玄·玄摛》）甚至说："或曰：玄何为？曰：为仁义。"（《法言·问道》）无怪司马光说扬雄的《太玄》与《周易》"大抵道同而法异"，"殊涂而同归，百虑而一致，皆本于太极两仪三才四时五行，而归于道德仁义礼也"③（《太玄集注·说玄》）。也就是说，扬雄把自然、社会、伦理纳入到它吸收了阴阳家和道家思想的"太玄"宇宙系统模式中。这些也都体现了汉儒的综合性特征。

---

① 刘学智：《中国哲学的历程》，陕西人民出版社1993年版，第152页。
② 同上书，第187—188页。
③ 《太玄集注·说玄》。

第三，实用性。汉代儒学实用性的一个表现就是"重术"。"术重实用，学贵探索"，汉代儒学因其向实用化的方向发展，故常被称为"儒术"。又因为儒学已被经学化了，故亦可称为"经术"。① 这种情况从被称为"汉家儒宗"的叔孙通已开始出现，他正是靠制订出一套形古实今的朝仪，才博得了汉高祖的欢心，为儒家在汉朝争得一席之地。公孙弘也是因为其"习文法吏事，而又缘饰以儒术"，故"上大说之"，遂受到汉武帝的重用（参见《汉书·公孙弘传》）。董仲舒所以推崇《春秋》，是因为"《春秋》大一统"，颇适用汉家欲求政治和思想统一的实际需要。皮锡瑞说："武、宣之间，经学大昌，家数未分，纯正不杂，故其学极精而有用。以《禹贡》治河，以《洪范》察变，以《春秋》决狱，以三百五篇当谏书，治一经得一经之益也。……汉学所以有用者在精而不在博，将欲通经致用，先求大义微言"。② 皮氏这一说法或许有值得商榷之处③，但仍反映出汉儒所释经义，总是有很强的实用性的特点。那些"通经"的儒者，为了达到"致用"的目的，往往改变先辈传下来的经义，有时不惜伪造经文，以适用于自己的需要。董仲舒在解释《春秋》时，袭用阴阳五行家的五德终始说和阳德阴刑说，讲"三统""三正"，讲三纲五常，就是明显的例证。公羊家对经文的许多解释，往往牵强附会，这样《六经》之"义"实际成为统治术的装饰了。本来，"通经"与"致用"之"儒术"是有区别的，如章太炎所说："儒生以致用为功，经师以求是为职"④，但是这种使经义服从于目的而不是服从于理解原义（"求是"）的解释，就造成"通经"与"致用"的畸形结合，于是经学变成了实用的儒术了。

汉儒实用性的另一表现就是重"礼"。先秦儒学在孔子那里，既重视"礼"，又重视"仁"，强调礼与仁的统一。此后在儒学的发展过程中，孟

---

① 朱维铮："司马迁传儒林或公卿，倘指学问或学人，必用'文学'，倘指方法或手段，必用'儒术'，二者从不混用。汉书也是如此，不过或改文学为'经学'，或称儒术为'经术'。"（《中国经学史十讲》，复旦大学出版社2002年版，第10页。）
② 皮锡瑞：《经学历史》，中华书局1959年版，第90页。
③ 周予同："这些论调，在我们现在观察起来，真有点非愚即妄。……六经与致用的相关度，不仅相去很远，而且根本上还是大有疑问。"（《经学历史·序言》）
④ 章太炎：《论诸子学》，载《章太炎选集》，上海人民出版社1981年版，第362页。

子侧重于发展孔子关于"仁"的学说，而荀子则着重发展了孔子关于"礼"的学说。到汉代，孟子以心性论和内省修养为关切点的儒学却没有得到应有的关注，而重实用的礼学则受到了较多的重视。汉初贾谊就指出"宜定制度，兴礼乐"（《汉书·艺文志》）同时，《汉书·礼乐志》进一步强调："六经之道同归，而《礼》《乐》之用为急。"具体地说就是"人性有男女之情，妒忌之别，为制婚姻之礼；有交接长幼之序，为制乡饮之礼；有哀死思远之情，为制丧祭之礼；有尊尊敬上之心，为制朝觐之礼。"并指出，如果"婚姻之礼废，则夫妇之道苦，而淫辟之罪多；乡饮之礼废，则长幼之序乱，而争斗之狱蕃；丧祭之礼废，则骨肉之恩薄，而背死忘先者众；朝聘之礼废，则君臣之位失，而侵陵之渐起。"武帝继位，即"议立明堂，制礼服，以兴太平。"（同上）当时朝廷处理朝政及调节内部诸种关系，都依礼而行。如霍光于元平元年针对宫内立嗣的争议，指出"礼，人道亲亲故尊祖，尊祖故敬宗。"（《后汉书·宣帝纪》）据说由汉代戴圣整理的《礼记》（《小戴礼记》），就是在学术思想层面论礼的专书。从《礼记》的内容看，固然其中也有讲到心性修养的内容，如《中庸》，但更多的是涉及礼仪、礼节（如婚礼、祭礼、丧服丧事之礼、乡饮之礼等)，也有涉及对国家、社会制度设想的内容。这些都有很强的实用性。

第四，神学性。相对于先秦儒学来说，这是汉儒的一大特征。孔子是"不语怪、力、乱、神"①的。《论语·雍也》记载孔子的基本态度是"敬鬼神而远之"。其所说的"天"主要指的是"天命"，即自然、社会、人生背后的某种必然性。受周代天命神学的影响，孔子确实仍保留有某种宗教感情，如他对祭祀持非常虔诚的态度，说"祭如在。祭神如神在。"②但是当弟子问及"事奉鬼神"之事时，他明确说"未能事人，焉能事鬼？"③孟子虽讲天道，但却不大讲鬼神。荀子更理性地批评鬼神崇拜和机祥灾异等种种迷信观念，他把"天"回归为自然之天。但是汉儒则背离了孔、孟、荀等先秦儒家的这一理性路向，而走向神学和迷信。表现

---

① 《论语·述而》。
② 《论语·八佾》。
③ 《论语·先进》。

在：其一，推崇"天意"，强调天有意志，有目的。董仲舒认为，自然和社会生活中的一切都是由天意决定的。他认为"治天下之端，在审辨大；辨大之端，在深察名号"，而"名号异声而同本，皆鸣号而达天意者也"。（《春秋繁露·深察名号》）并指出，天可通过"灾异谴告"的方式，对社会政治生活、道德生活发生影响。说："灾者，天之谴也；异者，天之威也，谴之而不知，乃畏之以威。"又说："凡灾异之本，尽生于国家之失，国家之失乃始萌芽，而天出灾害以谴告之；谴告之，而不知变，乃见怪异以惊骇之；惊骇之，尚不知畏恐，其殃咎乃至。以此见天意之仁，而不欲陷人也。"① 这个"天意"显然具有主宰万物的至上神的意味。其二，宣扬天人感应的神学目的论。上面所说灾异谴告本身也体现了天的目的。同时，董仲舒认为，宇宙间的一切都体现了"天"的目的，说："天地之生万物也以养人，故其可适者，以养身体；其可威者，以为容服。"就是说，自然和社会生活中的一切都是天意有目的的安排，甚至道德行为也是天意的体现："天意常在于利民"（《春秋繁露·止雨》），"天常以爱利为意，以养长为事，春秋冬夏皆其用也。"② 对这种神学目的论，东汉王充曾提出批评，说："儒者论曰：'天地故生人。'此言妄也。"③ 董仲舒虽然也吸收了阴阳、五行和元气的观念，但却把它们纳入到以"天意"为中心的宇宙图式中，认为自然和社会的一切都体现了"天意"的。其三，主张君权神授。董仲舒说："王道之三纲，可求于天。"（《基义》）就是说，"君为臣纲"是出自天的意志。"是故天执其道，为万物主，君执其常，为一国主。"（《天地之行》）此以天为万物之主喻君为一国之主。君主当政体现了天的意志。《白虎通》也对董仲舒的"君权神授"说作了论证："天子者，爵称也。爵所以称天子者何？王者父天母地，为天之子也。"（《爵》）认为君主的权力直接"受之于天，不受之于人"（《三正》），故"君之威命所加，莫敢不从"（《文质》）。其四，谶纬迷信。在两汉之际和东汉兴起的谶纬迷信，与西汉时的天人感应神学目的论一脉相承。"谶"是"诡为隐语，预决吉凶"（《四库全书总目提要》卷六）的

---

① 《春秋繁露·深察名号》。
② 《春秋繁露·王道通三》。
③ 《论衡·物势》。

宗教预言。纬的特点是用神学迷信来附会儒家经义,并往往托名于孔子。《四库全书总目·易类六》说,"纬者经之支流,衍及旁义",是"因附会以神其说"。由于纬和谶同样都是以神学思想为基础,所以后来"遂与谶合而为一"。哀帝即位时,"尽复前世所常兴诸神祠官,凡七百余所,一岁三万七千祠"(《汉书·郊祀志》)。《后汉书·张衡传》记载:"初,光武善谶,及显宗、肃宗,因祖述焉。自中兴之后,儒者争学图纬,兼复附以妖言。"光武帝末年,更"宣布图谶于天下"(《后汉书·光武帝本纪》),谶纬思潮遂在东汉风靡起来。谶纬大讲"符命""灾异",并且总是附会到孔子的名下,孔子也因此而被神化。在儒学史上,孔子被神化,与谶纬的流行有很大的关系。由于谶纬以神学的形式强化了该系统的"灾异谴告"、"祥瑞符命"方面的"功能",吸收了更多的荒唐"怪异"之言,加之它不受经典的约束,形式比较自由,于是就形成了一个更为庞大冗杂的体系,这就使汉代的神学迷信进一步被推衍和强化。可见,在整个儒学史上,汉儒崇拜鬼神的风气最浓,宗教色彩亦最胜。随着谶纬神学的流行,儒学愈来愈走向迷信。儒学的经学化和神学化,终于在东汉末年使自身陷入了困境。

总之,汉代儒学是别开生面的,既有对先秦儒学的承继,但更有适应时代的变化。其一些重要特征,如重礼而轻心性修养的倾向、经学化特征、实用性特征,都深深地影响了魏晋隋唐时期儒学的走向和特征。汉儒后来受到宋代儒者的批评,也与其中一些特征有关。正是经过宋儒的批判,儒学才发生了根本的转向。弄清汉儒的思想特征,对于理解儒学在晋唐时的发展进程以及在唐宋后的走向,也许会有一定的帮助。

"舍空而合神"与"坐忘而体道"：
埃克哈特与庄子之会通[*]

付粉鸽[**]

摘要：本文采用比较文化学方法，对西方神学家埃克哈特与东方哲学家庄子相关思想进行对照性探究。埃克哈特主张作为绝对本原的神是其所是，是纯净的存有，是超越语言而不可言说的无限者。对神只能默观，以虚灵之心感受神的爱和无限创造。默观以脱舍为基础，超脱于世俗、舍空于受造物，借此，人进入神内，达到对神之本根的归一。在舍神而合神的辩证否定中，埃克哈特超越了新柏拉图主义的流出说，强调受生和回生的统一，使人的价值突显。与埃克哈特以至上的圆满自足理解"神"相似，庄子主张"道"化生万物而又自本自根、自为自在，它无所不在却又超言绝象，对其只能以心斋方式、行坐忘工夫，通过忘物、忘我、忘天下而致虚守静，实现道通为一的自由玄同。在此玄同境地，个体超越生死囿限，进入精神四达而并流，独与天地精神往来的逍遥永恒状态。

庄子与埃克哈特皆主张本原性存有是绝对的自在者，它无法言说，只能以心灵契合。而空无的超脱之路既是心灵的净化之路，也是朝向绝对者的归一之途。当人与绝对者归一，便获得了永恒。通过对埃克哈特与庄子的对比探究，既可以彰显两位思想家间的融通，也可以为中西文化比较研究提供新的切入点。

---

[*] 本文基于台湾访学期间选修辅仁大学陈德光教授的"艾克哈特研究"之理解而作，陈教授对本文写作启发良多，在此对陈教授致以诚挚感谢。

[**] 作者简介：付粉鸽（1976—），陕西兴平人，西北大学马克思主义学院教授，硕士生导师，陕西省委理论讲师团成员，主要研究方向：中国哲学、马克思主义中国化。

关键词：神；道；脱舍；坐忘；无；回生；归一；玄同

埃克哈特（Meister Eckhart，约 1260—1327/8 年）西方中世纪宗教神学家、道明会行政领导和宣道者；庄子（公元前 369—公元前 286 年）中国先秦时期道家学派代表人物。将埃克哈特与庄子并提，且加以比较似乎有些唐突，因为二者间表面的差异实在悬殊。无论采用影响研究法还是平行研究法似乎都很难将二者归于同一话题并加以探究，但当深入探究二者的思想时，却又发现两位大师思想的暗合与会通。

一　"神，我是所是"与"道，自本自根"：对最高本原的究索

作为宗教神学家、修会管理者，对"神"之本性的探究是埃克哈特思想的起点，也是其神学思想的核心。西方神学（特别是中世纪神学）深受亚里士多德思想影响，而对传统亚里士多德的实体形而上学和托马斯·阿奎那"存有神学"的超越是埃克哈特神观的起点。亚里士多德将存有化约为范畴中的实体，对这些实体性范畴进行分析，指出存有是最高实体即"神"，"神"（存有）与世界（存有者）间以必然性因果关系贯穿，将存有与存有者同一。托马斯·阿奎那虽然看到存有与存有者之别，但仍以实体理解"神"，也使"神"降为存有者。而埃克哈特提出存有并非属于受造物的存有，存有是属神的，受造物没有自身的存有，神把存有灌注于受造物。而为"神"所独有的存有是纯净的绝对的，是"至一"，是无。埃克哈特以无解读纯有，阐释神，克服了西方传统形而上学重视存有者的存有，而非存有本身的弊端，他的这种超越存有者而反思存有自身的纯净存有主张被现代重视"存有的遗忘"或存有学差异的哲学家海德格尔所继承和发挥。

埃克哈特扬弃实体性的存有神学，以超越神人二元对立的否定方式理解神的观点在其对《圣经·出谷纪》（3：14）上帝对梅瑟启示圣名的独特诠释中得以凸显。天主对梅瑟启示圣名的经文有不同表达：希伯来文《玛索拉本》为 Ehyehasherehyeh（I am who I am）；希腊文《七十贤士本》为 Ego eimi ho on（I am the Being）；《拉丁通俗本》为 Ego sum qui sum, qui est（I am who I am, who is），《思高圣经本》为"我是自有者"①。若从时间前后和圣经发展史而言，希伯来文的说法似乎更可取，依其说法天主就是其所是，天主的圣名无须也无法以某个名字来表达，天主即"我是所是"。当天主为"我是所是"时，意味着其是绝对、圆满、无限。

  埃克哈特对其做双重解读，一方面在《出谷纪注释》中给予肯定，是存有对自身的肯定，是神作为万有之源的肯定，所以，埃克哈特坚定地说"对着那个问上帝是什么、是谁的人，我们可以告诉他：上帝就是存在"②；另一方面在《巴黎问题专集》中，埃克哈特对上帝向梅瑟启示圣名做否定性理解，认为神隐藏了自己的名字，神就是神，他不是任何一个受造界之概念所能诠言，是对存有的否定。埃克哈特对圣名的肯定是对神学基本精神的坚持，同时又对其进行否定，体现了埃克哈特否定神学的特点，"我是所是"表明上帝自本自根，自在自有，他无需界定亦无需命名，"我即是我"，神就是神本身，一旦被定名，神便离开其自身而被限定。从 I am who I am 而言，神超越了时间与空间的框限，超越暂时世界的有限，他无时间、无变化，是绝对的永恒。因此，埃克哈特在"存有是神"和"存有是受造物不是神"之间的徘徊实质是以"存有不是神"彰显神之绝对、至上、完美和圆满，又以"存有是神"来与受造界实现沟通，体现造物者与受造界间无法割裂的派生关系。从形式逻辑而言，埃克哈特将两个互相矛盾的思想汇集于同一个联言命题中，此联言命题是永假的，但恰恰是永假证明神与受造物的本质区别。因为逻辑是属人的，其只能规范有限的理智者，而无法触及全能的神，人的逻辑和智识有限，故此联言命题的真假判定无效而神的光辉愈加伟大，他的自足完满愈加显扬，他的绝对的肯定愈加纯净，

---

  ① 《圣经·出谷纪》(3) 有：梅瑟为他的岳父耶特洛放羊。一次，他赶羊来到旷野，看到荆棘为火焚烧，而荆棘却没有烧毁。梅瑟就去探究竟，这时天主显现。天主说："我是你父亲的天主，亚巴郎的天主，依撒格的天主，雅各布伯的天主。""我看见我的百姓在埃及所受的痛苦，听见他们因工头的压迫而发出的哀号；我已注意到他们的痛苦。"天主要求梅瑟带领以色列人出埃及，到"一个美丽宽阔的地方，流奶流蜜的地方"。梅瑟对天主说"当我到以色列子民那里，向他们说'你们祖先的天主打发我到你们这里来时，他们必要问我：他叫什么名字？'我要回答他们什么呢"？天主向梅瑟说"我是自有者"。(见《圣经》，思高圣经学会出版社出版，(台北) 天主教方济会佳播印刷，2005年，第83—84页)

  ② ［德］威廉·魏施德：《后楼梯——大哲学家的生活与思考》，李贻琼译，华夏出版社2000年版，第93页。

"重复说'我是所是'表示肯定的纯净，排除神身上一切的否定。它（'我是所是'）也指示他（神）存有的某种回到自我和临于自我的自反周复，以及自我留内或持守，也就是某种沸腾或自生"①。

神就是神本身，但神又与世界密不可分，"世界由神之本质流出，然包含于神之本质中"，神与世界相互成就，"神无万物不彰，万物无神不显"②。人是神的子女，更是神的彰显者，人灵深处便是神之所在。与以往宗教神学家以神论神不同，埃克哈特以人证神。他认为只要人不断脱舍，且内外皆舍，便可以找到"灵魂的火花"，人借着灵魂的火花进入神，获得神性和永恒。因此，神就在人之心灵中，神性就在人性中。神无所不在，又若隐若现，与人若即若离。

埃克哈特认为神就是所是，作为受造物的人无法用其有限的理性逻辑了解神的无限，但同时神又在人中，在人灵深处，从未离开过人，借着人，神的荣光得以显现。埃克哈特的神生人而人显神的辩证神学观与庄子的道论可以金声玉振。

> 夫道有情有信，无为无形；可传而不可受，可得而不可见；自本自根，未有天地，自古以固存；神鬼神帝，生天生地；在太极之先而不为高，在六极之下而不为深，先天地生而不为久，长于上古而不为老。（《庄子·大宗师》）

知北游于玄水之上，登隐弅之丘，而适遭无为谓焉。知谓无为谓曰："予欲有问乎若：何思何虑则知道？何处何服则安道？何从何道则得道？"三问而无为谓不答也。非不答，不知答也。知不得问，反于白水之南，登狐阕之上，而睹狂屈焉。知以之言也问乎狂屈。狂屈曰："唉！予知之，将语若。"中欲言而忘其所欲言。知不得问，反于帝宫，见黄帝而问焉。黄帝曰："无思无虑始知道，无处无服始安道，无从无道始得道。"知问黄帝曰："我与若知之，彼与彼不知也，其孰是邪？"黄帝曰："彼无为谓真是也，狂屈似之，我与汝终不近也。夫知者不言，言者不知，故圣人行

---

① 陈德光：《埃克哈特研究》，台北：辅大书坊2013年版，第84页。
② 叶程义：《西方神哲学家之上帝观研究》（上），台北：文史哲出版社2005年版，第302页。

不言之教。"(《庄子·知北游》)

东郭子问于庄子曰:"所谓道,恶乎在?"庄子曰:"无所不在。"东郭子曰:"期而后可。"庄子曰:"在蝼蚁。"曰:"何其下邪?"曰:"在稊稗。"曰:"何其愈下邪?"曰:"在瓦甓。"曰:"何其愈甚邪?"曰:"在屎溺。"东郭子不应。(《庄子·知北游》)

"道"有情有信表明是真实的存有,但此存有不是具体的感性之有,它无形无象,无法诠言。因为道自本自根,它的存有不需任何外在的理由和根据,自己即是原因和根据,它创造万物世界,超越于时空之上,不受时间和空间有限性的规约,永恒存在,无始无终。正因为道之如此超越品性,才有知北问道而不得。道不可言说,一旦说出即已离道,"知者不言,言者不知",故明道求道需要超越感官活动和理性逻辑,需要对一切人为世界的出离和超脱,无思无虑、无处无服、无从无道方可"知道"、"安道"和"得道",进入道内、与道合一而得精神之自由和生命之永生,此便是"虚室生白,吉祥止止"(《庄子·人间世》),当人脱舍了各种欲望,空虚其心,道便显现,驻存于心,人便获得了无尽的荣光和吉祥,进入"天地与我并生,而万物与我为一"(《庄子·齐物论》)的自由而永恒之境。

二 "脱舍"与"无我":否定式的修行理路

埃克哈特认为,作为自是者,神无所不在。然而人因执着和沉迷于各种欲望而遗忘了神的存有,故人必须进行脱舍,脱舍所执迷的世俗欲念,空无其心找到内心深处的灵魂火花,才可进入神的世界。借此,"脱舍"成为埃克哈特否定神学的基本灵修工夫。

"脱舍"是超脱(detachment①,德文 Abgeschiedenheit)与舍空(release 或 letting-go,德文 Gelassenheit),是对世俗的脱舍、对受造物的舍空。超脱于世俗,超越于肉体,而以人灵契合于神,是基督教的基本主张。埃克哈特也坚持这一主张,并认为经历脱舍人灵空无,如荒漠般,即神贫,而神贫的人是属于神的,即空于物而满于神。脱舍,使人性不断走

---

① 吴怡先生将 detachment 译为"无求",与 attachment"有求"相对,见吴经熊《禅学的黄金时代》,吴怡译,台北:商务印书馆1977年版,第16页。

向解放，人灵趋于完满，人进入神内，而神也才会在人性中显现。

埃克哈特的脱舍是一个不断跃迁的过程，能够脱舍某物是起点，即首先从某一具体的存在者中抽离出来，不被某一具体之物所拖拽。而后脱舍万物，不仅不被一物所扯，而且不被整个物界所掣肘，从有形之物界抽离。但不管是脱舍于某物，还是脱舍于物界，其中都还有一个"我"，因此，第三个要脱舍的便是"我"，即舍弃小我，超越主观之我、意识之我，进入无我、忘我之境。此境中，人"放下一切，以开放的态度，穿上基督的形象，与神'合形'"①。当超脱了自我与神"合形"后，便可默观"神"之恩宠和慈爱。

如果说前三个阶段的脱舍体现了埃克哈特与一般否定神学的一致之处，那么，第四阶段的脱舍——脱舍于天主就是埃克哈特的特色了。脱舍于天主当然不是否定或虚无化天主（若此将动摇神学之本），恰恰是往神之路，是真正归于天主之路，只有舍弃了天主的意识和神的概念，才能进入神之本质，所以，"如果你爱上帝，爱他是上帝，爱他是精神，爱他是人，爱他是图像，就必须去掉一切"，"你应当爱他的本来面目：一个非神，非精神，非人，非图像；把他当作是一个更响亮、纯粹、清澈的一，脱离了任何二元性。在这个一中我们永久地沉没，从无到无。"②

至此，脱舍成为埃克哈特通往神界的根本工夫，而借着脱舍，孤独成为人的本色，向神之路成为孤独之旅，"我在布道时最喜欢用孤独这个词"③。但这种孤独只是对于外在世界和欲望之我而言，孤独于人却契合于神，空于人而满于神。对外在和自我的脱舍而带来的孤独成就了人的自由，使其内在的"灵根"④ 即"灵魂的火花"，得以显现，借此

---

① 陈德光：《埃克哈特研究》，台北：辅大书坊2013年版，第96页。
② [德] 威廉·魏施德：《后楼梯——大哲学家的生活与思考》，李贻琼译，华夏出版社2000年版，第94页。
③ 同上书，第90页。
④ "灵根"或"灵魂的本根"，埃克哈特认为既然有神与"神的本根"之别，灵魂也可分为灵与"灵根"两面。灵或心灵指人以受造物为对象的官能，包括感觉、意愿和推理思考等；"灵根"或"灵魂的本根"指在人之中，却与受造物无关，而是与神直接契合的部分。埃克哈特认为借着对世物的"超脱"和"舍空"，彻底的自我空无，可以抵达"灵魂的本根"。参见陈德光《埃克哈特研究》，第162页。

获得神性，因为"上帝潜藏于心灵深处"①。因此，借着脱舍而获得"灵根"成为埃克哈特否定神学的圭臬，脱舍使人剥离欲望，带来突破而与神合一。

　　这里的脱舍需从埃克哈特否定神学观来理解。埃克哈特认为"神"既是存有，更是空，是灵智。如果视"神"为有，那么"神"的纯粹性、万能性、自足圆满性无法被充分展示，因为有"有"必有"无"，"神"若是"有"，便是有待的、有限的，而当"神"是无且是无之无时，他便超越了万有，成为至上的绝对存在。埃克哈特以神（God）、神元（德文 Gottheit, Godhead）、神根（德文 Grund）表达对神之本性的追溯。"神"表达的是与受造物的关系，"神"的真、善、美、圣是与受造物相对而言的，所以，埃克哈特说，"当所有受造物宣称他的名号时，神就出现了"②，此时，"神"被受造的人赋予真善美圣的各种特性，"神"成为与人相对的客体对象，"神"成为有待的、受限的"有"。"神"有为，而"神元""无为"，此"无为"指"不为什么"（without why），指"神元"是不能用有限的理性去追问和言说的，它是超越了逻辑的有限推理和思维局限的"不为什么"，因为神就是他本身，就是"一"（God is oneness）。为了体现神作为"一"的绝对和纯净，埃克哈特又以"至一"称之，便是"神根"，即神的本根，是神最内在、最本质、最深层的表征，"神作为'本根'③比神作为宇宙的形成因的层次还要深"④，经过一系列的超脱与舍空，人真正进入神的最深层，与神契合⑤。埃克哈特指明，经历了

---

　　① ［德］威廉·魏施德：《后楼梯——大哲学家的生活与思考》，李贻琼译，华夏出版社 2000 年版，第 92 页。
　　② 陈德光：《埃克哈特研究》，台北：辅大书坊 2013 年版，第 145 页。
　　③ "本根"也是庄子的重要概念，《庄子·知北游》言："天地有大美而不言，四时有明法而不议，万物有成理而不说。圣人者，原天地之美而达万物之理。是故至人无为，大圣不作，观于天地之谓也。今彼神明至精，与彼百化。物已死生方圆，莫知其根也。扁然而万物，自古以固存。六合为巨，未离其内；秋豪为小，待之成体；天下莫不沈浮，终身不故；阴阳四时运行，各得其序；惛然若亡而存；油然不形而神；万物畜而不知：此之谓本根，可以观于天矣！"在庄子思想中"本根"指宇宙万物之根源，是道的代名词。这与埃克哈特探寻受造物之本根的思想高度一致。
　　④ 陈德光：《埃克哈特研究》，台北：辅大书坊 2013 年版，第 144 页。
　　⑤ 源于对神的本根的推崇，埃克哈特的神秘主义显示出与新柏拉图主义的神秘主义灵修不同的特质，陈德光教授将埃克哈特的神秘主义称为"本根神秘主义"（mysticism of the ground）。

对受造物和自我的脱舍，人成为义者得以永生，这可以对照《圣经》的"义人永远生存，在上主那里有他们的报酬"（思高圣经），依埃克哈特意见，义者得到的报酬就是与上主同在，实现了人灵的解救和永恒。因此，有舍才有得，舍的愈多得的愈多，舍的愈彻底得的愈彻底，舍到神贫①（即精神的贫穷）便是有福。

埃克哈特的舍神得神的灵修之路，与庄子的忘道得道之方何其相似。庄子从道不可言、可言非道出发，将"道"之超言绝象性发展至极致，提出"道"不仅不可言且根本就不能有言说的想法，即超越"欲辨已忘言"而进入了不能言、无法言的境地。因为虽然"已忘言"但仍有分辨的意识和希望言说的念头，分辨和希望言的想法一出现便已违背了"道"之周、遍、咸的本性，"其分也，成也；其成也，毁也"（《庄子·齐物论》）。因此，忘言、不言成为庄子解"道"、求"道"的重要法门，而要忘言、不言，需经过"忘"的修行。与埃克哈特的脱舍之路相似，庄子"忘"的旅途经过了"外"→"无"→撄宁的历程。

> 叁日而后能外天下；已外天下矣，吾又守之，七日而后能外物；已外物矣，吾又守之，九日而后能外生；已外生矣，而后能朝彻；朝彻，而后能见独；见独，而后能无古今；无古今，而后能入于不死不生。杀生者不死，生生者不生。其为物，无不将也，无不迎也；无不毁也，无不成也。其名为撄宁。撄宁也者，撄而后成者也。（《庄子·大宗师》）

南伯子葵向女偊问闻道之法，女偊回答要外天下、外物、外生，以天下、外物、身体为外，为需脱舍者，即忘掉天下、外物、身体，忘掉这些扰乱人心的外在之物，才能使心灵归于虚静和安宁，方可体会"道"的超越自由，如此便入于不生不死、无欲无识的得道之境。因此，求道与修道是一个不断减损和趋无的过程，减掉自我私欲，去除世

---

① 埃克哈特认为"神贫"的意思是：就像眼睛是贫穷的，没有任何颜色，却能接受任何颜色一样，一个神贫的人，能够接受所有的精神事物，而所有精神事物的精华是天主。见埃克哈特：《神对他无所隐藏的人：埃克哈特大师〈劝言集〉与〈赞颂之书〉译注》，陈德光、胡功泽译，台北：光启文化事业2003年版，第124页。

俗世界的纷扰，摆脱所谓的聪明智识，回归无私欲无分辨的澄明本真状态，便可同于大道，"堕尔形体，吐尔聪明，伦与物忘，大同乎涬溟。解心释神，莫然无魂。万物云云，各复其根，各复其根而不知。浑浑沌沌，终身不离。若彼知之，乃是离之。无问其名，无窥其情，物固自生。"（《庄子·在宥》）因此，"无"是庄子逍遥得道的不二法门，通过无物、无我、无天下、无言、无为等一系列"忘"有至无，实现"天地与我并生，而万物与我为一"（《庄子·齐物论》）。正像学者邬昆如所说，"'无'是一切否定的根本，同时也是最高的肯定。'无'之所以能成为最高的肯定，就是因为它解脱了一切束缚。'无'的消极面固然说明'道'体之不可知，不可言传；但是，其积极面则指出，没有丝毫的阻碍，根本不受外界的限制，更不受任何感官世界的束缚。道是无，说明了道之绝对超越性。"①

三 默观与体悟：扬弃语言的运思方式

语言是表情达意的工具，对于认识和把握具体的"有"而言是必不可少的，但要理解纯有、把握最大的"太一"，语言却显得捉襟见肘，无能为力，"上帝是无名的，任何人都不可能理解和表达"，因为上帝是"一个悬浮的存在，是一个本质之上的无"②，因此，要进入上帝或神的世界是无法借助于语言的，甚至对神而言，语言不仅无益，反而有害，语言会囿限神的全知全能，使神陷入物件化和客体化。埃克哈特认为"神"是"至一"，而不仅是"圣三"之一，"圣三"的"一"虽在位格上拥有至上性，但仍限于人的理性推导序列。而"至一"则"不可言说、无与伦比、是需直观的"③，它是受造物的原理，是"圣三"的本根，是绝对的、纯粹的、纯净的，超越一切"有"，是"赤裸"④的，是自性圆满完

---

① 邬昆如：《庄子与古希腊哲学中的道》，台北：中华书局1976年版，第146页。
② 威廉·魏施德：《后楼梯——大哲学家的生活与思考》，李贻琼译，华夏出版社2000年版，第94页。
③ 陈德光：《埃克哈特研究》，台北：辅大书坊2013年版，第146页。
④ "至一"神的"赤裸"指神元对一切受造的超越，超越任何受造之有的绝对本真之澄明，是本真之真，存有之有。

美的"太一"。对于它,人只能默观,以人灵进入神内,进入神的最深的内在。神的最深处是赤裸的、无所附着的,因此,人要进入只能去脱舍,舍去包装、舍去有为,此与禅宗的"明心见性"极为接近①,与老子的"为道日损。损之又损,以至于无为"(《道德经》48 章)的体道之路相会通。

埃克哈特主张,神不可言说,人面对神不能说。因为言说的世界是属人的,人的有限性决定了其言说的有限,不管是从言说的方式还是内容而言,言语不可能描述和认识绝对而至上的神。因此,要进入神,必须扬弃语言。对于语言,庄子也是持超越的态度,"道"本不可名,且无名,若非要以名来言,则"言而非也"(《庄子·知北游》)。而人们运用语言却恰恰要给"道"定名,"名"一旦被固定,事物的界限就被划定了,思维活动就被限制了,大道将走向分崩离析。如果说有语言的话,那么最大的语言即是超越和忘掉语言,"至言去言"(《庄子·知北游》),至言便是无言,"言无言,终身言,未尝不言;终身不言,未尝不言"(《庄子·寓言》)。如此吊诡的表征逻辑,会让人有些迷惑,但其实庄子的核心意思极为明白:欲言便失,至言不言。故庄子要得兔而忘蹄、得鱼而忘筌、得意而忘言,只有忘言才可达道,至道无言②。

对于语言,埃克哈特和庄子皆持审慎态度,既然语言无法让人进入神或合于道,难道人只能沦于悲观或虚无的境地吗?两位大师为人指出了朝向神或道的积极之路:埃克哈特的默观、庄子的体悟。

---

① 禅宗六祖慧能曾言"菩提本非树,明镜亦非台,本来无一物,何处惹尘埃",真如佛性既不是菩提树亦非明镜台,即真正的佛不应是实体化的对象性存有,否则便是将佛偶像化,偶像的佛成为有,本性已失。因此,求佛之路是一条否定之路,是支离和超越之路。只有超越了世俗一切,只有进入纯无,便是得了佛性。所以,求佛需空人心,人心空了,佛性便具,此即是明心见性,直指人心。

② 庄子的语言观是值得探究的问题。总体而言,他的语言观具有两方面内容:其一语言不可或缺。思想的表达、观念的传递需借助语言,语言是表情达意的工具,因此,庄子一再主张道不可言,但却又说不得不言。其二语言有限,它有时无法穷尽意义,对于自本自根、无所不在的"道",语言更是无能为力。所以,庄子在使用语言时,极其灵活多变,最明显的是"三言":寓言、重言、卮言,"以卮言为曼衍,以重言为真,以寓言为广"(《庄子·天下》),希冀以不落俗套的丰富形式接近"道",在接近时又超越语言,忘掉言说。

埃克哈特认为人进入神的最好方式是默观①（contemplation），以虚灵之心感受神的爱和无限创造，若此便可进入神内。"默观"（contemplation）出自拉丁文 contemplatus，指在占卜前腾出空间，以便观察。引申指一种经过持续专注功夫的认知或观点。从文字本身的涵义来看，很明显默观的特色在于心灵的空间，在一种空无、虚静、纯净的心态下去观，且观时要用持续的专注功夫。默观与默想②有别，它超越了推论而透过祈祷或冥想，感受上帝的力量，是一种对于上帝的纯净化的直觉凝视，即"他望着我，我望着他"。要能够做到默观，必须经历不断的脱舍和减损，舍去纷繁的尘俗、减掉人世的欲念，空虚心灵而直面上帝，在上帝的喜乐和爱中获得内心的圆满，正像埃克哈特在《劝言集》中说的，"最能够美妙讲论天主的人，就是那些内心生活丰富至极，却最能保持缄默的人"③。

埃克哈特由脱舍而突破，进入虚而无物的默观获得神的永恒的密契理路与庄子的心斋而至虚，进而体会大道的炼养方式相通。庄子的"心斋"指对心的清除，去除蒙蔽在心上的各种偏私己见，意欲杂念，使心不被物所扰，处于清虚宁静状态。"若一志，无听之以耳而听之以心；无听之以心而听之以气。听止于耳，心止于符。气也者，虚而待物者也。唯道集虚。虚者，心斋也"（《庄子·人间世》）。"心斋"的最大特征就是"虚"，没有妄意杂念，心灵空明清静，与道之本然状态同。只要心灵清虚空明，便是无己无物，是澄明之境。庄子认为"虚"是生命的原初状态、心灵的本真状态，也是生命的最高状态和心灵自由境界，"夫虚静恬

---

① 以埃克哈特为代表的神秘主义神学家主张默观，与老庄道家的识道之方异曲同工。老庄也极为推崇"观"，老子有"致虚极，守静笃，万物并作，吾以观复"（《道德经》16 章）；庄子有"自我观之，仁义之端，是非之涂，樊然殽乱"（《庄子·齐物论》）；《秋水》中提到"以道观"、"以物观"、"以俗观"、"以差观"、"以功观"、"以趣观"；《知北游》有"自本观之，生者，喑噫物也"等。老庄的"观"是对整全之"道"的直觉，指身物一体、形神合一后对生命大道的直接观照。"观"是对主客二元对立式思维的超越，"观"的哲学体系一开始就是道的圆融作为指导原则，从道开始，经由道的过程，最后再复归到道，人的知识才算真知，人的本体才是真人，人的看法才是真观，才是智慧的保证。参见叶海烟：《庄子的生命哲学》，台北：东大图书公司 1990 年版，第 152 页注。

② 默想是在祈祷中运用思考、想象、情感、渴望所做的探索。其目的是把所默想的对象，面对自己的实际生活，在信仰中化为己有。参见《天主教教理》，台北：天主教教务协进会（中国主教团）1996 年，第 618 页。

③ 陈德光：《埃克哈特研究》，台北：辅大书坊 2013 年版，第 45 页。

淡寂寞无为者,天下之平而道德之至,故帝王圣人休焉"(《庄子·天道》)。"心斋"后的心如明镜、止水,一切的尘埃杂念被涤除,感官外驰活动停止,"鉴明则尘垢不止"(《庄子·德充符》)、"人莫鉴于流水而鉴于止水,惟止能止众止"(《庄子·德充符》),心灵得以宁静而至澄明,"静"指"万物无足以挠心"(《庄子·天道》),心不为外物所扰,心中无一物、无己见,心与道通畅无碍,道直接朗现,即是自由境界的实现,"以虚静推于天地,通于万物,此之谓天乐"(《庄子·天道》)。

四 出与归的辩证:存有的运行理路

流出说是新柏拉图主义的基本主张,他们将"至一"之神称为"太一","太一"就像太阳是光的发端处一样,是世界万物的发端处,它生成万物,这一生成不是创造而是流出。因为创造是向外有所求,而"太一"对外一无所求,它自足完满,它既不追求任何东西,也不具有任何东西,更不需要任何东西,它是充盈的、满溢的,万物皆由此流溢生成。而万物的生成源于"太一"自足完满的流出,这种流出虽源源不断,却永不枯竭,对于"太一"而言毫无亏损。

埃克哈特继承了新柏拉图主义的流出说,但又并非简单的重复此说法,而对其进行变革式发展。埃克哈特主张"太一"流出万物,流出的万物不是对"太一"的远离,反而是不断向"太一"的流归,在不断地流出与流归中生命永续生成而又永续回归,永续的生成不会对圆满的"太一"有丝毫损伤,反而是在向"太一"的永续回归中其神性更加显扬。因此,埃克哈特否定神学的重要特点是在肯定"神"生人的同时更强调人回生于神,在人向神的回生中神性充分彰显,故"'回归'或'突破'比'流出'更高贵,因前者更接近'至一——圣父'"①。埃克哈特以"回生说"超越了传统新柏拉图主义的流出说,将人在信仰谱系中的价值凸显,人不仅被动接受上帝把耶稣生在每个人的心中,而且人又将耶稣回生给神,体现了人神之间爱的平等,"当圣父在我内生其独生圣子

---

① 陈德光:《埃克哈特研究》,台北:辅大书坊2013年版,第156页。

时，我也在圣父内回生圣子"①。

东方的智者老子主张道生万物，"道生一，一生二，二生三，三生万物。万物负阴而抱阳，冲气以为和"（《道德经》42章）。化生万物的"道"，其体冲而虚，像风箱一样源源不断鼓动而生万物，"天地之间，其犹橐籥乎？虚而不屈，动而愈出"（《道德经》5章）。由"道"所生之万物，其运演不是对"道"的远离而是向"道"的不断复归，"夫物芸芸，各复归其根"（《道德经》16章）。"道"生万物而万物又复归于"道"，道与万物的关系就像母与子，"道"是母亲，创生万物，"绵绵若存，用之不勤"（《道德经》6章）。母亲不仅赋予孩子以生命，而且她无时无刻不在关爱和保护着孩子，对孩子只是无私的奉献，"生而不有，为而不恃，长而不宰"（《道德经》51章）。这与埃克哈特的上帝是多么的相似，老子的作为子的万物向"道"母的不断复归便是埃克哈特的回生式复归。

老子极为重视"反"②，推崇返本归根。庄子继承并发展了老子返本归根的思想，他不但认为由道而来之生命的展开历程是一个不断向道回归的返本复初之路，而且以独特的死亡观拓展这种生命向源头回归的思想。在一个重生而讳死的文化传统③中，庄子是少有的重视死亡、谈论死亡问题的中国思想家。对死亡，庄子的基本主张有三点：第一，生死自然。庄子言"人生天地间，若白驹之过隙，忽然而已"（《庄子·知北游》）、"死生，命也，其有夜旦之常，天也。人之有所不得与，皆物之情也"（《庄子·大宗师》）、"夫大块载我以形，劳我以生，佚我以老，息我以

---

① 陈德光：《埃克哈特研究》，台北：辅大书坊2013年版，第172页。

② "反"在老子思想中有两种含义：一作"回返"解；另一作"相反"解。"回返"揭示"道"的运动方向，"独立不改，周行而不殆"（《道德经》25章），"道"不断在运动改变，源源不断的创生万物，万物被创造后按照各自的趋势发展变化，但"道"却始终不会远离自己的原初状态，而是不断向原初复归。这样的复归使"道"具有了无穷的力量，生机无限，创生力无尽。"道"的运动如此，由"道"而来的各种生命其运动亦如此，"夫物芸芸，各复归其根"（《道德经》16章）。河上公将其解释为"万物无不枯落，各复返其根而更生也"（河上公著、王卡点校：《老子道德经河上章句》，中华书局1993年版，第62页。）是说万类生命最终都在做回返运动，都在向本源的"道"复归，即返本归根。这种返本归根不是简单的回归，更不是倒退，而是"更生"，是为了获得新的生命力量、投入新的运动而积蓄力量的新生运动。

③ 重生而讳死的文化观在儒家重表现得尤为明显，孔子是典型的代表，从"未知生，焉知死？"（《论语·先进》）到"子在川上曰，逝者如斯夫，不舍昼夜"（《论语·子罕》）皆可见。

死。故善吾生者，乃所以善吾死也"（《庄子·大宗师》）。有生便有死，生死之变乃自然而然之事，道赋予万有以生，万有也以死向道复归；第二，齐生死。"生也死之徒，死也生之始，孰知其纪！人之生，气之聚也。聚则为生，散则为死。若死生为徒，吾又何患！故万物一也。是其所美者为神奇，其所恶者为臭腐。臭腐复化为神奇，神奇复化为臭腐。故曰：'通天下一气耳。'圣人故贵一"（《庄子·知北游》），生死实质无别，只是气之聚散，故生死即一条，死生可一状，因此，面对妻子之死，庄子"鼓盆而歌"；第三，死是生命的复归①，是新生的开始。此思想在老聃死的论述中被清晰阐发：

老聃死，秦佚吊之，三号而出。弟子曰："非夫子之友邪？"曰："然。""然则吊焉若此，可乎？"曰："然。始也吾以为其人也，而今非也。向吾入而吊焉，有老者哭之，如哭其子；少者哭之，如哭其母。彼其所以会之，必有不蕲言而言，不蕲哭而哭者。是遁天倍情，忘其所受，古者谓之遁天之刑。适来，夫子时也；适去，夫子顺也。安时而处顺，哀乐不能入也，古者谓是帝之县解。"（《庄子·养生主》）

作为老聃的好友，秦佚面对老聃的死，没有悲伤，只是号了三声便止，因为他明白一切的痛哭和悲伤皆是违背了天意、忘记了大道，只有安时而处顺，坦然面对，才是对死者最好的哀悼。秦佚是庄子的代言人，借助他之口，传递了庄子对死亡是向新生的观点。死不是生命的终结，而是新生的开始，是生命的永恒。在生生死死、死死生生中，大道的创造生生不息，万有生命流播蔓延，成为永续存在，此便是化腐朽为神奇，道的伟大因此而彰显。从生生不息角度而言，向死而生、从死而生更显深刻和伟

---

① 庄子不仅认为死亡是向道的复归，而且主张死亡是向道之本真的复归。在《大宗师》中，子祀、子舆、子犁、子来四人和子桑户、孟子反、子琴张三人因为对生死的共同认识而相与为友，他们视生死存亡为一体，认为生与死是自然造化，生是死的前奏，死是生的延续，也是向生之本真的复归。当子桑户死后，孟子反、子琴张或编曲，或鼓琴，相和而歌曰："嗟来桑户乎！嗟来桑户乎！而已反其真，而我犹为人猗！"子桑户的死对朋友孟子反、子琴张来说，不是一件令人悲伤的事，反而让孟子反、子琴张感到无比的羡慕。他们认为子桑户之死是"反其真"，摆脱了人世的束缚，回归了生命的自由和本真。

大。从这种勘破生死的慧解出发，庄子对自己身后事的独特选择更显高明①。

五 "归一"与"守一"：人之生命理想追求

经历了对语言的剥离，对受造物和自我的脱舍，人灵契合于神，达到对神之本根的归一，此即纯净的永恒，不生不死，与神同在。因此，归一而与神同在之路，是一条脱舍而至于"无"之路，当人真正处于"无"之境时，便归于神。脱舍的人摆脱了物、我，舍弃了有形界，成为一个通常意义上的贫穷人，但对人而言的贫穷，对神而言却是富有的。经过对私欲和杂念的脱舍和个体心灵的洗涤，人将达致"无所求"、"无所知"、"无所有"。"无所求"即无所求于外物、他者，甚至包括天主，此便是舍空一切。因为天主在最初和最本真层是纯净的存有，是自在完满的自我本身，他对人对受造物一无所求。所以，舍空对天主的意识，像神一样纯净，便可以自在、自由，"我所求的就是我，而我就是我所求"②。"无所知"与埃克哈特对神之本质的理解相关，神不是普通的存有，而是纯净的存有，是超越了有限性、实体性的最大的存有，只有从无中才能真正的体会他，因此，不断地脱舍具体的有而进入纯净的无便是知无，是与神的合一。"无所有"即拥有无，所拥有的不是受造界的这个或那个事物，而是扬弃了这个或那个事物后达致的无，此无不是虚无，而是一种最大最圆满的有，拥有此无即进入神的世界。由求无→知无→有无，是一个不断超越、纯化和提升的认识过程，也是一个由受造界向属神世界跃迁的灵修历程。当人在生活中，无所求于受造物，并且意识到这种无所求时才是真正的通神之路，如此将获得心灵的宁静和空灵，便是与神的契合，是向神的回归。正像埃克哈特在《神慰之书》所说，"没有一个容器可以装两种饮料。如果要它装酒，就必须把水倒掉；容器必须腾空出来。因此，如果你

---

① 见《庄子·列御寇》："庄子将死，弟子欲厚葬之。庄子曰：'吾以天地为棺椁，以日月为连璧，星辰为珠玑，万物为赍送。吾葬具岂不备邪？何以加此？'弟子曰：'吾恐乌鸢之食夫子也。'庄子曰：'在上为乌鸢食，在下为蝼蚁食，夺彼与此，何其偏也！'"

② 陈德光：《埃克哈特研究》，台北：辅大书坊2013年版，第127页。

要接受属神的喜悦,要接受天主,就必须把受造物倒出来"①,让神充满你。

埃克哈特的脱舍和"无所求"、"无所知"、"无所有"思想的精神实质是向神之路、灵修之路,是一条否定的超越之路。人只有否弃肉身、形质界和狭隘自我,涤空人灵,才能合形于神,与神永在。神元与神根的空,恰恰是神的纯净和圆满;人的空,恰恰是神在人的满。空于人,而满于神。神性内在于人,人根与神根相应,人与神归一而同在,实现活动的玄同。所谓活动的玄同不是人与神实体上的静态同一,若是人神实体的静态同一会落入泛神论的泥淖,埃克哈特从人神互动,神生人而人回生于神的活动中看人神的同一,此同一是关系性的动态同一②,即人神不二,人进入神内,神进入人内,神创造、人成就,人在神的恩宠中与神合一,在神内获得自我,实现价值,达致永恒。

作为"异端"宗教家,埃克哈特以与神的活动玄同肯定了人的价值,在一定意义上消解人神对立、人在神面前是奴仆和罪人的传统宗教认知。埃克哈特甚至走得更远,他不仅确立人与神的根根相应,而且富有挑战性地说"人比神还接近神",与奥古斯丁的"神比人更接近人"的思想形成鲜明对比。③ 埃克哈特认为,当人借着恩宠进入神内,进入超越了圣三一神的位格差异而与神元或神根玄同时,人更懂得神。④ 埃克哈特看到神人关系的双向理路,神恩宠于人,人回生于神⑤。神爱人,人爱神,神人根

---

① 埃克哈特:《神对他无所隐藏的人:埃克哈特大师〈劝言集〉与〈赞颂之书〉译注》,陈德光、胡功泽译,台北:光启文化事业2003年版,第124页。

② 陈德光教授将之称为"事件玄同"(identity in the event)或"象征玄同"(symbolic identity),见陈德光:《埃克哈特研究》,第73页。

③ 陈德光:《埃克哈特研究》,台北:辅大书坊2013年版,第188页。

④ 传统基督教主张圣父、圣子、圣灵三位一体,但圣父、圣子、圣灵虽然一体却位格不同,即"性体相同,位格有别",圣父生圣子,圣父与圣子共发圣灵。但埃克哈特认为在此三位一体中,神是有,神的真、善、圣都是由受造界所赋予。神的绝对性、至上性和圆满性被遮蔽,所以,要理解神的本质即进入神根或神元,就必须从否定的无超越位格而进入神的最深处。当人以回生的方式,进入神根后,人神合形,人更接近本真的神。

⑤ 埃克哈特从辩证运动的角度,主张不仅神生圣子、生人,而且人可以把圣子回生于圣父。他说"圣父生下他的圣子从不间断,我更要说:他生我如生其圣子般同样的子","天主这样行事:他于人灵高级部分把独生子诞生,当他在我内诞生独生子时,我把圣子回生于圣父。"(见陈德光:《埃克哈特研究》,第188页)"回生"是埃克哈特神学的一个独特而重要的概念。

根相应①，将传统只重神给予人的单向理路，拓展为神人互动的双向维度。埃克哈特不仅主张"人比神还接近神"，更大胆地肯定在神内万物平等，"如果说在时间之内它们尚且是同等的，那么，在神里面在永恒中它们就更同等了。在神里面的一只苍蝇，就其在神内言，比起最高的天使，如果只作为天使，那么苍蝇还更高贵。"② 在神内，物物平等，无物不贵。埃克哈特的这一思想具有双重意蕴，一方面体现出他是一位彻底而坚定的宗教神学者，在他看来一切受造物的价值都由神赋予，神一切存有者价值的确立者和源头，神是绝对的至高的。另一方面又体现出他对传统神学的超越，即在神内，人具有价值和人的高贵，不仅人如此，神内的诸种受造物皆如此，附着神的眷顾，人彰显了自我，万有受造物获得了存在的价值和意义。由此，进入神内，与神合形，归于神，成为人及万有生命的最高追求和理想。

因为归于"至一"神，万有获得永恒，实现存有的荣光，且取得存有的平等，因此，归于神而与神活动玄同成为人生活的目标。人神活动玄同不仅是埃克哈特神学的目标，也是庄子生命哲学的理想③。

"玄同"一词的最早出处见老子，"塞其兑，闭其门；挫其锐，解其纷，和其光，同其尘，是谓玄同"④（《道德经》56 章）。老子认为，当人关闭了感官向外驰求的活动，收敛起锋利的棱角，化解各种纷争，便可以与世和谐而进入"道"的境地，与道和光同尘，入于永恒之境。庄子也有"削曾子之行，钳杨墨之口，攘弃仁义，天下之德玄同矣"（《庄子·胠箧》），超越了儒墨之争辩，离弃虚伪的仁义礼法，回归真正的宇宙大道，便是至德与玄同。在玄同之境，"道通为

---

① "根根相应"（见陈德光：《埃克哈特研究》，第174页），即"上帝之本就是我的根本，我的根本就是上帝之本"（见《后楼梯——大哲学家的生活与思考》第92页）。
② 埃克哈特大师：《埃克哈特大师文集》，荣震华译，商务印书馆2010年版，第208页。
③ 虽然埃克哈特与老庄都追求人神的活动玄同，但因为"神"之内涵的差异，使他们的生命理想实质内容有别。埃克哈特的"神"是宗教视域中的具有人格意志的造物主，人神玄同指人归于神，在神的世界内获得永恒。老庄的"神"是自然之道，人神玄同指人与道合一后的精神无碍圆融洒脱，当然这与后来道教的得道成神仙也有别。
④ "玄同"一词历来注家说法不一，但对"玄"的理解大同小异，王弼之说具有代表性，"玄也者，取乎幽冥之所出也"（见王弼著、楼宇烈校释：《老子道德经注》，见《王弼集校释》，北京：中华书局1980年版，第196页），即"玄"指道的幽远高深，微妙杳渺。

一"(《庄子·齐物论》),没有了凫胫短鹤胫长的忧悲①,没有梦与醒的偏执②,没有了儒墨是非之争③,天地道人合一,人虽死犹生,死而不亡,成为"不死"者,"朝彻而后能见独;见独而后能无古今;无古今而后能入于不死不生"(《庄子·大宗师》),和合圆融,无滞无障,精神四达而并流,独与天地精神往来。因此,玄同是对分歧和差异的超越,是对生死时空的超越,是应之以道而和之于德的神妙至境。

六 结语

物理的时空差异无法割断思想的内在共鸣,当学术的触角伸向埃克哈特与庄子的思想深处时,两位思想家便实现了跨越千年的相会。庄子与埃克哈特皆以探究终极性、本原性存有为思想主旨,主张本原性存有是绝对的自在者、圆满者和无限者,它既显又隐、既有又空,无所不在④而又无法言说,只能以心灵契合。它超凡脱俗,因此,人们只能以辩证的否定方式,在不断对尘俗的脱舍中靠近它。趋向绝对自在者的朝圣之路是一条迈向空无的超脱之路,这条超脱之路既是心灵的净化之路,也是朝向自在者的归一之途。当人与自在者归一后,便获得了永恒。

埃克哈特是西方宗教神学的神秘主义大师,因为他的否定神学和主张人只要脱舍而空虚其心,开发灵魂火花便可以进入神内,与神根根相应,活动玄同,回生于神,入于永恒之境,而被视为异端,使其思想长期隐而

---

① 庄子指出,宇宙万物是不尽相同的,物各有其特殊性、差异性。"故凫胫虽短,续之则忧;鹤胫虽长,断之则悲。故性长非所断,性短非所续,无所去忧也"(《庄子·骈拇》)。

② 《庄子·齐物论》:"梦饮酒者,旦而哭泣;梦哭泣者,旦而田猎。方其梦也,不知其梦也。梦之中又占其梦焉,觉而后知其梦也。且有大觉而后知此其大梦也,而愚者自以为觉,窃窃然知之。"

③ 《庄子·齐物论》:"儒墨之是非,以是其所非,而非其所是。"

④ 关于自在者既显又隐、无所不在的特点,在庄子思想中体现为:庄子以周、遍、咸指称道,而所谓周、遍、咸三者异名而同实,皆指道的遍在性。而埃克哈特也主张神无所不在,而又充满吊诡。当你想看见"他"时,"他"却隐藏起来;当你未注意"他"时,"他"却无所不在,无时不有。

不显。庄子是东方哲学领域的神秘主义大师,因为他的"不谴是非"(《庄子·天下》),任物顺性,傲睨万物,放达逍遥,而被视为玩世不恭的游世主义,使其往往成为失意者的避难所。人们需要智者,但常常又嫉妒之埋没之,相信历史会为他们正名。

"中国哲学诠释学五层次理论"论纲

王宝峰*

摘要： 学理合法的中国哲学，当兼具"中国效度"与"哲学效度"。"中国哲学诠释学五层次理论"，一方面以意识形态文本、大文本为主，确立了经学为核心之中国哲学主体内容；另一方面，以中国哲学文本整理、解读、理解、解释、运用等五个层次，确立中国哲学诠释学根本内容。未来中国哲学发展，当通过从"选出而叙述之"范式向"中国哲学诠释学五层次理论"范式的转换，实现中国固有思想现代化这一中国哲学宗旨。

关键词： 中国哲学；文献；诠释学；解释层次

中国哲学始终在古今中西维度中存在。学理"合法"的中国哲学，必须兼具"中国效度"（Chinese Validity）和"哲学效度"（Philosophical Validity）。过去百年，"选出而叙述之"范式主导下中国的哲学研究，既不"中国"也不"哲学"，因而学理"不合法"。未来中国哲学发展，应当通过范式转换（paradigm shift），从"子学路径"转向"经学路径"，以实现"中国效度"；"以西解中"转向"以中化西"，以落实中国固有传统思想现代化之学科宗旨。具体到方法论层面，就是要立足中国传统经学文献，"哲学化"以经学为主之传统思想文本。

---

* 作者简介：王宝峰（1968—），陕西宝鸡人，西北大学哲学学院讲师、硕士生导师，主要研究方向：中国哲学、儒家哲学、中西哲学比较。本文为国家社会科学基金一般项目"以诠释学为视域的中国哲学文献学研究"（批准号：15BZX056）阶段性成果。

经学史实则是经学注疏学史。围绕着《六经》展开的中国传统思想主体文献，呈现出以各种体例、格式，从不同层面解释经学之特点。实际上，同属中国传统思想的"二教"及诸子之学的文献，最终也从形式上呈现出经典及其注疏的总体特点。显而易见，经典及其解释，是中国传统思想文本根本内容。欲深入思考中国传统思想文化之真髓及其现代化问题，必须围绕经典及其解释问题来展开。依照《剑桥哲学词典》定义，西方"诠释学"（hermeneutics）"是关于解释的技艺和理论之学，又是一种发端于解释问题的哲学类型。"① 从诠释学发展史看，作为一种哲学形态的"哲学诠释学"（philosophical hermeneutics），实际上与解经学（exegesis）、古典学（classical scholarship）、语文学（philology）密切关联。具有根底的诠释学，是从研究文本的理解与解释的理论与方法出发，进而达到对人的本体性认知与实践之哲学。由于经典解释之可公度性，类比不难得出结论：中国传统经学解释传统，可以通过化用西方哲学诠释学方法与理论，从而实现其"哲学化"及现代化。基于并发明中国传统思想文献注重经典解释之根本特点，未来中国哲学核心要务，即是建立起以经学为核心内容之"中国诠释学"，借此以实现中国传统思想之现代化，并进而为人类哲学贡献出独特之中国内容。

一

从 20 世纪 70 年代初开始，海内外学者已经开始尝试借鉴西方诠释学理论，来阐发中国传统哲学思想深层意涵及现代意义。其中，傅伟勋"创造的诠释学"、成中英"本体诠释学"、刘笑敢"定向诠释学"、黄俊杰"中国诠释学的三个面相"、林安梧"造乎其道的诠释学"，以及汤一介"创建中国的解释学"，潘德荣辨析"中国诠释传统的现代转化"、建构"经典诠释学"，等等，皆为创建中国哲学诠释学做出了一定贡献。从诠释学视角认知中国传统思想文化，以及创建"中国诠释学"之学术努力，已汇聚成一股不容忽视的当代中国哲学研究思潮。

---

① Robert Audi, *The Cambridge Dictionary of Philosophy* (*Second Edition*), London: Cambridge University Press, 1999, p. 377.

纵观既往相关研究，学者们对"诠释学"名与实之认知，容或有深浅不同的见解；对创建"中国诠释学"之具体进路及方法，也不得不有基于其学植及问题意识的差异。但总体而观，从诠释学视角研究中国哲学，显然已经是在以尊重的而非蔑弃的态度，重新反思中国传统思想文本固有特点，而从经典诠释学视域反观并讨论中国传统经典尤其是经学之价值和现代意义，更是从内容到形式向中国传统思想文化精神真髓的回归而非悖离。经历了"中国哲学合法性"问题洗礼，中国哲学研究越来越朝向彰显中国思想主体性之方向转变。如果说过去百年中国哲学研究是"选出而叙述之""以西解中"主流路径的话，以经典诠释学为核心内容的中国哲学研究新思潮，实际上已通过"范式转换"，开始走上了"以中化西"，探索具有"双重效度"的中国哲学"返本开新"之路。

但总体而观，虽然也论及了诠释学之中国特点问题，但学者们一般还是顺着西方诠释学之中国应用这个"以西解中"的主体方向和中心论域，展开所谓"中国诠释学"的研究的。学者或坚守"诠释学"之西方原意，强调"哲学诠释学"与中国传统经典诠释之差异；或"误读"乃至不顾西方诠释学之特定意涵，一味讲述中国传统经典解释经验，并名之曰"中国诠释学"。绝大多数中国哲学诠释学的研究，还是以朱熹、孟子、老子、庄子等子学文献为核心展开，未能深刻触及经学这一中国传统哲学主体文献；或者，即便论及《周易》等经学文本，其研究方法本质，依然是"选出而叙述之"，用西方哲学理论解释《周易》经义。因此，既往中国哲学诠释学研究，总体缺乏"中国效度"。少有学者意识到，就最终旨归而言，创建中国诠释学（Chinese Hermeneutics），不是要给西方诠释学开中国分店，不应成为简单的"（西方）诠释学在中国"；也不是要建构一种不同于西方的诠释学理论。说到底，创建中国诠释学，最终目的是为了创新中国哲学研究内容及方法。

如前所论，就中国哲学必须兼具"双重效度"之学科本质而言，未来以诠释学为主体理论依据之中国哲学，必须首先立足于中国传统经学及其诠释传统，因而具足"中国效度"；同时，必须化用西方诠释学理论，借以彰显中国传统经学思想固有内容，因之不乏"哲学效度"。"君子务本，本立而道生"。以经典诠释路径探索中国哲学之新生，首当凸显"中国效度"，明确地以《十三经》及其注疏作为中国哲学研究一以贯之的核心和主体内容，以之奠定中国哲学传统经典诠释之主体根干和精神支柱；同时，还必须历史地、全面地、完整地、深入地理解西方诠释学理论整体，融贯化用其足以有效阐发中国传统经学之相关理论，借之以实现中国哲学之"哲学效度"。基于此识，本人特创"中国哲学诠释学五层次"理论。此论试图借鉴并"接着"前贤建设"中国诠释学"诸说讲，走上以经学为主体内容、诠释学为主要方法论之大道。"中国哲学诠释学五层次"理论，旨在创新中国哲学研究方法，开辟出一条深具"中国效度"与"哲学效度"的未来中国哲学发展新途。

二

当我们深入考察文本的理解和解释问题时，分析文本层级，探究不同层级之方法论及其相互关系，几乎成为学者必须讨论的问题。纵观西方诠释学史，对文本的层次性理解和解释，构成了诠释学研究的重要的内容。如沃尔夫（Friedrich Augst Wolf）语法的、历史的、哲学的"三层次解释理论"，阿斯特（Georg Anton Friedrich Ast）历史的、语法的、精神的"三层次理解理论"，等等。西方以文本为核心之诠释学研究，实际上已经涉及了文本之整理（textual criticism）、解读（explanation）、理解（understanding）、解释（interpretation）、实践（action）等渐次升高、交互作用的五个层次内容。而反观傅伟勋等学者的"中国诠释学"层次理论及实践，亦可见诠释学文本层次理论，对于中国传统思想文本研究之高度适应性和有效性。"文以载道"，中国传统哲学思想，舍传统哲学文献无从探究。而当我们进入中国传统哲学文献研究领域时不难发现，中国传统注疏学各种体例，以及"汉学"与"宋学"，"我注《六经》"与"《六经》注我"等经学研究路径及其方法，完全体现出了一种层次性特点，可与西方诠释学层次理论对观。

中国传统哲学文献研究的全体内容和方法论，完全可以整理、解读、理解、解释、实践等五个层次加以系统化的概括。因此，"中国哲学文献诠释学五层次理论"，亦顺着整理、解读、理解、解释、实践等五个层次内容展开。此理论既分别考察上述五个层次的具体内容，又通过诠释层级间圆融的诠释学循环（hermeneutical circle），最终建构起由方法论上升到本体论，又由本体论落实于实践的"天人合一"之中国哲学理论。

第一层次：整理

哲学文献整理，始于考辨文献载体、版本，主体工作为文献校勘、编纂、辑佚、索引等，最终提供可资诠释的"善本"（不伪不讹，精校精刊之哲学文献），及堪为入道之门的"目录"。中国哲学文献重点研究：1. 哲学家与文献整理：孔子"述而不作""删述六经"，朱子编纂《仪礼经传通解》等，说明中国传统集大成的哲学家，皆从事哲学文献整理工作，哲学创新，离不开文献整理的基础工作。2. 经学文献载体：①"二重证据法"（王国维），使得甲骨、金石、简帛等"文物文献"，如"郭店简""上博简""清华简"等，对中国哲学创新，有着格外重要的文献价值；②"石经"（熹平石经、开成石经、清石经等）为官方标准文献、意识形态载体，有不同于其他文献之教育、教化之用；③西方古典学重视通过碑铭学研究传统思想文化，而中国传统金石学较之更为发达，其涉及经学文献部分，当着力讨论之；④电子文献、网络技术，使中国哲学文献学发生了全面的、革命性变化。索引、辑佚等传统上繁难的文献工作，现已变得轻而易举。3. 经学版本学：经学"善本"是中国哲学文献学学术研究的起点和品质保证；经学官刻本（《四书五经大全》《十三经注疏》等）为传统思想文化主要载体，攸关教育、教化等。4. 经籍校勘：经书校勘，分民间与官方两类。民间经书勘刻，主要为商业或学术行为。而传统官方校勘，如刘向、四库馆臣等校刊经籍，校书郎等官员专职校理典籍、订正讹误。说明官方经书校勘，事关教育风化，惟当谨慎从事。5. 经学编纂：传统经籍编纂义例，高度体现了经学文献之哲学意涵。孔子整理六经的"删述之旨"，朱子整理礼书之体例，《四库全书》凡例等等，说明编纂义例所揭橥之原则，体现了中国传统正统学术思想的准则，代表着中国传统思想文化主流价值观。6. 目录学：传统目录学"辨章学术，考镜源流"，实为"学术之宗，明道之要"（章学诚：《校雠通义》）。朱彝尊《经义考》等经学目录类著作，堪为未来中国哲学"入道之门"。

第二层次：解读

中国哲学文献解读，主要涉及文字、音韵、训诂、考据、辨伪等诸门类"小学"内容。传统"小学"专解经书文字之音、形、义,厘定文献基本事实,实为经学之根基。小学诸科内容,大致属于施莱尔马赫(Schleiermacher)所谓"语法解释"(grammatical interpretation)层面,是对文献客观意义(objective meaning)的掌握。就中国哲学文献研究而言,主要涉及如下内容:1. 文字:文字解读是经学之基:《说文解字》等字书,实为"经艺之本,王政之始""本立而道生"(许慎:《说文解字》);"经之至者道也,所以明道者其词也,所以成词者字也。由字以通其词,由词以通其道,必有渐"①。2. 音韵:《广韵》《集韵》等,以音(声)训解读经文。3. 训诂:《尔雅》《经典释文》《经籍籑诂》《经传释词》等训诂学著作,疏通古今、异地之差异,成为"传注之滥觞","经籍之枢要"(邢昺:《尔雅疏叙》)。4. 考据:传统书证、理证方法之外,现代中国哲学文献考据,尤关注物证(金石文献为主)考据、"E 考据"(运用电子文献考据)(黄一农:《两头蛇——明末清初的第一代天主教徒》)对经学研究的方法论意义。5. 辨伪:①全面掌握、辨析"辨伪八法"(胡应麟:《四部正讹》)、"辨伪十二公例"(梁启超:《中国历史研究法》)等传统辨伪方法之实质、利弊。②深刻理解并回应"古史辨"派"疑经蔑古",借传统文献辨伪方法彻底破坏传统之学术努力。③王国维提倡"二重证据法"、伽达默尔诠释学,皆持尊重与捍卫传统的原则与宗旨。超越"古史辨"派,建立以经学为核心之中国哲学文献学,应始终坚守王国维、伽达默尔尊重与捍卫传统之立场。

第三层次:理解

文本理解实质,在于尽可能把握文本原意与本义(Hirsch: *Validity in Interpretation*)。这一目标的实现,有赖于综合文献学诸学科方法,浑然一体地研究整个传统文化(Wilamowitz: *History of Classical Scholarship*):1. 态度转换:对传统之态度,从根本上决定了理解文献的路径和内容,未来中国哲学研究,格外强调中国传统思想文化研究之"述古"态度②。诠释

---

① 戴震:《戴震文集》,中华书局1980年版,第140页。
② "述古"态度具体论述,参见王宝峰《未来中国哲学导论》,西北大学出版社2018年版,第109—130页。

学态度（hermeneutical attitude）实质内容，即为"述古"。近代以来"疑古派"遗弃传统之态度，已不能适应当下回归传统、返本开新之时代要求。今后中国传统思想文化学术研究，必须"走出疑古时代"（李学勤），取理解传统、客观持平之"述古"学术研究态度。2. 回归权威与传统（return to authority and tradition）：①权威与传统（authority and tradition）并非与理性与自由（reason and freedom）敌对，而是构成理解活动的前提和条件（伽达默尔：《真理与方法》）。②《十通》《十三经注疏》《四书五经大全》《四库全书》等官方权威文献（authoritative text）、意识形态文献（ideological text）、大文献（great text），塑造了传统思想文化主体，是我们理解传统之根本前提。③既往中国哲学研究背离了上述文献，使得中国传统思想文化主体内容无从体现。今后中国传统思想文化研究，必须回到权威正统文献。3. 还原性诠释法（restoring interpretation）：①致力于还原思想文献所在的历史生态环境（学术的、政治的、经济的、宗教的等），以客观持平、同情了解的态度，深入理解和把握思想文献固有脉络、问题、方法及其价值。②强调以"述而不作"，让思想文献本身"说话"：厘清文献实质内容和彼此内部联系之后，以文献间固有关系次序叙述，让文献本身展现出思想原原本本的形式和内容。4. 古今间距（distanciation, Ricoeur）造成了理解的障碍。现代标点、今注今译皆有助于消除障碍，亦属于文献理解方法。①文献现代标点，实质上是理解的过程，有助于克服古今间距所造成的文字、名物、制度等障碍。②今注今译旨在让今人理解传统，核心内容是今人对哲学文献的理解、翻译。

第四层次：解释

"创造性解释"（creative interpretation）是中国哲学最根本的学理。中国哲学文献解释，即是基于整理、解读、理解基础之上，对经籍"微言大义"的创造性解释。1. 经学注疏学：经学基本表现形式为经籍注疏。中国哲学文献解释方法的核心内容，是研究传统注疏体例及现代经学注疏方法。2. 经学注疏体例：经籍注疏涵盖了文献解读、理解、解释等三个层次的内容：①解读层面注疏有"音（义）""故""训""证""考""校""章句"等，一般来讲，多为文字注释、名物训诂、校勘考证；②理解层面注疏有"传""注""解""述""说""笺"等，多为疏通经文大意；③解释层面注疏有"记""义""微""（索）隐""订""疏""正义"等，多为探求经义，阐发义理。3. 经学注疏路径：①汉学与宋学：汉学秉承经古文学"师法"，立足经典，长于"小学"，具有"根柢"；宋学发挥经今文学"家法"，依人解经，长于义理，具有"精微"。宋人所谓"我注《六经》"类汉学，"《六经》注我"似宋学。②"疏通"与"发明"：宋学强调解释者视域（interpreter horizon），取"疏通"与"发明"两条注疏路径，意在阐发经书微言大义，是今后中国哲学文献解释之核心。4. 解释原则：①秉持"述古"态度，"尊信"古注（张舜徽：《中国古代史籍校读法》），珍重古圣先贤毕生精力所萃之经注。②《十三经注疏》《四书章句集注》等经学注疏要籍，展现出传统经学解经正途是由汉学根柢而至宋学精微。③中国哲学文献现代解释，应该将"六经注我"（对文献的创造性解释）建立在"我注六经"（文献整理、解读、理解）的基础上，返本才能开新，必须力戒寻章摘句、无根游谈。5. 解释内容与任务：①中国哲学文献解释本质是创造性解释：以解决时代思想问题为动机与核心，以效果历史（effective history）为视角（way of seeing, Kuhn），通过传统哲学文献与时代问题的对话（dialogue）与视域融合（fusion of horizons），实现中国传统思想现代化。②经典（the classical）"是无时间性的（timeless）"（伽达默尔），它能克服历史间距，与不同时代、地点的人对话，最能显示传统历史文化的恒久价值（*Truth and Method*, trans. by Joel C. Weinsheimer）。③《周易》是群经之首，《易》学解释在经典解释中具有核心地位及价值。④中国哲学文献解释的任务，即在于以新的经学理论形态"更生"（rehabilitate，伽达默尔）传统经学历久弥新之价值，以此来消除传统经典与现实生活信念之间的紧张，为人们寻求安身立命的精神家园。

第五层次：实践

中国哲学根本内容是"推天道以明人事"，惟将"天道"之本体论思考落实于"人事"之实践，方可实现经学"以文化人"之终极目的；中国哲学文献最终价值，在于"极高明而道中庸"（冯友兰：《新原道》）通经致用，将经学所载之经义落实于修齐治平之实践当中去。1. "文以载道"：①"《六经》之文以载道也"（夏良胜：《中庸衍义》卷十六），

"通经明道"方为知本、善学。② "下学上达": 以"小学"功夫("下学")为根基,通过解读、理解、解释诸层次,上达文献思想内容("道")。2. 教化: ①伽达默尔将教化(Bildung)列为"人文主义主导概念"之首,认为惟有通过教化,特殊个别的人才能成就人之所以为人的普遍特性。"作为向普遍性的提升,教化乃人类之责任。"(*Truth and Method*, trans by Joel C. Weinsheimer) ②中国传统经学也认为,"人之异于禽兽者",是其内在的、普遍的"天地之性"。实现人性,在于以教化手段,使人能超拔于个体特殊的"气质之性",实现其内在普遍的"天地之性": 人性。(朱熹:《大学章句》) ③经学根本功用在于教化: "温柔敦厚,《诗》教也; 疏通知远,《书》教也; 广博易良,《乐》教也; 洁静精微,《易》教也; 恭俭庄敬,《礼》教也; 属辞比事,《春秋》教也"①。3. "以文化人": ①经典解释不仅仅是一种学术研究,它也是一种以检验(test)、证明(prove)方式,参与(participate)到经典真理中的过程(Joel C. Weinsheimer, *Gadamer's Hermeneutics: A Reading of Truth and Method*)。②由于解释者与经典的"视域融合",经典解释"不能仅被认为是一种主体性行为,而应当看作是置身于传统中的实践"(*Truth and Method*, trans by Joel C. Weinsheimer)。③ "明经致用": 经学文献教育、教化之用,当遵循《大学》"三纲领八条目",在"经明行修"基础上,推己及人及物,将"自我扩展到家庭、邻里、社区、国家、世界和宇宙"(杜维明:《新加坡的挑战》),最终成就经学实践功能。4. 结论: ①自然科学日新月异,过去的东西很快失去价值和意义; 人文传统经典则历久弥新,不断地通过时代的解释,而对当下发挥作用(张隆溪:《经典在诠释学上的意义》)。②伽达默尔认为,人文科学之所以不同于自然科学,即在于其教化作用。创新中国哲学研究方法,其出发点和基础,就是重建以经学为主体内容的中国哲学文献学,借此以"唤醒"经学文献,"更生"经学教育、教化功能,最终实现中国传统思想文化之当代价值。

总而言之,未来基于诠释学根基之中国哲学创新,始终基于"中国哲学文献"; 其方法论及本体论核心,即是上述中国哲学文献之整理、解读、理解、解释、实践等五层次内容。概要而论,此五层次关系为: 1.

---

① 阮元校刻:《十三经注疏(清嘉庆刊本)》三,中华书局2009年版,第3493页。

以道的解释为核心,沿着整理、解读、理解、解释、实践方向,渐次升高、循环往复,每一层次变化都会影响到其他层次内容之变化;2."文以载道,道不离文":①"文"即通过整理、解读、理解等三层次工作,确立"文献"("文本")本身,而诠释学意义上的"道"之原意(即所谓作者及作者原意)得以存在和呈现;②"文"之语文学(整理、解读)、历史学(理解:历史的经验、教训和效验)进阶研究,表明了文献及其所载之"道"的客观性、历史真实性;③"文"之整理、解读、理解等三层面研究,必须始终贯彻理性尊信传统之"述古态度"。非如此,不足以进入真实客观的传统,不足以确立传统解释之根基;持"疑古态度"者,枉顾"文"及其所载之"道"的客观真实性,以古为非、自我作古,丧失了解释之"文"之根本,其结果是灾难性的。3."由文及道":上升至"解释"层面,即已进入"解释者"(解释者只在解释层面出现)哲学创造性解释层面,伽达默尔哲学诠释学相关论说,皆在此一层次论说,亦在此一层次实现其理论之有效性;4. 凡解释,类皆属于"文"之创造性解释;中国哲学文献解释,不可离"文"释"道"。①"文"之整理、解读、理解等三层所确立的客观性、真实性,是所有解释必须面对的前提和根基;②"由文及道"的解释(由"汉学"根底至"宋学"高明,由"我注《六经》"升华到"《六经》注我"),理性尊重人类文明、自身文化传统,认真对待道之解释传统、历史运用及其经验教训的解释,是基于"文"之客观真实性的"返本开新""释有根底"之真解释、好解释。"由文及道"是解释有效性正途;③与"由文及道"相反,"由道而文"解释路径,不顾"文"之客观真实性,导致"文"之作者和原意缺失。不基于"文"之解释,类皆属于自我作古、师心自用之无根游谈。回顾历史教训,"由道而文"的解释(舍"汉学"根底求"宋学"高明,无"我注《六经》"功夫妄言"《六经》注我"),常常表现为过度解释、强解释、虚假解释、歪曲解释,等等形式,造成礼崩乐坏(如清儒所论,阳明心学是导致明亡之学术原因)、断灭传统、"以理杀人"等非常严重的后果。总体而观,"由道而文"之解释,是假解释、坏解释。5."道以成人":中国哲学文献核心为经学,经学义理之本是经义,经义落实下来,即为礼义。"人之所以为人者,礼义也"(《礼记·冠义》),"通经致用""经世致用"之本质,即是基于校勘、解读、理解等三层次，深切把握"文"中之"道"；在此基础上，以时代问题、文化危机为诠释动力，通过"返本开新"方向之创造性解释，探索经学礼义之现代价值，从而实现中国固有思想文化现代化这一中国哲学学科宗旨。图示如下：

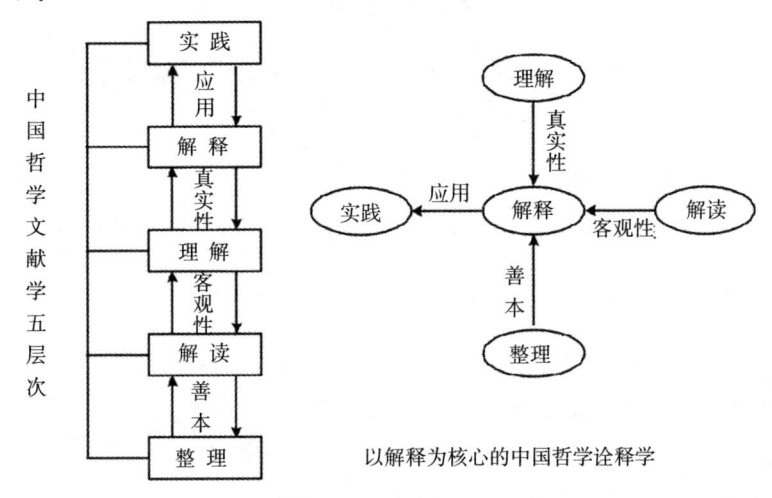

中国哲学诠释学五层次理论

综上所论，中国哲学文献之整理、解读、理解、解释、实践等五层次内容，可总称之为中国哲学文献之"诠释"。作为方法论、本体论及其实践的所有上述五层次研究内容，亦可名之曰"中国哲学诠释学"。五层次"诠释"之核心，是中国哲学文献"解释"：整理为解释准备善本，解读保证了解释的客观性，理解是解释真实性的前提，解释是对传统文献的现代化、创造性阐发，实践则是解释的应用。以解释层次为核心的"中国哲学文献诠释五层次理论"，基于中国哲学文献经学根本，由方法论上升至本体论，又将本体论落实于"通经致用"之理论实践，通过"以中化西"路径，深刻而全面地实现了中国哲学"创造性解释"这一根本学理。如此，从学理上深具"中国效度"（立足经学为主中国哲学文献）与"哲学效度"（化用以诠释学为主之西方哲学理论，以疏通发明中国传统经学礼义）的"中国哲学诠释学"，代表着未来中国哲学发展之方向。

"理"在什么意义上先于"气"?
——兼评唐君毅对"理在气先"的论证

路传颂[*]

摘要：冯友兰最早以"逻辑在先说"解释朱熹的"理在气先"，虽然这种解释遭到了唐君毅、张东荪等人的批评，但仍然成了学术界的主流观点。逻辑在先性主要包含两类，即认知上在先和概念上在先，所涉及的是事实与事实、命题与命题、概念与概念之间的依存关系，朱熹明确主张关于气的事实在认知上先于关于理的事实。理气先后关系涉及的则是两类不同的存在者在存在论上的依存关系，因此"理在气先"应该解释为存在论在先或形而上学在先。冯友兰没能区分概念之间的逻辑关系与概念所指涉的对象之间的依存关系。唐君毅虽然正确指出概念先后问题与存在先后的区别，但他对理在气先的论证既与朱熹本意相去甚远，又是建立在多处歧义谬误的基础上的。

关键词：逻辑在先；存在论在先；依存性；冯友兰；唐君毅

引　言

理气先后问题是朱熹形而上学中的一个重要问题。朱熹晚年明确否认理在时间上先于气，同时又主张理在某种意义上先于气。理究竟在什么意义上先于气，就成了学者们争论的一个焦点问题。最被广泛接受的解释是

---

[*] 作者简介：路传颂（1983—），安徽阜阳人，西北大学中国思想文化研究所讲师，主要研究方向：中西思想文化比较。

冯友兰提出的逻辑在先说,但这种观点也受到了唐君毅、张东荪等人的批评。唐君毅更是颇费曲折地试图论证"理在气先"是形而上的在先。冯友兰对何谓"逻辑上在先"固然是语焉不详,而唐君毅对形而上在先的论证也只能用"失败"来形容。

本文认为,朱熹的"理在气先"确实不能被解释为逻辑上在先,因为逻辑先后关系是概念与概念、命题与命题(或事实与事实)之间的关系,而不是概念所指涉的对象之间的关系。朱熹的"理在气先"是存在论上的在先[①](或唐君毅所谓的"形而上在先"),因为它说的是两个或两类对象[②]在存在论上的依存关系。本文分为三部分,第一部分辨析冯友兰的逻辑在先说,第二部分澄清逻辑在先与存在论在先的区别,在此基础上,第三部分说明朱熹的理在气先是存在论上的在先,最后分析唐君毅对对形而上在先的论证。

一 冯友兰的逻辑在先说

按照陈来的叙述,朱熹对理气先后问题的看法经历了多次变化。[③] 朱熹早年不讲理气先后,后来主张理在气先,但又逐渐意识到理在气先的观点与二程的"动静无端、阴阳无始"的观点相冲突,晚年则主张理虽然不是在时间上先于气,但仍然在某种意义上先于气,朱熹多次说:

> 本无先后之可言。然必欲推其所从来,则须说先有是理。然理又非别为一物,即存乎是气之中。(《朱子语类》,卷一,第十一条)
>
> 理与气本无先后之可言,但推上去时,却如理在先气在后相似。(《朱子语类》,卷一,第十二条)

[①] "存在论"(ontology)是关于存在(being)的理论,该词往往也被翻译成"本体论",但"本体论"一词时常被望文生义地理解为关于本体(substance)的理论,尤其是中国古代哲学文献中就有"本体"(original substance)一词,因此"本体论"也常常被误解为关于 original substance 的理论,故本文选用"存在论"的译法。

[②] "对象"(object)与"实体"(entity)、"物"(things)在西方哲学中是可以互换的术语,但中文"物"一词容易被理解为"物质对象"(material things),"实体"一词也常被用来翻译 substance,故本文选用"对象"一词。

[③] 陈来:《朱子哲学研究》,华东师范大学出版社 2000 年版,第 97 页。

> 不消如此说。而今知得他合下先有是理后有气邪？后有理先有气邪？皆不可得而推究。然以意度之，则疑此气是依傍这理行。及此气之聚，则理亦在焉。盖气则能凝合造作，理则无情意，无计度造作。（《朱子语类》卷一，第十三条）
>
> 所谓理与气，此决是二物。但在物上看，则二物浑沦，不可分开各在一处，然不害二物之各为一物也。若在理上看，则虽未有物而已有物之理。然亦但有其理而已，未尝实有是物也。（《文集》，卷46，答刘叔文第一书）

这里"推其所从来""推上去时""以意度之"与"在理上看"所表达的含义并不清楚。冯友兰于1932年发表于《清华学报》的《朱熹哲学》一文和同年出版的《中国哲学史》对理气先后问题做了相同的表述：

> 盖依事实而言，则有理即有气，所谓"动静无端，阴阳无始"；若就逻辑言，则"须说先有是理"。盖理为超时空而不变者，气则为在时空而变化者。就此点言，必"须说先有理"。①

这似乎是把"推其所从来"等语解释为"就逻辑言"，但"依事实而言"与"就逻辑言"的含义及其区别，依然不清楚。一些赞同逻辑在先说的学者似乎是把"就逻辑言"理解为推论，如陈荣捷说："从理上看，即是推论。"② 但这种解释面临一些难题。首先，把"在理上看"解释为推论，就使得与之相对的"在物上看"难以理解，毕竟理与气的浑然不可分也不是通过不借助推理的直接观看而被认识到的。其次，推论某个对象或事件在另一个对象或事件之先，并不足以将这个在先与时间上的在先区别开，例如判定一件出土文物早于另一件出土文物同样需要推论。

冯友兰在80年代撰写并完成的《中国哲学史新编》进一步发挥他的逻辑在先说，解释朱熹为什么会认为理在气先：

---

① 冯友兰：《朱熹哲学》，《清华学报》1932年第7卷第2期，第8页。
② 陈荣捷：《朱熹》，台北东大出版社1991年版，第59页。

用哲学的话说，他首先对于普通的事物作逻辑的分析，从这样的分析中得到了这样的认识。所谓逻辑分析，是相对于物质分析而言的。把一个具体的东西送到化学实验室，看它是什么成分构成的，这是物质的分析。物质的分析是可以在实验室中进行的，逻辑分析只能在思维中进行。[①]

冯友兰在这里误解了逻辑分析的对象：事物不可能成为逻辑分析的对象。所谓逻辑分析，是把一个概念、命题或事实、复杂的语言表达式分解成其构成部分，并探究诸构成部分之间的关系的理智过程。逻辑分析在西方哲学传统中源远流长，也是西方哲学最具特色的研究方法，例如亚里士多德通过对主谓句的分析而建立他的范畴学说。这套方法背后的思想预设是：想要澄清我们关于世界的思想，就需要探索思想的结构，而澄清我们思想的结构的唯一途径就是研究我们的语言的结构。在二十世纪，逻辑分析获得了新的意义。罗素等人认为，语言的自然语法具有误导作用，语言结构背后隐藏着深层的逻辑结构，所谓逻辑分析就是把语言表达式分解成更简单的基本命题，揭示被语言的表层语法所掩盖的逻辑结构。即使是后期维特根斯坦和日常语言哲学家并不认为有所谓深层逻辑结构，也认为只有通过分析我们说话的方式才能理解我们的概念框架。因此，逻辑分析的对象是语言，而不是事物，这正是逻辑分析又被称为语言分析的原因。

此外，逻辑分析与"逻辑在先"并无必然联系。以逻辑分析的典范，罗素对限定摹状词的分析为例，按照罗素的理论，"当今的法国国王是个秃子"（The present King of France is bald）这句话可以分析成三个简单命题的合取，即：至少存在一个 x 使得 x 是当今的法国国王；并且对于所有 y，如果 y 是当今的，那么 y 就和 x 是同一个；并且 x 是秃子。相应地，定冠词"The"也被分析为四个基本的概念：存在量词（"至少有一个"）、全程量词（"对于所有"）、条件（"如果……那么"）和同一性（"同一个"）。很明显，三个简单命题之间、四个基本概念之间都不具有先后关系。

[①] 冯友兰：《中国哲学史新编》（下卷），人民出版社2001年版，第179页。

冯友兰接着又说：

> 照理论上说应该还是理先气后，他认为理是比较根本的。就这一点说，先后问题就是本末问题，理是本，气是末；也就是轻重问题，理为重，气为轻。本和重在先，轻和末在后，这样的在先就是所谓逻辑的在先。①

理气先后问题就是本末先后问题，这一点并无疑义。然而，因为没有说清楚什么是逻辑在先，何以本在末先就是逻辑上在先，这仍然是个问题。

二 略论朱熹的理气先后论

一旦我们区分了逻辑依存关系和存在论依存关系，朱熹的理气先后论的性质就很好理解了。

朱熹的理气关系论中确实涉及一些逻辑先后问题，但不是关于理与气的存在的逻辑先后问题，而是我们对理与气的认知次序上的逻辑先后问题，朱熹说：

> 阳动阴静，非太极动静，只是理有动静，理不可见，因阴阳而后知，理搭在阴阳上，如人跨马相似。（《朱子语类》卷九十四，周谟录）

显然，按照这里的叙述，"阳动阴静"的命题或事实在认知上亦即在逻辑上先于"理有动静"的命题或事实。

而当朱熹说"理先气后"的时候，朱熹谈论的既不是认知的次序，也不是理解的次序，而是存在的次序、解释的次序。理在气先不是逻辑上的在先，唐君毅和张东荪先后都指出了这一点，如唐君毅说毫无真实性的概念之间也可以有逻辑先后关系，如"鬼"先于"三头之鬼"，但"理先

---

① 冯友兰：《中国哲学史新编》（下卷），人民出版社2001年版，第188页。

气后乃表述真实界之情状,……故非先确定理气二概念之所指,不能进入理先气后之了解。"① 张东荪则说:

> 我以为严格讲来在一句辞(即命题)中主语与谓语的次序是逻辑的先后;在形而上学上的以为体是本而用由以出,好像在其推论(逻辑)上是体先用后;其实这只是根据形而上学的理论,并不是纯粹出于逻辑。……虽则我们可以用概念以表现理,但却必须认明理之自身不是概念。根据此意,我们可以说理气先后的问题,不必含有逻辑的意义,换言之,即不见得必是逻辑的先后。②

虽然张东荪把语法次序误当成了逻辑次序,并且只是用了"不必""不见得"等词语,没有断然否认理气先后问题是逻辑依存问题,但毕竟指出理气先后、本末先后问题不是概念问题,而是形而上学问题。

张东荪同时也暗示了推论未必与逻辑依存关系有关。朱熹所说的"推其所从来""推上去时""以意度之"等语确实可以理解为推论,但"在物上看"和"在理上看"一样都涉及了推论。其实,这些语句所没有明确表达出来的论证可以理解为"可设想性论证"。在朱熹看来,天下无"无理"之物,"在物上看"所表达的是:我们无法在设想物质存在而理不存在的时候不陷入自相矛盾;"在理上看"所表达的是:我们能够融贯地设想理存在而物质不存在。因此朱熹说:"且如万一山河大地都陷了,毕竟理却只在这里。"这也说明推论与逻辑依存关系没有必然联系,否则"在物上看"就能够证明了理与气在逻辑上不可分了。

三 唐君毅对形而上在先的论证

一旦我们清楚了逻辑依存性和存在论依存性的区别及其各自的含义,就很容易看出朱熹所谓的理在气先是存在论上的在先,而非逻辑上的在

---

① 唐君毅:《朱子理气关系论疏释(一名朱子道德形上学之进路)》,载《历史与文化》1947年第1期,第38页。

② 张东荪:《从现代观点论朱子形而上学》,载《学原》1949年第2卷第9期,第10页。

先。唐君毅不仅认为朱熹的理在气先是形而上的在先，还进一步试图从自己的理解出发"替"朱熹提供一个理在气先的论证，并自诩曰："吾文中所陈之论辩为非朱子之言中所已有，而唯是朱子理论系统中所当涵。"①然而唐君毅的论证却是建立在歧义谬误的基础上的。

唐君毅认为逻辑上的先后问题是概念的内涵的蕴涵关系，形而上学的先后"则依概念所指示者之真实性而辨"②，唐君毅在文中多次将"真实"与"存在"、"真实性"与"存在性"并列，可见他所谓的"真实"就是"存在"。但他认为，我们只有通过体验，而不是逻辑，才能证明理在气先。这是因为唐君毅认为朱熹的"理"首先是"吾心当然之理"，然后才是事物的"存在之理"，因此我们需要首先证明"吾心当然之理"先于气，然后再证明"吾心当然之理"就是事物的"存在之理"，从而最终证明"存在之理"先于气。限于篇幅，本文仅讨论唐君毅是如何论证"吾心当然之理"先于气的，不探讨唐君毅是如何论证"吾心当然之理"就是事物"存在之理"的。

唐君毅首先承认他是"溯之于主观自觉中体验次序"③来证明理先于气的，他说：

> 当然之理之呈现于吾人也，乃首表现出一命令之姿态，……吾人此时是先有当然之理之命令之自觉，而继之以当然之理不容我不遵行实现而即往遵行实现之自觉。吾人之遵行实现之，为气之动。……此即有理必有气理生气之所指。④

唐君毅在把"理"解释为道德义务或道德命令的同时，也把"气"解释为心理状态或意识状态，故而他又把这个过程称为"扭转心气"的过程：

---

① 唐君毅：《朱子理气关系论疏释（一名朱子道德形上学之进路）》，载《历史与文化》1947年第1期，第33页。
② 同上书，第38页。
③ 同上书，第44页。
④ 同上书，第42页。

> 吾人必牢记当然之理之呈现于我也，乃呈一扭转心气之状态，而表现于一去除吾人之旧习气引生与理相应之气之命令中，即表现于我之心气之革故取新之枢纽关键上。①

然而，正如"扭转心气""革故取新"等语所暗示的那样，在我自觉到道德命令之前，我就处于某种心理（"心气"）状态，而不是没有心理状态。

唐君毅进一步宣布道德义务具有最根本的真实性，心理状态根据道德义务的真实性而获得真实性，他说：

> 在此义务意识中，……吾真对此理有认识时，乃在感此理对吾人下命令时，……我之能认识之，唯在其对我有所命令时，我之有所感动上。故我之能认识其有，唯在此对我呈现一种作用而显露其真实性时。②（第45页）

如上所述，唐君毅认为形而上学是关于"真实界的情状"的，他也多次将"真实"与"存在"并用，我们自然会以为他要论证"理"在存在论意义上的"真实"，结果他告诉我们的是"理"在体验意义上的"真实"。设想我在幻觉中听到神对我说："你应该撰文分析唐君毅论证中的谬误。"仅就"感觉材料"而言，这种幻觉是存在的，它也确实使我有了撰文分析唐君毅论证中的谬误的动机，就意识状态而言，这种动机是存在的，也确实是幻觉"扭转"了我的心气，因此幻觉先于我们的动机。但这并不能证明在"真实界"有神及神的命令。③

唐君毅当然也试图证明道德义务具有"超主观的"真实意义，但正如他利用了"真实"一词的歧义，他也利用了"超越"一词的歧义。唐君毅文中的一个小节的标题是"辨吾人对当然之理之自觉或肯定中，同

---

① 唐君毅：《朱子理气关系论疏释（一名朱子道德形上学之进路）》，载《历史与文化》1947年第1期，第44页。
② 同上书，第45页。
③ 唐君毅还用其他方式烦琐地论证道德义务的真实性，但整个论证可以概括为"信则灵，不信则不灵"，在此不再赘述。

时显示出当然之理之超主观的形而上学的真实性，当然之理之自觉先于气之自觉乃根据于形而上学的理之在先性"，但他文中说：

> 盖当然之理之呈现也，……显为一命令之姿态……表示吾初尚未能真实现此理……吾现实之心气，必与此理间有一意义之距离。……当然之理与气之间有一距离，即表示当然之理所示之意义超越于气所已实现者之外。

作为哲学概念的"超越"一词含有一个"界限"概念，如近代哲学认识论上的超越难题就是如何超越主观经验的界限去认识经验之外的外在对象或物自身。而日常用语中的"超越"一词意味着高出、超过、胜过等含义，反义词是"不如""落后"等，它隐含着比较的含义，却不包含界限概念。中文世界的"内在超越"一词就是利用了这种歧义，无论你如何超越自我而作圣作贤，圣人也还仍然在人性所能达的境界之内。唐君毅这里的"超越"一词表达的是距离感，或者说道德义务在道德实践中的权威性，而不是在主观经验界限之外的或唐君毅所谓的在"真实界"有客观性。

结　　语

江怡曾经在一篇文章中说到分析哲学对于中国哲学研究有几方面的意义，一是"厘清概念，正本清源"，二是"加强逻辑论证，杜绝空谈泛论"。[①] 本文辨析逻辑在先与存在论在先的区别，或许在一定程度上能够证明"厘清概念"的重要性。本文详细分析唐君毅论证中出现的错误，也并非意在非议先贤，而是强调清晰的思维和论证对于中国哲学研究的重要意义。

---

① 江怡：《分析哲学在中国》，载《中国社会科学》2006 年第 6 期，第 60—61 页。

四十年来国内分析哲学的演变历程及其影响

张学广*

摘要：分析哲学及其方法在中国现代哲学的重建中曾起过极其重要的作用。改革开放四十年来，国内分析哲学经过三个阶段的演进，成为中国哲学界的一股重要力量，拥有一批重要学术成果，在国内外产生较大的影响。但是，就它对中国传统哲学、马克思主义哲学的影响而言，虽也有一些标志性的事件发生，并为一部分学者所推动，但还没有产生它本应产生的重要作用。

关键词：分析哲学；中国传统哲学；马克思主义哲学；影响

"芜湖会议"① 以来的四十年，中国的外国哲学研究取得了长足进展。外国哲学研究不仅自身繁荣兴旺，人才队伍不断成长，学术成果丰富多样，原典引进不断翻新，对外交流扩大加深，而且给中国哲学研究的整体繁荣带来了不可或缺的重要影响，促进了中西马的交叉融合，对马克思主义哲学、中国传统哲学研究带来一定的影响。限于篇幅和个人所长，本文只就国内分析哲学的演进及其对中国哲学界的影响谈点粗浅

---

* 作者简介：张学广（1964—），陕西吴起人，西北大学哲学学院院长，教授，博士生导师，兼任中国现代外国哲学学会理事，陕西省哲学学会副会长，陕西省价值哲学学会副会长，主要研究方向：英美分析哲学、马克思主义哲学。

① 1978 年 10 月，安徽劳动大学、中国社会科学院哲学研究所、北京大学、人民出版社和商务印书馆等单位在安徽芜湖联合主办"西方哲学研讨会"。这是"文革"后第一次外国哲学研究领域的全国会议，"立时代潮头，发思想先声"，对于外国哲学界顺应时代改革、大力解放思想起到十分突出的积极作用，具有重要的历史性意义，史称"芜湖会议"。

看法，也还不是一种系统的谱系梳理，难免挂一漏万，仅供大家进一步研究参考。

一 分析哲学对重建中国现代哲学的影响

分析哲学对中国现代哲学的重建其实影响很大，除了"中国科学社"① 同仁和《科学》② 杂志对科学方法的宣传，以及胡适对科学方法的积极倡导之外，杜威和罗素访华是一些重要契机。主要由于罗素在各地巡回演讲的影响，当然也包括中国学者直接在留学过程中接受的影响，分析哲学很快冲击到中国现代哲学，一些敏感的哲学研究者立即捕获这一影响，并积极加以应用。早期传播分析哲学的中国学者当属张申府，是他在1919 年之前将罗素的学说介绍到国内，促成罗素的中国之行，并在以后的 20 多年不断传播分析哲学的最新信息。

但是，在进一步接受和应用分析哲学的中国现代哲学家中，金岳霖、冯友兰、张岱年则是主要代表，他们主要依据分析方法对中国哲学进行重建。金岳霖可能最早在中国致力于逻辑分析，构建自己的形而上学和认识论系统。冯友兰运用逻辑分析方法澄清中国传统哲学，形成两卷本《中国哲学史》，并在后来的《中国哲学简史》中指出，"西方哲学对中国哲学的持久贡献在于它的逻辑分析方法"，因为"首先吸引中国人的是逻辑"。③ 张岱年不仅向国内介绍维也纳学派，而且将逻辑分析方法与辩证唯物主义和中国传统哲学结合起来，构建新的

---

① 中国科学社，原名科学社，是由留学美国康乃尔大学的中国学生赵元任、任鸿隽、杨铨等在 1915 年发起成立的民间学术团体，以"联络同志、研究学术，以共图中国科学之发达"为宗旨。1918 年迁回国内，1959 年停止活动，存在近半个世纪，在中国现代科学文化的发展中贡献颇大。

② 《科学》杂志是我国现代出版史上创刊最早、出版时间最长、影响最大的科学期刊，为我国第一本左起横排的书刊，由留学康奈尔大学的中国留学生 1915 年 1 月在上海创刊发行，强调"专以传播世界最新科学知识为帜志"，"求真致用两方面当同时并重"为办刊方针，倡导民主与科学，表达"科学救国"理想，1950 年与《自然科学》合并。

③ Fung Yu‐lan. *A Short History of Chinese Philosophy*. New York: The Free Press, 1997. pp. 329 – 330.

哲学体系。①

洪谦1937年回国之后，着力宣传维也纳学派的思想，包括它对形而上学的极力批判和卓加限制。冯友兰本来已经运用逻辑分析方法处理中国传统哲学问题，应该说他对分析哲学不仅不反感，反倒进行过极高的评价。但是，面对维也纳学派坚决限定一切形而上学的态度，冯友兰不能坐视不理，因为他要维护他自己的以及中国传统哲学的形而上学。所以，1943年，他撰文将形而上学划分为两类：传统形而上学和他自己的形而上学。冯友兰认为，维也纳学派的反形而上学论证只能拒斥前者，前者是包含关于实在的似是而非论断的假形而上学，而他的形而上学是真形而上学，只包含关于实在的形式上的分析命题。冯友兰得出结论说，维也纳学派的目的不仅克服了坏的、传统的形而上学，而且同时推进了好的、真的形而上学。② 对于冯友兰的这一区分，洪谦当然并不认可，并对冯友兰1945年一篇文章③中再次重复这一区分的哲学方法进行了激烈批判。洪谦指出，维也纳学派的目的从不是消灭形而上学，而只是限制形而上学的范围。在维也纳学派看来，形而上学不能被看作知识系统，不管是在传统意义上还是在冯友兰的意义上。因此，冯友兰的新形而上学无法避开维也纳学派分析方法的拒斥。④

我们对冯友兰和洪谦之间争论的谁是谁非且不过多追究，但冯友兰积极采用逻辑分析方法重建中国传统哲学的意义却不容低估，直到今天仍然具有不大容易超越的重要意义。毕竟，中国传统哲学概念含义模糊，表达逻辑不清，跟没有逻辑学和分析方法有很大关系。冯友兰力图借用西方的逻辑学和分析方法，澄清中国传统哲学的概念和命题，实现中国传统哲学的"近代化"，实现"接着讲"的目的，的确意义非凡。某种意义上说，正是包括金岳霖、冯友兰在内的一批现代哲学家（当时主要在清华大学哲学系）借用分析哲学方法重建中国现代哲学，中国哲学史研究才具有

---

① 参见拙文：Wittgenstein in China, *Philosophical Investigations*, 2015 (3): 200-202。
② 冯友兰：《三松堂全集》第11卷，河南人民出版社2001年版，第491—495页。
③ 冯友兰："新理学在哲学中之地位及其方法"，载《哲学评论》1945年（第八卷）第一、二期，见《三松堂全集》第11卷，河南人民出版社2001年版，第487—551页。
④ 洪谦：《论〈新理学〉的哲学方法》，原载《哲学评论》，1946年第十卷第一期，见《洪谦选集》，韩林合编，吉林人民出版社2005年版，第187—196页。

了真正的现代转型。① 当然，除此之外，沈有鼎先生运用西方现代逻辑分析研究中国传统逻辑（先秦名家和《墨经》）的成就和影响，也是1949年之前逻辑和分析哲学在中国现代哲学重建中不可小觑的一部分。

非常可惜的是，随着1949年之后大陆政治形势的影响，不仅冯友兰与洪谦的争论未能持续下去，而且运用分析哲学方法重建中国现代哲学的道路也被截断。1949年之后，除了很短一段时间的少量延续外，外国哲学研究在大陆基本上陷于停滞，1957年之后的20年只能以批判的名义进行一丁点翻译工作。正如胡军所指出的，"如果不是以后的社会和政治方面的种种原因，中国哲学界肯定会形成一个颇有影响的哲学分析的学派，逻辑分析方法也会在中国哲学界得到更为广泛的传播和普及"。②

二 改革开放40年来国内分析哲学演进的三个阶段

全面分析总结国内分析哲学40年所取得的成就，非本文篇幅和一人之见所能做到。但笔者尝试从几个阶段进行简单界说。40年来的国内分析哲学研究大体可以分为三个阶段：第一阶段是1990年之前"以介绍和学习为主的大众化恢复阶段"，第二阶段是1990—2004年的"初步深入研究的分点突破阶段"，第三阶段是2005年至今的"全面深入研究的专业化阶段"。

从1978年在安徽芜湖召开的"西方哲学研讨会"开始，直到1989年那场风波导致大众化传播的急剧降温，这一时段是分析哲学进行大众宣传和恢复学习的重要时期。其突出的表现是以介绍为主，教材、课程、讲座是其主要形式，新中国成立前后已经被翻译的少量分析哲学原著得到重新

---

① 金岳霖是清华大学哲学系首任系主任，为分析哲学在中国的立足立下首功，并将清华哲学系建成了早期中国分析哲学的重镇。属于这个谱系的有沈有鼎、王宪钧、王浩、周礼全、冯契、刘培育、王路、邢滔滔等。这个谱系的一个旁系是后来辗转到了台湾的殷海光，这一支的发展脉络是殷海光—林正弘—陈瑞麟。从实力、声势和贡献来说，金岳霖谱系无疑是中国分析哲学中最醒目、最具影响的一派，这一派以逻辑学研究为中心，兼及一些相关的哲学问题（在台湾的一支主要侧重于科学哲学）。（此处以及后面注释中有关国内分析哲学谱系的一些材料，主要来自"中国分析哲学谱系"的一篇网文以及学术会议中某些学者的批评建议，在此深表感谢；不当之处咎在本文作者。）

② 胡军：《分析哲学在中国》，首都师范大学出版社2001年版，第132页。

翻印，大众化的普及成井喷之势。有哲学专业和学科的高校恢复了包括分析哲学在内的现代外国哲学的教学，没有哲学专业和学科的高校也频频邀请专家做普及性的学术报告。东部片区从北至南到处都在开办各种讲习班，宣讲学习包括分析哲学在内的现代外国哲学，大型的研讨会不断召开，学生中形成一浪又一浪的学习热潮。而在分析哲学代表作中，除了罗素、前期维特根斯坦、维也纳学派已经翻译的著作被重新修订出版外，二战以后科学哲学代表人物的著作也被逐步翻译进来，成为一时之热。介绍讲述分析哲学的教材和著作相继出版。

如果说张申府、金岳霖、冯友兰是国内介绍、研究、应用分析哲学的第一代学人的话，那么张岱年①、沈有鼎、洪谦②、江天骥③可以算作第二代。这一时期，属于第一代学人的金岳霖再度发挥他的影响，1979年当选为中国逻辑学会会长，1983年出版了时隔40年的《知识论》（商务印书馆），而他在1984年的去世成为这一时期分析哲学界的重大损失。属于第二代学人的沈有鼎1978年之后再度活跃于中国传统逻辑的现代阐释上，对逻辑学在国内的复兴和人才培养起到重要作用，而他在1989年的去世是这一时期分析哲学界的又一重大损失。洪谦在1978年之后又一次勤耕不辍，发表一系列论述维也纳学派的文章，在国内外产生重要影响，对于分析哲学的再度振兴起到重要推动作用。他60年代主编的《现代资产阶级哲学论著选辑》重新出版（1982），新主编的《逻辑经验主义》（上卷）也在同年出版。江天骥重新活跃在国内外哲学界，帮助成立中国逻辑学会，主编《西方逻辑史研究》（1984）和《科学哲学名著选读》（1988），出版《归纳逻辑导论》（1987）等。国内分析哲学的第三代学人王宪均、周礼全、涂纪亮④、舒炜光（1988年去世，是这一时期中国分析哲学界的再一次重大损失）、陈启伟、康宏逵、车铭洲、洪汉鼎等相继发

---

① 张岱年先生多大程度上可算作分析哲学某一代的代表尚有争议，但就凭他最早介绍维也纳学派而言，列入其中倒也无妨，只是并没有分析哲学传人。
② 洪谦先生培养的弟子中第二、三代的标志人物分别是北京大学的陈启伟和韩林合。
③ 江天骥先生的侧重点是科学哲学，他的弟子中依然活跃的成员包括朱志方、陈晓平、陈刚等。
④ 作为20世纪80年代介绍、推进分析哲学的主要代表，涂纪亮先生培养了牟博、江怡等著名学者。

力，一边整理修订旧著作，一边翻译介绍新著作，① 同时开始对分析哲学的主要代表人物（如维特根斯坦②等）、现代逻辑的新进展③、分析哲学发展史④进行初步的研究。他们培养了现在活跃在国内分析哲学领域的第四代代表人物王路、江怡、韩林合、李国山等，当然，国内分析哲学第四代代表人物还包括主要不是由他们培养的赵敦华、陈嘉映、陈波、陈嘉明等学者。⑤

1989 年那场风波一度抑制了包括分析哲学在内的外国哲学在大陆的大众化风潮，但哲学工作者却开始了更有深度的专业研究。用江怡的话说，"90 年代后，学术界对分析哲学的关注虽然有所减弱，但研究者们的工作并没有停止，而是在前一阶段的基础上有所深入，取得了更多的成果。"⑥ 的确，1990 年到 2004 年这一时期的最初成果正是上一时期工作的继续。更多的分析哲学原著被翻译出版（部分是上一阶段工作的兑现），除了分析哲学早期的弗雷格、罗素、前期维特根斯坦、维也纳学派的著作被大量反复翻译出版外，分析哲学后期的著作也被比较系统地出版。研究分析哲学家及其思想的著作相继面世，并已经带有相当的原创性和深入阐发。开始组织一系列国际会议，在世的国外分析哲学家与中国哲学界建立了较多联系。洪谦 1992 年去世是这一阶段中国分析哲学界的重大损失，而江天骥先生仍活跃在分析哲学界，直到 1998 年退休。分析哲学第三代成员活跃在学界，以自己的卓越工作引领着学术研究并培养着第四代成

---

① 例如涂纪亮在主编的《语言哲学名著选辑（英美部分）》（三联书店，1988 年）中第一次翻译了维特根斯坦的《哲学研究》第 1—47 节；陈启伟重新修订了张申府 1927—1928 年翻译的《逻辑哲学论》（沿袭了旧称《名理论》）（北京大学出版社，1988 年）。

② 舒炜光的《维特根斯坦哲学述评》（三联书店，1982 年）是大陆维特根斯坦哲学研究的第一部学术著作；赵敦华的《维特根斯坦》（香港：三联书店，1989 年）是大陆对维特根斯坦具有真正开创性的学术研究力作，得到洪谦先生的高度评价。

③ 例如周礼全的《模态逻辑引论》（上海人民出版社，1986 年）是中国第一部系统论述模态逻辑及可能世界的学术专著。

④ 涂纪亮的《分析哲学及其在美国的发展》（上下）（中国社会科学出版社，1987 年）是第一部全面介绍和论述分析哲学的产生、成长及其在美国发展的学术专著。

⑤ 或通过留学国外，或通过相近领域研究而步入广义分析哲学的国内著名学者还有张志林、叶闯、叶锋、刘晓力、唐热风、程炼、徐向东、徐明、田平、黄敏、徐英瑾、苏德超等。

⑥ 江怡：《40 年来的中国分析哲学研究：问题与挑战》，载《北京师范大学学报（社会科学版）》2018 年第 5 期，第 28 页。

员。年轻的第四代甚至更年轻的学者加入到翻译、研究的行列,并逐渐成为中坚力量。分析哲学的研究甚至越出了自己的专业领域,逐渐作为一种研究方法被运用到中国传统哲学、马克思主义哲学的研究中。这一阶段的标志性成果有:几次重要的国际会议的召开,1992年的国际会议甚至在荷兰克鲁维尔出版社出版了论文集;分析哲学经典的标准译本相继出版,直到现在仍然被使用着;第四代学人出版了自己早期的研究成果①;陈波主编了论文集《分析哲学——回顾与反省》(2001);《罗素文集》(1998)、《维特根斯坦全集》(2003)相继出版;除了商务印书馆和其他出版社的一些零星出版外,上海译文出版社的《二十世纪西方哲学译丛》成为分析哲学翻译出版的主阵地。

最后,以分析哲学专业委员会2005年的成立为标志,中国分析哲学研究迎来了第三阶段,这是一个学术共同体被进一步组织起来的专业化研究阶段(各自学术共同体的建立使分析哲学与科学技术哲学、逻辑学、自然辩证法、知识论之间的边界得到一定程度的厘清)。江天骥(2006)、周礼全(2008)、涂纪亮(2012)的相继去世是这一阶段中国分析哲学界的重大损失,从此分析哲学第二代哲学家完全退出了哲学舞台,第三代也基本上退出了主要的学术领域。2005年至今,分析哲学专业委员会已经召开了11次学术研讨会,出版了《中国分析哲学》(以书代刊)5本,组织评选了3届"洪谦优秀哲学论文奖"。分析哲学更多的学术经典被翻译出版,包括一批二手资料,中国学者的研究著作和研究论文更加深入多样。中国学术界与国外分析哲学家的联系更加紧密频繁,国际学术研讨会频繁在国内召开,有更多中国学者参加境外的学术会议。《蒯因著作集》(2007)翻译出版,陈波主编的《当代世界学术著作·哲学系列》集中了多本分析哲学经典。分析哲学研究一方面更加专业化、系统化,不仅从事单个哲学家和主要问题的研究,而且进行哲学家之间和问题之间的逻辑和历史梳理,另一方面更加广泛地与其他哲学分支和哲学领域发生关联,使分析哲学作为一种方法开始更多发挥自己的效力。江怡将走向成熟的中国

---

① 例如王路的《弗雷格思想研究》(社会科学文献出版社1996年),江怡的《维特根斯坦:一种后哲学的文化》(社科文献出版社1996年),韩林合的《维特根斯坦哲学之路》(云南大学出版社1996年),为这一时期中国第四代学人有深度原创的分析哲学研究代表作。

分析哲学的研究路径概括为四种：历史路径（分析哲学史研究）、视角路径（中国哲学家的视角）、问题路径（当代前沿问题）、方法路径（运用分析哲学方法处理其他哲学和一般哲学问题）。①

当然，由于学术边界的相对模糊，属于国内科学技术哲学、逻辑学、自然辩证法、知识论等领域的研究多大程度上可以纳入分析哲学，是一个难以界定的问题。在分析哲学等的学术共同体完全建立起来之前，学者们可能在不同领域之间穿插，从事科学技术哲学、逻辑学、自然辩证法、知识论的学者某种程度上参与了分析哲学在中国的传播和发展。但是，在学术共同体建立起来之后，各自的边界便相对清晰，进行跨界研究的学者在相对减少。学术共同体的建立是一个领域研究成熟的重要标志，这也是国内分析哲学跨入新阶段的显著标志。

三　分析哲学对中国传统哲学的影响

分析哲学只是西方哲学（外国哲学）一个分支，分析哲学不管在国外还是国内（当然主要是国外）与其他分支的西方哲学也有一定的相互联系和相互影响。英美分析哲学与大陆哲学不仅在产生时同出一源，而且经过一个世纪的分野之后又形成合流的某种趋势。但是，这里之所以只提分析哲学对中国传统哲学和马克思主义哲学的影响，是因为近几十年来大陆哲学界基本上划分为马克思主义哲学、外国哲学（主要是西方哲学）、中国哲学三个基本分支。它们起初泾渭分明，最近 20 年来开始有一些对话（改革开放 20 年左右国内学者的深入研究是基本的储备，而世纪之交的时间节点则提供了总结和交融的一些契机），有一些学者尝试将三者或者至少其中两者连接起来进行研究，但是事实上，真正能够做到"中西马"三者会通或者哪怕至少两者会通的学者也寥寥无几。

分析哲学对中国传统哲学的影响大抵从金岳霖、冯友兰、沈有鼎、张岱年先生开始，在前面第一部分说过，他们四人借助分析哲学方法重建中国现代哲学和现代逻辑，做出了卓越的成绩。尤其是冯友兰先生，通过引

---

① 江怡：《40 年来的中国分析哲学研究：问题与挑战》，载《北京师范大学学报（社会科学版）》2018 年第 5 期，第 36—37 页。

入分析哲学方法，对中国传统哲学进行了明确分期，建立了中国哲学史的基本规范。他们四人所达到的成就，直到现在也很难被超越。

改革开放的 40 年中，尤其是后 20 年里，分析哲学又重新与中国传统哲学相遇，这既是分析哲学的学者们深入研究并扩大影响的结果。当然，一定意义上也是中国传统哲学的当代研究者继续寻找中国哲学现代化的某种努力的结果。陈波的《分析哲学的价值》（1997）、江怡的《分析哲学在中国》（2000），1999 年和 2000 年连着两次召开全国"分析哲学与中国哲学"（昆明、苏州）研讨会，2004 年召开"戴维森哲学与中国哲学"研讨会（北京），这些是这一时期分析哲学开始影响到中国传统哲学的标志性事件。陈波批评"中国哲学（包括近现代中国哲学）一直把语言视为形而下的'器具'，几乎从未将其视作形而上的'本体'，也许先秦时期的哲学是个例外。因此，中国哲学特别是近现代中国哲学缺乏对语言问题的真切关注，甚至一再强调语言作为思维、交际、表达形式的相对性和局限性。"① 江怡则认为，分析方法对中国传统哲学的意义主要表现在三个方面："其一，规范中国传统哲学研究的基本领域，制定研究者们可以公认的研究准则和标准"；"其二，运用现代逻辑，辨析概念的意义"；"其三，弘扬科学的理性精神，摈弃无法证实的'心心相传'"。② 专家学者在两次"分析哲学与中国哲学"研讨会上论证了用分析哲学方法研究中国哲学的必要性、可能性、现实性、合理性和路径，比较详细地讨论了分析哲学在本体论层面、语言分析角度、道德哲学角度对于中国哲学研究的意义，强调分析哲学方法研究中国哲学对于公共关系和公共政策研究的重要性。③

此后的近 20 年中，分析哲学影响中国传统哲学研究主要从两个方面展开：一方面，主要从事分析哲学研究的学者开始运用分析哲学方法研究中国传统哲学。比如赵敦华很大程度上带有分析哲学视角的中西伦理比较研究成果《人性和伦理的跨文化研究》（2004）以及一系列高层次论文，

---

① 陈波：《分析哲学的价值》，载《中国社会科学》1997 年第 4 期，第 67 页。
② 江怡：《分析哲学在中国》，载《中国社会科学》2000 年第 6 期，第 60—61 页。
③ 李红：《从分析哲学的视角看中国哲学——记全国首届"分析哲学与中国哲学"研讨会》，载《哲学研究》1999 年第 10 期；《分析哲学之于中国哲学的意义——全国第二届"分析哲学与中国哲学"研讨会综述》，载《哲学研究》2000 年第 11 期。

韩林合将维特根斯坦《逻辑哲学论》的基本架构与庄子哲学结合起来，形成研究庄子哲学的《虚身以游世》（2006），江怡从事分析哲学与中国传统哲学的比较研究，有多篇高质量文章发表。另一方面，从事中国传统哲学研究的许多学者也思考和接纳分析哲学方法，熟悉并运用分析哲学方法思考和研究中国哲学的基本问题和基本概念。除了海外的著名学者成中英运用分析哲学方法对中国古代哲学进行深入研究，认为中国有着一种独特的语言哲学之外，杨国荣对分析哲学与中国传统哲学的关系进行深入思考，认为两种哲学各有其特点和优势，应该将分析哲学侧重于认知—理解层面的意义与中国哲学偏重目的—价值层面的意义结合起来，"在'成己'、'成物'的过程中理解'意义'，也就是在更广的视野之下回归存在、追寻智慧"。① 还有其他更年轻的学者在不断吸收分析哲学方法，对中国传统哲学进行更细致的分析，并将中国传统哲学家和西方古今哲学家进行比较研究，已经取得了不少成果。

四　分析哲学对马克思主义哲学的影响

分析哲学对马克思主义哲学的意义，江怡认为，至少应该包括这样三点：第一，厘清概念，正本清源；第二，加强逻辑论证，杜绝空谈泛论；第三，放眼研究，沟通对话。② 比分析哲学与中国传统哲学频繁互动的时间点还稍早一些，中国哲学界就引进了分析的马克思主义这一重要的国外马克思主义流派。当然，不管从学理还是方法看，马克思主义理论和马克思主义哲学都很难分得那么清楚，所以我们这里将这一国外马克思主义理论分支的引入也算作国内分析哲学影响马克思主义哲学的一部分。分析的马克思主义产生于 20 世纪 70 年代的英美国家，一些学者运用分析哲学方法重新解读马克思主义经典文本。其标志是 G. A. 柯亨的《卡尔·马克思的历史理论：一种辩护》和乔恩·埃尔斯特的两部著作。90 年代初，一系列国外分析的马克思主义的代表作被翻译成中文，甚至出版了中文研究著作，余文烈的《分析学派的马克思主义》（1993）是其中代表作品。

---

① 杨国荣：《分析哲学与中国哲学》，载《中国哲学史》2009 年第 4 期，第 111 页。
② 江怡：《分析哲学在中国》，载《中国社会科学》2000 年第 6 期，第 62—63 页。

学者们回应波普尔对马克思的批判成为分析哲学与马克思主义哲学之间互动的下一波重要内容。赵敦华对卡尔·波普尔进行深入研究，开创了国内分析研究波普尔的热潮，尤其有助于引起学者和大众关注波普尔对马克思的批判。① 邱仁宗在大陆较早回应波普尔对马克思的批判，当然他的基本立场是维护马克思，认为波普尔误读了马克思的思想，将马克思的经济决定论做了过分简单化的解读。② 在他们的启发带动下，波普尔的科学哲学主要著作纷纷出版，每年都有数篇研究波普尔以及与马克思主义关系的学术论文，形成分析哲学与马克思主义哲学对话的第二个高潮，并且一直持续好多年。

随着分析哲学研究的进一步深入，它与马克思主义哲学交叉的需要在增大，另一个重要的契机是分析的马克思主义的重要经典著作又一次被翻译出版。埃尔斯特的《理解马克思》（2008）等分析学派的马克思主义的经典著作被翻译出版，是国内重新重视这一学派的一些重要标志，这些年来也有不少介绍和研究分析的马克思主义的学术论文。近年来，马克思与维特根斯坦的比较成为分析哲学与马克思主义哲学相遇的一个重要热点，有博士论文、学术著作和重要论文相继出现，希望能够结出更重要的学术成果，不过在一些关节点上仍然受到意识形态和政治正确的强烈约束。

说实话，由于意识形态等诸多原因的约束，分析哲学对马克思主义哲学的影响还远没有达到能够达到以及期望应该有的深度和广度。一方面，从事分析哲学的学者并不熟悉或者有意避开马克思主义哲学，另一方面从事马克思主义哲学的学者并不知道分析哲学的重要性或者始终站在高处审视分析哲学。其结果是，作为二十世纪影响深远的哲学方法论成果，分析方法仍然远远处于马克思主义哲学之外。江怡认为，"如何用分析的方法处理马克思主义哲学中的概念意义及其相互关系，这就成为马克思主义研究中需要解决的基本问题部分。"③

总之，分析哲学与中国传统哲学之间的互动受制于两种话语体系、两

---

① 赵敦华：《卡尔·波普》，香港：三联书店1991年版；引发讨论的还有他在大陆发表的系列论文、各种讲课和多场报告。
② 转引自江怡《40年来的中国分析哲学研究：问题与挑战》，载《北京师范大学学报（社会科学版）》2018年第5期，第31页。
③ 同上书，第37页。

种文化脉络、两种哲学形态以及学者的有限功力，很难迅速有所推进。分析哲学与马克思主义哲学之间的互动则受制于意识形态、哲学使命、时代位差以及同样有限的学者功力，也许不时地在某一点上产生热度，但很难对马克思主义哲学研究的总体趋向产生多大作用。所以，总体上看，四十年来国内分析哲学研究就其自身的学术领域而言，成果比较卓著，对中国哲学界做出难以磨灭的贡献，但就其对中国传统哲学、马克思主义哲学的影响而言，说句不客气的话，很大程度上还未达到民国时期金岳霖、冯友兰、沈有鼎、张岱年的那种水平，这是我们深为遗憾的！

费尔巴哈对黑格尔的五重否定

陈中奇[*]

摘要：费尔巴哈的思想史地位是通过对黑格尔哲学的批判得以奠定的。论文提出了费尔巴哈对黑格尔的五重否定：发生学观点的批判哲学对思辨哲学的否定；人本学和自然学对神学的否定；经验主义对理性主义的否定；人的自然本质对人的精神本质的否定；自然科学对哲学的否定。

关键词：费尔巴哈；黑格尔；五重否定；发生学观点的批判哲学；思辨哲学

一 发生学观点的批判哲学对思辨哲学的否定

1839 年发表的《黑格尔哲学批判》是费尔巴哈的奠基之作。在这篇文章中，费尔巴哈在对黑格尔的历史观、哲学、逻辑学、精神现象学等进行了系统性批判。在批判过程之中，费尔巴哈提出了一个非常独特的概念，用来表达专属于他自己的哲学，并以之与黑格尔的"绝对哲学"乃至整个德国思辨哲学相区别，这个概念就是"发生学观点的批判哲学"[①]。费尔巴哈十分明确地指出：

---

[*] 作者简介：陈中奇（1974—），男，陕西富平人，西北大学马克思主义学院副教授，硕士生导师，主要研究方向：马克思主义哲学、马克思主义发展史。

基金项目：国家社科基金项目"马克思与费尔巴哈学术关系的文本阐释"（立项号 16BKS007）。

① 费尔巴哈：《费尔巴哈哲学著作选集》上卷，荣震华、李金山等译，商务印书馆 1984 年版，第 76 页。

"发生学观点的批判哲学是这样一种哲学，它对于一个由表象提供的对象——因为黑格尔所讲的无条件地直接由自然提供的、纯粹实在的对象——并不作武断的证明和理解，而是研究其起源，怀疑对象究竟是一个真实的对象，还只是一个表象，或者一般地是一种心理现象；因此它是极其严格地区别开了主观的东西和客观的东西。"①

费尔巴哈认为，黑格尔哲学是理性神秘论，它既对于神秘的思辨心情和合理的思想都有所取，而又有所舍，期冀达到主观与客观的统一。但是，主观与客观的统一，是谢林提出来并定为哲学本身的顶点的，在黑格尔哲学中也还是基础，但是，这个统一对于哲学说来既是一个不产生效果的原则，又是一个有害的原则，因为它在特殊事象中取消了主观与客观的区别，妨碍了发生学观点的批判思维，寻求条件的思维，真理的追求。因此，费尔巴哈认为，"黑格尔事实上是把仅仅表示主观需要的表象了解为客观真理，信以为真，这是因为他没有追索这些表象的根源，没有追索引起这些表象的需要所致；他把细看起来极度可疑的东西当作真的，把第二性的东西当作第一性的东西，而对真正第一性的东西或者不予理会，或者当作从属的东西抛在一边；他把个别地、相对地合理的东西证明成自在自为地合理的东西。"②

在费尔巴哈看来，自己的这种"发生学观点的批判哲学"的主要对象，就是我们通常称为第二性原因的东西。这个通常称为第二性原因的东西就是客观的存在，当然，这个客观的存在并不是"存在本身"，而是"这个或那个存在"③。在《黑格尔哲学批判》的末尾，费尔巴哈更是明确指出了"这个或那个存在"就是"人"和"自然"。④

显而易见，费尔巴哈用"发生学观点的批判哲学"颠倒了黑格尔哲学乃至整个德国思辨哲学的传统，把自己哲学的重心放在以往哲学中处在第二性和宾词位置上的那个事物上面，这个处在第二性的、宾词位置上的那个事物就是"这个或那个存在"，就是"人"，就是"自然"。

---

① 费尔巴哈：《费尔巴哈哲学著作选集》上卷，荣震华、李金山等译，商务印书馆1984年版，第76页。
② 同上书，第77页。
③ 同上书，第78页。
④ 同上书，第83—84页。

我们认为，费尔巴哈在这里提出的"发生学观点的批判哲学"，应该有两层含义。

其一，它是一种批判哲学。在德国古典哲学中，学术界习惯于将黑格尔的哲学称为绝对哲学，将谢林的哲学称为同一哲学，将费希特的哲学称为自我哲学，将康德的哲学称为批判哲学。当然，这些哲学体系统称为德国思辨哲学。除谢林的同一哲学外，其他哲学都具有某种批判意义，但直接以批判哲学命名的却只有康德哲学，因此，我们有理由认为，费尔巴哈的"发生学观点的批判哲学"从某种形式意义上来说正是继承了康德哲学的批判传统，即便事实上它本身与康德的批判哲学有着本质上的不同。

其二，它是一种发生学观点的批判哲学。按照费尔巴哈的说法，"发生学观点的批判哲学"在逻辑上其实是非常简单的，那就是按照自然和历史的客观发生过程来观察这个世界，首先有自然界，然后才有人，之后才有人的理性，再之后才有宗教、哲学等等。这一点在费尔巴哈批判黑格尔的历史观时表现得非常清晰。在《黑格尔哲学批判》的开头，费尔巴哈指出，黑格尔的精神是一种逻辑学上的精神，这种精神特别显示在他的历史观和他对历史的处理上。

"黑格尔只注视和陈述各种宗教、哲学、各个时代和民族最突出的差异，并且只是就其处于逐步上升的过程中来加以陈述的；共同的、一致的、同一的东西完全退到背后去了。黑格尔的观点和方法所采取的形式，本身只是排他的时间，而非同时是宽容的空间；黑格尔的体系只知道从属和继承，而不知道任何并列和共存。……黑格尔的方法自夸走自然的道路。然而不管怎么说这不过是模仿自然，可是摹本却缺少原本的生命。……自然总是把空间的自由主义与时间的专制主义结合起来。……自然界中的各个发展阶段绝不是仅仅具有一种历史的意义；这些发展阶段乃是环节，但却是自然界同时并存的整体的各个环节，并不是一个特殊的、个别的整体的各个环节，因为个别的整体本身也不过是宇宙的一个环节，亦即自然界的一个环节。"①

由此可见，费尔巴哈的"发生学观点的批判哲学"既不同于黑格尔

---

① 费尔巴哈：《费尔巴哈哲学著作选集》上卷，荣震华、李金山等译，商务印书馆1984年版，第46—47页。

的具有某种批判意义的绝对哲学,也不同于康德的批判哲学,还不同于任何一种具有一定批判意义的德国古典哲学。

我们认为,正如《精神现象学》是黑格尔哲学的"真正发源地和秘密"①一样,《黑格尔哲学批判》是费尔巴哈哲学的"真正发源地和秘密",其中所提出的"发生学观点的批判哲学"正是费尔巴哈哲学的基石,也是费尔巴哈哲学未来全部走向的指南针。一个显而易见的事实是,只有将费尔巴哈哲学首先定位为"发生学观点的批判哲学",才能让费尔巴哈哲学与黑格尔哲学进而与整个德国思辨哲学的整体思维范式相对应而存在。事实上,费尔巴哈确实针对黑格尔哲学乃至整个德国思辨哲学提出了一种新哲学,在这种新哲学中,费尔巴哈首先提出了一种新的思维范式,这种思维范式在很大程度上也只是一种逻辑上的假设,即便它似乎是按照自然和历史的发生逻辑建构起来的。对于费尔巴哈来说,他在哲学上的每一步推进,其实都是按照这个事先规定好了的逻辑往下推演的。

二 人本学和自然学对神学的否定

如果遵循我国学术界已经形成的定论,这一小节的题目就应该定为"唯物主义对唯心主义的否定"。但是,由于在这里我们决意要从费尔巴哈出发并通过费尔巴哈来说明费尔巴哈,那么,自然就应该尊重费尔巴哈本人的说法。当然,一个哲学家的哲学是什么和这个哲学家自称自己的哲学是什么可能并不是同一个什么。即便如此,我们至少应该以哲学家自己的说法作为研究的出发点。

按照"发生学观点的批判哲学"的逻辑,费尔巴哈只能从一个由表象提供的对象出发并研究其起源,于是,他必须极其严格地区别开了主观的东西和客观的东西。黑格尔是从存在开始的,但是,在费尔巴哈看来,黑格尔的这个存在实际上是存在的概念或抽象的存在,费尔巴哈则要从存在本身,亦即从现实的存在开始,这个现实的存在就是人,就是自然。可是,费尔巴哈并没有直接从人和自然开始,而是从宗教和神学开始的。之所以如此,原因大概有三个:一是因为在费尔巴哈生活的时代,宗教和神

---

① 《马克思恩格斯文集》第 1 卷,人民出版社 2009 年版,第 201 页。

学就是当时最现实的存在；二是因为费尔巴哈自己的学术专长是神学；三是因为按照费尔巴哈的逻辑，神学就是人本学和自然学。因此，从宗教和神学出发，到人和自然结束，是费尔巴哈的基本理论逻辑。

事实上，费尔巴哈的这种想法由来已久。早在上大学期间，费尔巴哈已经大概确立了自己未来的学术路向。费尔巴哈学术生涯的开端是神学，他先后在海德堡大学和柏林大学学习神学，可是，虽然身在神学，但是，费尔巴哈却心在哲学。在1824年4月21日写给父亲的信中，费尔巴哈就打算"主要学习哲学"，并表示"喜欢黑格尔的讲课"①。在1825年1月29日写给卡尔·道布的信中，费尔巴哈表达了要告别神学转而研究哲学的想法，可一时间还有些犹豫不决。② 但很快费尔巴哈便下定决心彻底告别神学，完全投入哲学的怀抱。在1825年3月22日写给父亲的信中，费尔巴哈明确指出，"神学——不再是我的学习专业了。……我曾生活在神学之中，但它现在不能使我满足了，它不能给我以我所需要的东西。……神学，对我来说已经死亡了，我，对于神学来说，也已经死亡了。……让我再回到神学，就等于把一个不朽的灵魂再放回到已被抛弃的尸体里去。哲学给予我永生的金苹果，向我提供现世永恒福祉的享用，给予我以自身的相等。我将变得丰富，无限地丰富。哲学是取之不尽，用之不竭的泉源。"③ 与此同时，在这封信里，费尔巴哈向父亲清晰地说明了自己未来在学术方面的打算，"我的欲望是没有止境的，没有边界的。我要把大自然深深地铭刻在我的心中……我要把人，把整个的人，深深地铭刻在心中……这是个贯穿一切、穷究根底的思想。有了它我就有了一切，并能自己延伸到世界的尽头。"④

在1839年发表的《黑格尔哲学批判》中提出"发生学观点的批判哲学"之后仅仅两年，费尔巴哈便发表了令世人震惊的长篇大作《基督教的本质》。在该书中，费尔巴哈明确指出了自己的新哲学的原则："这个哲学，并不将斯宾诺莎的实体、康德和费希特的'自我'、谢林的绝对同一性、黑格尔的绝对精神等抽象的、仅仅被思想的或被想象的本质当作自

---

① 《黑格尔通信百封》，苗力田译编，上海人民出版社1981年版，第259页。
② 同上书，第266页。
③ 同上书，第270—272页。
④ 同上书，第272页。

己的原则，而是将现实的或者毋宁说最最现实的本质，真正最实在的存在（Ensrealissimum）：人，即最积极的现实原则当作自己的原则。"① 《基督教的本质》一书的结论是"神学之秘密是人本学"②。很显然，这是"发生学观点的批判哲学"的基本逻辑，起点是基督教，终点是人，批判的是基督教和基督教神学，树立的是人和人本学。由此可见，费尔巴哈的写作思路是相当清晰的。我们认为，这是费尔巴哈通过宗教和神学在诠释自己新近提出的新哲学范式，而这种新的哲学范式其实已经酝酿很久很久了。

之后的《关于哲学改造的临时纲要》和《未来哲学原理》实际上是《基督教的本质》一书的继续，只不过在表达上更为直接和简练，而且对于"人本学"也作了更多正面的阐发。在《关于哲学改造的临时纲要》中，费尔巴哈高声呼吁道，"观察自然，观察人吧！在这里你们可以看到哲学的秘密。"③ 并且明确指出，"自然是与存在没有区别的实体，人是与存在有区别的实体。没有区别的实体是有区别的实体的根据——所以自然是人的根据。"④ 至此，费尔巴哈实际上已经把上帝、人和自然的关系说清楚了，那就是：神就是人，人的根据是自然。在《未来哲学原理》中，费尔巴哈说得更为清楚，"新哲学将人连同作为人的基础的自然当作哲学唯一的，普遍的，最高的对象——因而也是将人本学连同自然学当作普遍的科学。"⑤ 而"艺术，宗教，哲学或科学，只是真正的人的本质的现象或显示。"⑥ 在此基础上，费尔巴哈进而指出自己新哲学的口号是：

"*Homo sum, humani nihil a me alienumputo.*"⑦

再后来是1845年写成并于1846年发表的《宗教的本质》。在《宗教

---

① 《费尔巴哈哲学著作选集》下卷，荣震华、王太庆、刘磊译：商务印书馆1984年版，第13—14页。
② 同上书，第5页。
③ 同上书，第115页。
④ 同上书，第116页。
⑤ 同上书，第184页。
⑥ 同上。
⑦ *Homo sum, humani nihil a me alienumputo*；"我是一点也不排斥人性的东西的人。"这句格言出于古罗马作家捷棱斯（约公元前185—159）的喜剧《自我虐待者》中的一个登场人物之口。

的本质》一书的开头,费尔巴哈明确指出:"人的本质或上帝,我在《基督教的本质》一书中,已经加以阐明。至于那异于人的本质、不依靠人的本质的实体,亦即那不具有人的本质、人的特性、人的个体的实体,真正说来,不是别的东西,就是自然。"① 那么,自然又是什么呢?费尔巴哈在注释中指出,"自然对于我,和'精神'一样,只不过是用来表示实体、事物、对象的一个一般名词,人将这些东西与他自身及他自身的产物分开,用自然这个共同名词加以概括,但是这并不是一个普遍的、从实际事物抽离出来的、人格化与神秘化了的东西。"② 在费尔巴哈看来,"一切实在事物的总和就是世界或自然"③,"自然先于上帝,亦即具体的先于抽象的,所感的先于所思的。实际上,一切都只按照自然程序发生,原本先于摹本,实物先于影像,对象先于思想;然而在超自然的奇迹的神学领域中,则是摹本先于原本,影像先于实物"④。从表面上看,这本著作似乎并没有多少新意。但是,对于费尔巴哈来说,这本著作却是《基督教的本质》的"接着说",是早在"发生学观点的批判哲学"的逻辑规划之中的。《基督教的本质》的关键词是"人",而《宗教的本质》的关键词是"自然"。很显然,费尔巴哈是按照"发生学观点的批判哲学"倒推着进行学术探索的,他首先提出了自己的人本学,然后又给自己的人本学找到了一个自然的基础,而这都是通过研究宗教来实现的,先是研究基督教,然后是整个宗教。因为在费尔巴哈看来,基督教尤其是新教是宗教发展的最高阶段,宗教的发展史,背后隐藏的是人的历史,而这个历史的基础是自然。

在后来的《宗教本质讲演录》中,费尔巴哈也明确指出:"我在《基督教的本质》中所表述的观点或学说——或者干脆就说,我的学说——正像我按照这书的主题在这书中所已经说或能够说的,有着一个很大的缺陷,以致引起了千奇百怪的误会。因为我在《基督教的本质》中,按照我的主题,把自然界撇开不谈,漠视了自然界,因为基督教本身就漠视自然界,因为基督教就是唯心主义,它把一个没有自然本性的神奉为主宰,

---

① 费尔巴哈:《宗教的本质》,王太庆译,商务印书馆2010年版,第1页。
② 同上。
③ 同上书,第24页。
④ 同上书,第25页。

相信一个只靠自己的思维和意志的力量就能够创造世界的神或精神，相信没有这个神的思维和意志或者在这个神的思维和意志之外，世界是不存在的。……那个做人的前提的、人必然要与之发生关系的、否则就不能设想人的存在和本质的实体，先生们，不是别的，正是自然界，而不是你们的上帝。《基督教的本质》中所留下的这个缺陷，我在 1845 年出版的一本分量虽小而内容甚丰的小书《宗教的本质》中才弥补起来。"① 并进而指出："如果我以前拿'神学就是人本学'这个公式来概括我的学说，那末现在为了全面起见，我必须做如下的补充：'神学就是人本学和自然学。所以，我的学说或观点可以用两个词来概括，这就是自然界和人。从我的观点看来，自然界这个无意识的实体，是非发生的永恒的实体，是第一性的实体，不过是时间上的第一性，而不是地位上的第一性，是物理上的第一性，而不是道德上的第一性；有意识的、属人的实体，则在其发生的时间上是第二性的，但在地位上说来则是第一性的。我的这个学说是以自然界为出发点的，并且立足于自然界的真理之上，用这个真理去对抗神学和哲学。刚刚提到的那部著作就发挥了我的这样一个学说，但是却是联系着实在的历史对象即自然宗教来发挥的，因为我的一切学说和思想都不是在抽象的蓝色烟雾中发挥出来，而是永远立足于历史的、实在的、不依赖于我的思维的对象和现象的坚实基础之上。例如，我的关于自然界的观点和学说，就是立足在自然宗教的基础上面的。"② 另外，费尔巴哈在这里也说明了自己对于人的历史的看法："神学就是人本学……人的神不外就是人的被神化了的本质。因此，宗教史，或者神史（这是一样的），正是人的历史，因为宗教不同，神就不同，而宗教不同就是由于人的不同。"③ 不难看出，费尔巴哈的历史观是从宗教史中反向推演出来的。

至此，费尔巴哈的"发生学观点的批判哲学"推进到了一个阶段，即人本学和自然学阶段。

值得一提的是，早在《宗教的本质》一书尚未出版的 1844 年，马克思就在《1844 年经济学哲学手稿》中对费尔巴哈进行了思想史定位，这

---

① 《费尔巴哈哲学著作选集》下卷，荣震华、王太庆、刘磊译，商务印书馆 1984 年版，第 521 页。

② 同上书，第 523 页。

③ 同上书，第 518—519 页。

个定位和费尔巴哈晚年对自己的定位一模一样,足见马克思对费尔巴哈哲学的精准把握。

三 经验主义对理性主义的否定

早在1835年1月13日写给克里斯提安·卡普的信中,费尔巴哈就指出:"目前,我只是作为一个经验主义者来继续自己的历史研究,同时也作为一个哲学家,'爱智者',正在对理性和认识力量进行剖析,然而在这上面,我还有很多事情要做,并且不知道从这里能得到什么。"① 我们知道,此时的费尔巴哈正在从事哲学史研究。他承认自己是一个经验主义者,也强调自己的作为哲学家的理性,但是他不知道自己的研究能得到什么。

在《黑格尔哲学批判》中,费尔巴哈在批判黑格尔的《逻辑学》时提出了一个非常重要的概念,这个概念就是"感性直观"②。自此以后,"感性直观"就成为费尔巴哈哲学中一个非常重要的出发点。

在这里,费尔巴哈不同意黑格尔在《逻辑学》中把"存在"作为开端,他认为,"存在——逻辑学所理解的一般存在——的对立面并不是无有,而是感性的具体存在"③。费尔巴哈指出,"黑格尔哲学所遇到的非难,与从笛卡儿和斯宾诺莎起的整个近代哲学所遇到的非难是一样的;就是非难他与感性直观直接分裂,非难他直接假定了哲学。"④ 在这里,费尔巴哈以黑格尔的《精神现象学》的第一章"感性的明确性,或'这个'或'以为'"的内容为切入点,对黑格尔的现象学进行批判,充分肯定了感性意识的实在性。费尔巴哈指出,"感性的、个别的存在的实在性,对于我们来说,是一个用我们的鲜血来打图章担保的真理。"⑤ 费尔巴哈认为,黑格尔的《精神现象学》就是"现象学上的逻辑学",并且指出,"黑格尔实际上并没有深入观察过、思想过感性意识,感性意识之为对

---

① 《黑格尔通信百封》,苗力田译编,上海人民出版社1981年版,第281页。
② 《费尔巴哈哲学著作选集》上卷,荣震华、李金山等译,商务印书馆1984年版,第62页。
③ 同上书,第63页。
④ 同上书,第67页。
⑤ 同上书,第68页。

象，只是作为自我意识、思想的对象，它只是自我确认范围内的思想的外化。正是因为这些缘故，所以现象学或者逻辑学——因为这是一样的——也从直接假定自身开始——因而也就从与感性意识直接矛盾、绝对分离开始。"① 与黑格尔完全不同的是，费尔巴哈要从人开始，从自然开始，从人的感性直观开始。继《黑格尔哲学批判》之后，费尔巴哈于 1841 年发表了《论"哲学的开端"》一文。在这篇文章中，费尔巴哈明确阐发了自己的经验主义思想。

"近代哲学与经院哲学不同的地方，正是在于它把经验活动同思维活动重新结合起来，正是在于它与脱离实在事物的思维相对立，提出了研究哲学必须依靠感觉的论题。因此，如果我们回归近代哲学的开端，在我们面前就将有一个哲学的真正开端。哲学不是在自己的路途的终端达到实在，而毋宁是从实在开始的。只有这条路，而不是作者根据费希特时代以来的思辨哲学所指出的那条路，才是唯一自然的，亦即合理的和正确的路。精神后于感觉，而不是感觉后于精神：精神是事物的终端而不是开端。从经验到哲学是必然的，而从哲学到经验则是任意的造作。以经验为开端的哲学永远是青春的，以经验为终端的哲学则终将衰老、疲沓，自己成为自己的累赘。事实上，当我们从实在开始并忠实于实在的时候，哲学对我们来说就总是一种需要：经验在每一步上都背叛我们，从而迫使我们求助于思维。因此，以经验为终端的哲学会趋于衰朽，而以经验为开端的哲学则无限地发展。后者永远有着思维的材料，前者则灵智终将趋于枯竭。以没有实在性的思想为出发点的哲学，必然以异于思想的实在性告终。如果有人责备写这段话的人，说他所表述的这个思想是经验主义，他也根本不会反对。"②

在之后的《关于哲学改造的临时纲要》和《未来哲学原理》中，费尔巴哈强调了自己的哲学遵循感觉主义的原则，明确承认自己的新哲学是光明正大的感性哲学。

纵观费尔巴哈思想发展的整个历程，无不体现着经验主义对理性主义

---

① 《费尔巴哈哲学著作选集》上卷，荣震华、李金山等译，商务印书馆 1984 年版，第 70 页。

② 同上书，第 87 页。

的否定,而经验主义对理性主义的否定,恰恰是费尔巴哈的"发生学观点的批判哲学"在认识论上的必然结论。从西方哲学史的角度来看,经验主义并不算新事物,因为英国早就有经验主义的传统,但是,值得注意的是,费尔巴哈哲学中的"经验",是一种德国式的"经验",与英国式的"经验"有所不同,正如季广茂所指出的那样,"在英美哲学那里,经验是常识性的直觉,是逻辑推理、理性思维或分析判断的能力。在欧陆哲学那里,经验不同于常识性的直觉,不同于一般的科学实验,它处于常识性的直觉和科学实验之下,自成一域,难以触及。胡塞尔、海德格尔、萨特、梅洛·庞蒂等人把这种经验说成'具体的'、'活生生'的经验。与这种经验相比,日常经验和科学实验实在是肤浅、虚妄、苍白无力,不堪一击。"①

很显然,费尔巴哈的"经验",虽然带有英国经验主义的某些特性,但主要还是一种德国式的"经验",正是这种德国式的"经验",奠定了费尔巴哈"发生学观点的批判哲学"的另一重批判意义的生成。

四 人的自然本质对人的精神本质的否定

费尔巴哈在用人本学和自然学取代了神学,确立了人本学和自然学两种反神学的思维范式之后,按照"发生学观点的批判哲学"的自然逻辑,接着需要解决三个问题:第一,人和自然是什么关系?第二,自然的本质是什么?第三,人的本质是什么?

对于第一个问题,费尔巴哈很快就给出了答案,自然是人的基础。

对于第二个问题,费尔巴哈首先给出了一个自然的概念:"我所说的自然界,就是人拿来当作非人性的东西而从自己分别出去的一切感性的力量、事物和本质之总和。"②

但是,费尔巴哈似乎无意于对自然做进一步诠释,因为在费尔巴哈看来,自然是无意识的实体,是非发生的永恒的实体,是第一性的实体,不

---

① [斯洛文尼亚] 齐泽克:《意识形态的崇高客体》,季广茂译,中央编译出版社2014年版,第316—317页。

② 《费尔巴哈哲学著作选集》下卷,荣震华、王太庆、刘磊译,商务印书馆1984年版,第591页。

过是时间上的第一性，而不是地位上的第一性，是物理上的第一性，而不是道德上的第一性，有意识的、属人的实体，则在其发生的时间上是第二性的，但在地位上说来则是第一性的。因此，自然并不是费尔巴哈关注的重点，人才是重点。

第三个问题显然是费尔巴哈关注的重点，对此，费尔巴哈进行了很多次的探索，但其出发点依然是黑格尔哲学。

在1817年出版的《哲学全书》的"精神哲学"部分，黑格尔系统阐述了自己的"人的本质"观。在黑格尔看来，人的本质在于人有精神，精神的本质是自由，人的自由本质的实现要经历一个由低到高的漫长发展过程，这个过程从"主观精神"领域开始，经历灵魂、意识、精神三个阶段，然后进入"客观精神"领域，历经法权、道德、伦理三个阶段，最后进入"绝对精神"领域，这个领域由艺术、宗教和哲学组成，只有在这里，人才能得到最充分和最完全的发展，实现人的自由本质。①

事实上，不仅黑格尔是从精神角度理解人的本质，德国古典哲学甚至笛卡儿以降的西方哲学都是把人有"精神"、"意识"、"思维"等作为人的本质特性。

一开始，费尔巴哈也没有摆脱这种传统理解。在《基督教的本质》的开头，费尔巴哈明确指出，人与动物的本质区别在于人有意识，这个意识是"类"的意识，因此，"类的尺度，是人的绝对的尺度、规律和准则。"②

在费尔巴哈看来，人的本质，就是作为"类"的人的本质。这个看法，费尔巴哈坚持了一生。"但是，人自己意识到的人的本质究竟是什么呢？或者，在人里面形成类、即形成本来的人性的东西究竟是什么呢？""就是理性、意志、心。"③

很显然，这就是费尔巴哈的人本观被后来的思想家诟病为抽象的根源。事实上，后来的费尔巴哈对人的本质问题进行过全方位的阐释。在

---

① 参看［德］黑格尔《哲学科学全书纲要（1817年版）》，薛华译，北京大学出版社2010年版，第158—216页。

② 《费尔巴哈哲学著作选集》下卷，荣震华、王太庆、刘磊译，商务印书馆1984年版，第42页。

③ 同上书，第27—28页。

费尔巴哈后来的阐释中,我们可以发现,虽然他认为人的本质就是人的类本质,并这并不等于说费尔巴哈所说的"人"完全就是抽象的人,事实上刚好相反,费尔巴哈的所说的"人",一直都包含有很多具体的内涵。客观地说,费尔巴哈对于人的诠释,其内容要远比我们目前知道的丰富很多。

早在《基督教的本质》中,费尔巴哈就指出:"希腊人没有了希腊特性,就等于丧失了实存。"① 在《宗教的本质》中,费尔巴哈又指出:"埃及人离开了埃及就不是埃及人,印度人离开了印度就不是印度人。"②

在《宗教本质讲演录》中,费尔巴哈又明确指出,"要知道,我不是一般的人,而是具体的、确定的、特殊的人。"③ 而"确定的有限的人,也只崇拜确定的有限的自然界——本国的山川、树木、动物和植物。"④ 可见,费尔巴哈并不只是在抽象意义上谈论"人",他的"人"在很多方面都是具体的。

不仅如此,费尔巴哈还从人与人的关系中来理解"人"。在《未来哲学原理》中,费尔巴哈明确指出:"孤立的、个别的人,不管是作为道德实体或作为思维实体,都未具备人的本质。人的本质只是包含在团体之中,包含在人与人的统一之中,但是这个统一只是建立在'自我'和'你'的区别的实在性上面的。"⑤ 由此可见,在费尔巴哈看来,只有团体中的人才具有人的本质,而孤立的、个别的人并不具备人的本质。在《因〈唯一者及其所有物〉而论〈基督教的本质〉》一文的末尾,费尔巴哈对"人"有一个极为重要的说明。在商务印书馆1984年新1版的《费尔巴哈哲学著作选集》下卷中,费尔巴哈的这句话被翻译为"费尔巴哈把人的实体仅仅置放在社会性之中"⑥。但是,在人民出版社2009年版的

---

① 《费尔巴哈哲学著作选集》下卷,荣震华、王太庆、刘磊译,商务印书馆1984年版,第46页。

② 同上书,第422页。

③ 《费尔巴哈哲学著作选集》上卷,荣震华、李金山等译,商务印书馆1984年版,第540页。

④ 同上书,第541页。

⑤ 同上书,第185页。

⑥ 《费尔巴哈哲学著作选集》下卷,荣震华、王太庆、刘磊译,商务印书馆1984年版,第435页。

《马克思恩格斯文集》中，这句话被翻译成"费尔巴哈把人的本质仅仅设定在共同性之中"①。这里有一个非常重要的区别，它包含着这样一个问题，因为我们以往对于费尔巴哈在人的本质观上的理解，往往都是从马克思的批判出发，但是，如果费尔巴哈的观点本身就是马克思的看法，这就说明马克思对费尔巴哈有明显甚至是故意的误解。现在的问题是，只有后一个翻译是准确的，才能说明马克思并没有这样的误解。当然，对于费尔巴哈来说，不管用那个词来表达他关于人的本质的看法，其实内涵是明确的，因为他强调的人只能在人与人的共存中才有意义。后来，在《幸福论》（1867—1869）中，费尔巴哈也指出："事实上，被思考为自身独立存在的个人的道德是毫无内容的虚构。在我之外没有任何你，亦即没有其他人的地方，是谈不上什么道德的；只有社会的人才是人。因为有你存在和与你共处，我才是我。只是由于你作为一个明显的可触知的我，作为一个他人而与我的意识相对立，我才意识到我自己。"②当然，这里的"只有社会的人才是人"的看法，是一个非常重要的理论支点，如果把这里的"社会的"也改译为"共同的"，似乎是说不通的。因此，不管是"共同的"还是"社会的"，费尔巴哈强调的是要从人与人的关系中去理解"人"，这一点是毋庸置疑的。

事实上，费尔巴哈甚至还从文化、历史的角度来理解过"人"。在《说明我的哲学思想发展过程的片段》中，他就提出过这样的说法，虽然不能把人从自然界抽出来，但是，"直接从自然界产生的人，只是纯粹自然的本质，而不是人。人是人的作品，是文化、历史的产物。"③。遗憾的是，费尔巴哈在这里没有进行更为深入的阐发。

综上可见，费尔巴哈对于"人"的理解，内容是非常丰富的，除了坚持人的类本质这一点之外，人的历史性、文化性、社会性、具体性、确定性、有限性、现实性都是费尔巴哈关于人的本质的应有内涵。

费尔巴哈在"人"上纠缠太久了，以至于无法将自己的"发生学观点的批判哲学"继续向前推演。但是，毕竟他还是往前走了那么一小步。

---

① 《马克思恩格斯文集》，第1卷，北京：人民出版社2009年版，第810页。
② 《费尔巴哈哲学著作选集》上卷，荣震华、李金山等译，商务印书馆1984年版，第571页。
③ 同上书，第247页。

这一小步就是，费尔巴哈认为，人的本质是欲望。虽然这只是费尔巴哈迈出的小小一步，但是，在哲学史上的意义是非常重大的。事实上，费尔巴哈的这种思想由来已久。

在《基督教的本质》的末尾，费尔巴哈调侃到："吃和喝就是圣餐之神秘……不要因为感谢人而忘了感谢自然……我把吃喝称为宗教活动……饥渴不仅破坏人的体力，而且也损害人的精神力量和道德力量，它剥夺人的天性、理智、意识。……我们只要打断事物的通常进程，就可以为平凡的东西取得不平凡的意义，为一般的生活本身取得宗教意义。因此，愿我们把饼、酒奉为神圣，而同样也把水奉为神圣！阿门。"①

在《宗教本质讲演录》的"附录和注释"中，费尔巴哈第一次提到了荷马，并引用了《荷马史诗·奥德赛》中的一段谈论"饥饿"的诗歌。为了更清楚地展现荷马的这段诗歌的相关背景，在这里，我们不妨把这段内容补充完整，整段摘录如下：

> 足智多谋的奥德修斯这样回答说：
> 阿尔基诺奥斯，请不要这样思忖，
> 我与掌管广天的神明们无法比拟，
> 无论身材或容貌；我是个有死的凡人。
> 凡你们认为有谁遭受过最多的不幸，
> 我遭受了那么多苦难堪与他相比拟。
> 我还可以列举更多的更大的苦和难，
> 我忍受它们都是出于神明们的意愿。
> 不过我虽然痛苦，还是请让我先用餐。
> 无论什么都不及可憎的腹中饥饿
> 更令人难忍，它迫使人们不得不想起
> 即使他疲惫不堪，心中充满愁忧，
> 有如我现在尽管心里充满了愁苦，
> 它们仍命令我吃喝，忘却曾经忍受的

---

① 《费尔巴哈哲学著作选集》下卷，荣震华、王太庆、刘磊译，商务印书馆1984年版，第322—323页。

一切痛苦和不行,要我果腹除饥饿。
请你们明天黎明初现便迅速准备,
让我这个经历了无数忧患的可怜人
得返故土,见到我的家产、奴隶
和高大的宅邸,即使我可能丧失性命。①

很显然,荷马在诗歌中是要表达这样一个意思,那就是:吃喝对于有死的凡人来说是最基本的需要。费尔巴哈在此引用这段诗歌,目的是要说明:一种存在,一种生命是不可能解除自然需要、自然必然性的。只要活着,人就要呼吸、睡眠、吃饭、喝水、生产和传种。

在1860年10月20日写给威廉·博林的信中,费尔巴哈希望朋友关注他新近发表,但不受重视的《神谱》,"如果您想对我作更进一步的了解,请别忽略了我的《神谱》,尽管从表面上看来,它全是一些令人望而生畏的、难懂的古典考证。然而在我看来,却是我最简明的、最完整、最成熟的著作。在这部著作里,我从头到尾重新阐述了我的全部精神生活,并把我早期著作中枯燥的哲学论证,再用直接确切的形式表达出来。正是因为这个缘故,我把自己比做希腊诗歌之父,比做荷马,从而证明我不像表面所见的那样,是个黑格尔主义者,费希特主义者,而是荷马的直接继承人。"② "其实,《基督教本质》和这本书的关系,正如战斗与胜利、学徒与师傅的关系,只不过是同一主题的不同变形罢了。在这里,欲望(Wunsch)是贯穿始终的基本思想。它全然不是闪电的光芒,刹那间有力地冲破云层又消失在黑暗之中,它是太阳的光辉,在它的照耀之下一切云雾尽皆消散。"③ 这一部分 "是我本质的,和精神自我非常重要的部分"。④ 在这里,费尔巴哈自比荷马,认为自己是荷马的直接继承人,而且承认"欲望"是贯穿《神谱》始终的基本思想。事实上,"欲望"也是荷马诗歌中的核心思想,无论是《伊利亚特》还是《奥德赛》中,

---

① [古希腊]荷马:《荷马史诗·奥德赛》,王焕生译,人民文学出版社1997年版,第123—124页。参看《费尔巴哈哲学著作选集》下卷,第868页。
② 《黑格尔通信百封》,苗力田译编,上海人民出版社1981年版,第298—299页。
③ 同上书,第299页。
④ 同上。

我们最常见的一句诗歌就是"在他们满足了饮酒吃肉的欲望之后……"①。很显然，费尔巴哈正是在人的自然需要的意义上使用"欲望"一词的。

在《从人本学观点论不死问题》（1846—1866 年）中，费尔巴哈指出，"人所是的，难道不依赖于人所吃的吗？"②"在腹中饥饿或充塞着人胃所不容的食物时，怎能再理会到美学上的和道德上的感情呢？人的食物，难道不是人的思想观点和修养的首要条件吗？"③ 在这里，费尔巴哈的意思很清楚，就是只有限满足了人的自然需要，人才有可能做其他事情。

在 1867 年 7 月 1 日写给威廉·博林的信中，费尔巴哈指出："在我看来，诗人比哲学家更接近真理，因为至少对于人来说，归根到底，真理只不过是活生生的人自己。正是这个缘故，在我的《神谱》里，我把自己与荷马最紧密地联系起来，就算我还不能在希腊人中间发现真正完善的人。"④ 在《幸福论》（1867—1869）中，费尔巴哈明确指出："免于饥饿的自由虽然是最低级的自由，但同时也是最根本和最必要的自由，是人民和个人首要的和基本的权利。"⑤ "一个饱食终日的人不可洞察的秘密，当他饥肠辘辘时对于他就会透明如清水。"⑥ "人的最内秘的本质不表现在'我思故我在'的命题中，而表现在'我欲故我在'的命题中。"⑦ 至此，费尔巴哈哲学最根本的内容得到了最后的说明，当然，这也是"发生学观点的批判哲学"的自然逻辑结果，那就是：人的本质是欲望而非思维。这是费尔巴哈"发生学观点的批判哲学"的最终结论。

---

① 《荷马史诗·伊利亚特》，罗念生、王焕生译，上海人民出版社 2012 年版，第 47 页。
② 《费尔巴哈哲学著作选集》上卷，荣震华、李金山等译，商务印书馆 1984 年版，第 292 页。
③ 同上书，第 320 页。
④ 《黑格尔通信百封》，苗力田译编，上海人民出版社 1981 年版，第 309 页。
⑤ 《费尔巴哈哲学著作选集》上卷，荣震华、李金山等译，商务印书馆 1984 年版，第 541 页。
⑥ 同上书，第 541—542 页。
⑦ 同上书，第 591 页。

五 自然科学对哲学的否定

按照"发生学观点的批判哲学"的自然逻辑,费尔巴哈哲学最终还会有另一重的否定,那就是自然科学对哲学的否定。遗憾的是,费尔巴哈虽然对此有所推进,但只表现为一些零散的观点。

在《关于哲学改造的临时纲要》中,费尔巴哈指出,"哲学必须重新与自然科学结合,自然科学必须重新与哲学结合。这种建立在相互需要和内在必然性上面的结合,是持久的、幸福的、多子多孙的,不能与以前那种哲学与神学的错配同日而语。"① 在《说明我的哲学发展过程的片段》中,费尔巴哈指出:"我的第一个愿望是使哲学成为全人类的事。但谁若一旦走上这个道路,谁就必然会得出这样的结论:哲学应该把人看成自己的事情,而哲学本身,却应该被否弃。因为只有当它不再是哲学时,它才成为全人类的事。"② 费尔巴哈还指出:"没有任何宗教便是我的宗教;没有任何哲学便是我的哲学。"③ 在1867年7月1日写给威廉·博林的信中,费尔巴哈指出,自己的"这一哲学的基础是自然科学,唯有自然科学考虑了过去、现在和将来。而哲学,至少那以哲学之名而自诩的,仅仅是以过去为对象的哲学,只不过是人类最后的一场空忙,或者最后的一场错误而已。"④ 我们理解,费尔巴哈把哲学定位为人本学和自然学,其核心更是人本学,自然是人的根据,那么,要理解人本学中的这个人,最终只能从自然科学的角度去发现。事实上,后来的某些哲学家继续了费尔巴哈的这条理论逻辑,把哲学推进到自然科学领域。

综上所述,我们认为,对于费尔巴哈哲学而言,"发生学观点的批判哲学"是根本方法论,具有统摄性。人本学和自然学是"发生学观点的批判哲学"的必然结论,经验主义是"发生学观点的批判哲学"

---

① 《费尔巴哈哲学著作选集》上卷,荣震华、李金山等译,商务印书馆1984年版,第118页。

② 同上书,第250页。

③ 同上。

④ 《黑格尔通信百封》,苗力田译编,上海人民出版社1981年版,第309—310页。

的基本方法,"我欲故我在"是"发生学观点的批判哲学"的深层延展,而自然科学对哲学的否定是"发生学观点的批判哲学"的最后走向。

爱欲与德性

——柏拉图《会饮》篇斐德若讲辞、泡赛尼阿斯讲辞释读

郭振华[*]

摘要：在柏拉图专以爱欲为论题的《会饮》篇中，斐德若讲辞立足于被爱者，认为爱欲所能带来最好的东西就是被爱者的勇气。然而，通过仔细梳理其论证，可以发现斐德若的论述并不成立。泡赛尼阿斯讲辞立足于去爱者，认为爱欲所能带来最美好的东西就是去爱者在被爱者身上激发的道德德性。然而，通过梳理文本，可以看到他们二人将自身爱欲立场道德化的论证并不成立。在展示这两位论述者的失败之后，柏拉图将在接下来的文本中展示，爱欲是自我认识从而自我孕育的契机。

关键词：爱欲；德性；礼法

一 爱欲与勇气：斐德若讲辞

作为话题之父（father of logos），也就是本次会饮所谈论的话题的发起者，斐德若第一个发表赞颂爱神爱若斯的讲辞。斐德若讲辞的论点可以总结为：第一，因为爱若斯最古老，所以爱若斯最好；第二，因为爱若斯是最好的事物的起因，所以爱若斯最好。我们接下来将梳理斐德若如何立

---

[*] 作者简介：郭振华（1982—），陕西扶风人，西北大学哲学学院讲师，主要研究方向：西方哲学、美学、伦理学。本文为国家社科基金青年项目"柏拉图《美诺》疏远"（项目编号：14C2X033）阶段性成果。

论，以及这两条原则在斐德若的立论过程中是否贯通，再来分析斐德若所立之论的意图和立场。

讲辞开篇处，斐德若试图建立这样一个等式：古老的＝好的。爱若斯之所以是伟大、最神奇、各方面（尤其出身方面）都值得称颂的神，是因为爱若斯最古老，是年纪最大的神。

就这一论点，斐德若采用的论证方式是引用论证，重点引用赫西俄德（Hesiod）和帕默尼德（Parmenides）的诗句。斐德若所引赫西俄德《神谱》诗句为：

最开先是混沌，
随后，
大地以宽阔的胸脯，铺展出安稳的处所，
然后是爱若斯。

这段引用是节选，相对完整的内容如下：

最早生出的是浑沌，接着便是
宽胸的大地那所有永生者永远牢靠的根基
——永生者们住在积雪的奥林波斯山顶，
道路通阔的大地之下幽暗的塔耳塔罗斯，
还有爱若斯，永生神中数他最美，
他使全身酥软，让所有神和人
思谋和才智尽失在心怀深处。①

值得注意，斐德若这段引用论证非常失败。斐德若的第一个论点是，因为古老，所以好，因为最古老，所以最好。斐德若并未解释为什么这一论点一定成立，而是将这一论点确立为原则一，接下来引用赫西俄德只是为了证明爱若斯最古老，而不是证明越古老越好。

---

① 赫西俄德：《神谱》，第116—122行，参见《〈神谱〉笺释》，吴雅凌撰，华夏出版社2010年版，第100页。

但是，我们退一步看，即便就证明爱若斯最古老而言，这一引用论证也不成立。斐德若认为，爱若斯最古老的凭证之一是，爱若斯没有父母，也就是说没有来源。斐德若这段引用论证最为失败之处就在于，即便我们承认赫西俄德没有提到爱若斯的父母就等于说爱若斯没有父母，这段引用也无法说明爱若斯是最古老的神——恰恰相反，这证明爱若斯是第三古老的，在爱若斯之前还有"浑沌"神（Chaos）和"大地"神（Gaia）。既然是第三古老的，即便无父无母，也不能说是最古老的。这样一来，按照"最古老等于最好"这一斐德若本身建立的原则，斐德若的引用论证恰恰证明爱若斯不是最古老的神，因而并非如斐德若所主张的是最好的神。

接下来，斐德若引用帕默尼德（亦译"巴门尼德"、"巴曼尼得斯"）以论证爱若斯是最古老的神："所有诸神中，最先出生的就是爱若斯"。这里的"出生"即便不理解为经由父母所生，也不可能理解为最古老的——"出生"无论如何都不可能自在永在、自有永有、最古老。巴门尼德从而将爱若斯归入"生成"界（the world of becoming / coming - into - being），进而用存在取代诸神。内在的祛魅动摇了表面的敬奉。

于是我们看到，斐德若重点引用的两段诗句，都不能证明其观点。斐德若也许并未意识到，他用两段诗文进行的引用论证，其实是在颠覆其所试图证明的论点。

斐德若的第二个论点是，爱若斯对于我们来说还是最好的事物的起因，因此爱若斯最好。简言之，不是因为爱若斯最好，所以爱若斯能给我们带来最好的事物；而是因为爱若斯能给我们带来最好的事物，所以爱若斯最好。和对论点一的论证如出一辙，斐德若并未论证这一因果推论如何成立，而是强行设定这一因果关系，认为只要证明原因，爱若斯对于我们来说是最美好的事物的起因，就能证明爱若斯最好。

那么，这里所讲的爱若斯带来的最好的事物究竟是什么？斐德若认为，是德性（virtues），尤其是勇敢之德（the virtue of courage）。其论证可概述如下：人想要真正的幸福，就不能靠家室、名望、财富等外在条件，而是要靠爱若斯对灵魂的内在影响而过此一生。爱若斯对人的影响如何体现？爱若斯使人对丑感到羞愧，对美充满热情——而美丑引发的荣誉感与耻辱感，对于城邦和个人都至关重要。一个成年男人，一个男子汉，最耻辱之处不在于丑事被父亲或朋友碰巧看见，而是被自己所爱的人看见。他顺带提到，被爱者碰巧被去爱者瞧见丑事，同样会无地自容。也就是说，斐德若认为，作为城邦顶梁柱的成年男性邦民，最看重的不是父爱（paternal love）所代表的亲情，或朋友之间的友情（friendship），而是爱人间的爱情（love）。

斐德若甚至想象，如果能有什么办法，全由（男性间的）去爱者和被爱者来组建一个城邦或一支军队，人们就会把自己和自己的生活治理得再好不过——因为人人都会避免出丑丢人，而且会争风吃醋、尽量表现出自己的美好高贵。人们甚至宁可战死，也不愿意被他人尤其是所爱的人看见自己临阵脱逃或丢盔弃甲。若所爱的人置身险境，去爱者也不会胆小到丢下不管、自己逃跑，而是会勇敢地挺身而出，前去救人。斐德若由此得出结论：爱若斯会激发去爱者身上的德性，也就是说，爱若斯使去爱者将自己天生的潜能激发、实现出来。也就是说，爱若斯是对于我们而言最好的事物的起因，而这美好的事物就是德性，这德性就是勇气（courage）。

至此，斐德若尚未透露自己的立场，也就是说，斐德若尚未暴露他自己是偏向于去爱者还是被爱者，而他真实的立场和偏好将在接下来的论证过程中暴露无遗。我们将看到，作为被爱者的斐德若明显偏向于被爱者，试图证明在去爱—被爱关系中，被爱者比去爱者更勇敢，因为被爱者更理智。

接下来，斐德若引述了三个故事：第一个故事是阿尔刻斯提（Alkestis）为丈夫去死；第二个故事是俄尔菲斯（Orpheus）没有为老婆欧律狄刻（Eurydice）去死；第三个故事是阿喀琉斯（Achilles）为帕特洛克罗斯（Patroclus）去死。我们接下来要看看这三个故事中的主人公之间的去爱和被爱关系，以及去死和没有去死所带来的福报与惩罚。

在第一个故事中，阿尔刻斯提的丈夫阿德墨托斯（Ademetus）命中注定要英年病逝。阿波罗将命定神灌醉，然后劝命定神让阿德墨托斯摆脱早早病死的厄运。命定神答应，但开出了一个条件，就是要有人替死。结果没有人愿意替阿德墨托斯去死，其父母虽然年事已高，却也不肯替儿去死。唯有其妻阿尔刻斯提愿意去死。诸神为了奖赏这一壮举，让阿尔刻斯提死后还魂，使其灵魂从阴间回到阳间。① 斐德若认为，这正好说明爱情

---

① 可参看欧里庇得斯悲剧《阿尔克斯提斯》，参见《古希腊悲剧喜剧全集》第五卷，张竹明、王焕生译，译林出版社 2007 年版。与斐德若所依据的传统说法不同之处在于，在欧里庇得斯悲剧中，不是冥王释放阿尔刻斯提，而是赫拉克勒斯抢回。

比亲情更能激发去爱者身上的德性，使她勇敢赴死。

第二个故事是个反例。作为去爱者，俄尔菲斯没有为自己所爱的老婆去死，所以没有像阿尔刻斯提那样受到诸神奖赏，而是受到诸神惩罚。在希腊神话中，俄尔菲斯本是最著名、最神奇的竖琴诗人，神奇到歌声能令铁树发芽，百兽率舞，石头哭泣。在妻子欧律狄刻被蛇咬死之后，俄尔菲斯没有立刻前往冥府，而是活足天年、阳寿将尽才赶赴阴间，向冥王哈德斯求情，求冥王允许自己带妻子回阳间。在俄尔菲斯迷人音乐感动下，冥王答应他的请求，条件是在欧律狄刻跟随俄尔菲斯回到阳间的过程中，俄尔菲斯不得回头看。结果，就在即将离开阴间之际，俄尔菲斯禁不住回看一眼，欧律狄刻的魂影立刻飘回冥府，永世不见。俄尔菲斯死后，被缪斯化作滴滴清泪，在水流上哀唱。

与前两个故事不同，第三个例子不是站在去爱者立场上讨论为被爱者去死获得奖赏，或不为被爱者去死而获得惩罚，而是讨论被爱者为去爱者而死所获得的更大的奖赏。在斐德若的讲述中，阿喀琉斯是被爱者，帕特洛克罗斯是去爱者。阿喀琉斯面临抉择，按照自己的命运，替希腊联军出战，杀死特洛伊的英雄赫克托尔（Hector），自己就会死；如果避战不杀赫克托尔，就会平安回家，颐养天年。尽管如此，被爱者阿喀琉斯还是为爱他的帕特洛克罗斯复仇，继而死去。斐德若盛赞被爱者阿喀琉斯的壮举，认定被爱者为去爱者而死能够受诸神尊敬，死后能去福人岛。①

由此可见，斐德若认为，诸神更钟爱被爱者身上跟爱欲有关的德性，而非钟爱去爱者身上跟爱欲有关的德性。如何理解？

我们可以将此处斐德若的论证概述如下：

因为（1）爱神在去爱者身上，不在被爱者；
并且（2）爱去爱者的被爱者服从神，因而虔敬；
所以（3）未被爱神激发的德性高于被神激发的德性（前者自发）；

---

① 关于福人岛，可参看荷马《奥德赛》卷十一，王焕生译，人民出版社1997年版，行467以下；亦见赫西俄德《劳作与时日》，行170以下，可参见《〈劳作与时日〉笺释》，吴雅凌译疏，华夏出版社2015年版。

推论（4）没爱欲的优于有爱欲的。

古老的爱神在年龄较长者（较老者）身上，也就是说，在去爱者身上，去爱者受爱神激发，因此他的爱并非出自理智的自发。古老爱神不在被爱者身上，被爱者反而更优越，因为他的爱出自理智的自发。由此，提出赞颂爱神并在自己讲辞开篇即诉诸古老的神话的斐德若，自己暗中所持的判断标准并非"虔敬"，而是"理智"。谁更虔敬、更由神激发、被神驱使，谁就不如出自理智的算计、并非出于虔敬的人优越。

这一点甚至被去爱者证实：去爱者通过自己对被爱者的追求认识到被追求的被爱者的优越。这其实是"较弱者"的胜利。斐德若完全站在被爱者角度考虑问题，有意无意将爱情屈从于获利的标准，屈从于一种自私的考虑。爱情变成单向的付出—得到关系。只有被爱者是自足的。在柏拉图以斐德若命名且以斐德若为苏格拉底主要对话者的《斐德若》篇中，深受斐德若喜爱的吕西阿斯讲辞中提到，① 你应该爱不爱你的人，而非爱你的人，该主张正是出于这种"算计"。②

由此可见，斐德若提出两个相互矛盾的原则。一个原则是最古老等于最好，另一个原则是最好的能带来最好的。斐德若并未意识到，在自己的论证过程中，两个原则互不相容。

二 爱欲与道德：泡赛尼阿斯讲辞

泡赛尼阿斯③出场即反驳斐德若，认为不应该无条件赞颂爱若斯。泡赛尼阿斯认定，美神有两个，爱神也有两个。正如美神有高贵低贱之分，分为属天的阿佛洛狄忒与属民的阿佛洛狄忒；爱神也有高贵低贱之分，分为属天的爱若斯与属民的爱若斯。尽管泡赛尼阿斯始终未解释为什么有两个而不是一个。

---

① 参考刘小枫译《斐德若》，见《柏拉图四书》，刘小枫编译，三联书店2015年版。其中的吕西阿斯讲辞，见第288页以下。

② 对比斐德若"不爱的爱者"与亚里士多德《形而上学》（如1072a24）"不动的施动者"：the unmoved mover vs. the unloved lover，不动的施动者与不爱的爱者。

③ 泡赛尼阿斯师从普罗狄科（Prodicus）。

不同于之前的讲者斐德若，泡赛尼阿斯没有引述古老的诗歌，没有引述任何神话。泡赛尼阿斯所讲的，是一种隐含在雅典官方宗教礼仪中的共同意见。这不是古老的（过去的）传说，而是时兴的（当下的）意见。

泡赛尼阿斯讲，没有爱若斯就没有阿佛洛狄忒（There is no Aphrodite without Eros）。爱若斯不是阿佛洛狄忒的儿子，而是阿佛洛狄忒的条件。爱若斯是阿佛洛狄忒的帮手。阿佛洛狄忒是美神、性感神，爱若斯是爱神。爱若斯在先、阿佛洛狄忒在后，这意味着，不是（性之）美引发爱，而是爱引发（性之）美。没有爱就没有（性之）美。性之美侧重于身体，爱必须有灵魂的参与。在泡赛尼阿斯的讲法中，先有灵魂之爱才有身体之性和美，前者成就后者，没有前者的高贵，后者便是纯粹的低贱。

泡赛尼阿斯进而宣称，行为本身没有美丑，行为方式有美丑。比如在当下会饮的场合，喝酒、唱歌、讲话这些行为本身无所谓美丑，美丑在于行为方式而非行为本身。泡赛尼阿斯关注美、高贵，关注以美、高贵的方式做出的行为，主张所有行为都可以是高贵的。可是这一表述清晰的主张符合常识吗？所有行为都可以做得很美吗？比如，有没有很美很高贵的谋杀……有些行为本身就低贱、丑恶，行为的美丑、高贵低贱不仅在于行为方式，更在于行为本身。由此可见，极端重视爱欲的道德性的泡赛尼阿斯，所理解的道德（合礼法的高贵行为）颇成问题。也就是说，极端重视爱欲的道德性的这位泡赛尼阿斯，其实并不道德。

接下来，泡赛尼阿斯对高贵与低贱的美神的出身进行描述。属民的阿佛洛狄忒的爱若斯，爱女人和男童；属天的阿佛洛狄忒的爱若斯，爱强壮理智的男人。属天的阿佛洛狄忒没有母亲，为乌兰诺斯生殖器入海而产生，也就是说纯粹出自成年男性（男神乌兰诺斯）；属民的阿佛洛狄忒母亲狄俄涅（Dione），为宙斯和狄俄涅所生，也就是说出自男女结合（男神宙斯和女神狄俄涅的结合）。①

在泡赛尼阿斯看来，属天的美神之所以高贵，是因为她出身纯阳，来自男神乌兰诺斯；属民的美神之所以低贱，是因为她出自阴阳结合，是男神宙斯和女神狄俄涅结合的产物。这里暗含的观点是，男性高贵，女性低贱；男同性恋高贵，男女异性恋低贱。这在当时的历史条件下不难理解，

---

① 狄俄涅是洋流女神，一说为水泽女神，有些地方甚至把狄俄涅与赫拉混同。

女性缺乏教育条件，能够管家、生育，男人从异性恋中也能得到身体层面上的快乐，但女人并不足以和男性进行精神交流。也就是说，在泡赛尼阿斯看来，异性恋之所以低贱，是因为异性恋在于身体，而男同性恋之所以高贵，是因为男同性恋者能够进行精神交流。属身低贱，属灵高贵。

上一位年轻的讲者斐德若持被爱者（情伴）立场，与之相对，年长的泡赛尼阿斯持去爱者（有情人）立场。泡赛尼阿斯关心的不是被爱者被低贱的爱者败坏，而是关心爱者的利益，关心爱者会不会浪费时间。好人不应屈服于自己的自然欲望喜欢男童，而应该自我立法约束自己，只喜欢成熟的青年。

泡赛尼阿斯描述了两个极端、一条中间路线：

极端一：蛮夷的极端禁止一切求欢；
极端二：某些希腊城邦不加限制地认为所有求欢都是高贵的；
中间路线：雅典和斯巴达现行法律允许在慎重考虑后求欢。

由此我们得知，泡赛尼阿斯讲辞的主题是道德德性（moral virtues，或从 ethical virtues 译作性情德行）。① 泡赛尼阿斯从道德德性角度看待爱欲，区分从道德上讲高贵的爱欲与低贱的爱欲。斐德若"原则一"中对古老事物的赞颂，被代之以泡赛尼阿斯对现行法律、政治秩序的赞颂。前者颂古，后者颂今。类似的对应关系，我们还将在阿伽通讲辞与阿里斯托芬讲辞中看到。

泡赛尼阿斯讲辞前半部分有两个要点。第一，爱欲分两种，高贵的爱欲与低贱的爱欲；第二，礼法关注高贵的爱欲。第一点反驳斐德若"爱欲必然导致德性"；第二点反驳斐德若"爱欲带来的德性由神的奖惩支撑"（泡赛尼阿斯认为，不是由古老的神支撑，而是由当下礼法支撑）。

泡赛尼阿斯认为，理智天然高于非理性（情感），所以爱理智之人天然高于爱理智不够成熟之人——爱有理智的成年男子高贵、自发，爱缺乏理智的女子和男童低贱、不由自主。这一点倒与斐德若讲辞暗合：斐德若

---

① 对比亚里士多德《尼各马可伦理学》对道德德性在于适度（或译"中道"）的讨论。可参看亚里士多德《尼各马可伦理学》，廖申白译注，商务印书馆 2003 年版，第 53 页以下。

认为有情人为爱神所占据，所以并非自发、理智；反而不为爱神所占据的情伴，因其能够理智地爱有情人而比有情人优越。

泡赛尼阿斯表面上弘扬雅典礼法。雅典礼法宣称爱欲是高贵的，爱者向被爱者献殷勤也是高贵的。这种出自爱的高贵甚至超越传统礼法。在传统礼法中，发誓一般是对着神发誓，凭神的名义发誓。信守誓言是高贵，违背誓言或者说发假誓是低贱。泡赛尼阿斯则认为，发假誓本身是一种行为，高贵与低贱不在于这种行为本身，而在于怎样发假誓、为什么发假誓。为钱财地位发假誓是渎神，为爱发假誓不渎神。泡赛尼阿斯说，为了情爱以外的任何事发假誓，都会遭到"针对哲学的最严厉谴责"：不信诸神。这也是导致哲人苏格拉底被控死罪的谴责之一。但泡赛尼阿斯认定，为爱发誓不是不信诸神，而是信奉爱神，其他诸神以及礼法都会原谅这一行为。爱即正义。

泡赛尼阿斯注意到，在禁止与纵容之间求适度的雅典礼法有内部矛盾：一方面鼓励爱者，另一方面却不鼓励被爱者见到爱者。① 这实际上是邦法与家法的冲突。邦有邦法，家有家规。作为求爱者，其爱欲不能在自己的家庭中实现，否则就会触犯文明的底线：乱伦。所以，求爱者的爱欲要实现，就必须去本家庭以外的城邦中去实现。也就是说，不得不在城邦的其他家庭中去实现，在其他家庭中找到自己的爱欲对象。所以，泡赛尼阿斯作为去爱者，非常希望这种求爱得到礼法的允许、保护甚至鼓励。泡赛尼阿斯为这一目的不惜剥离礼法的神圣性，进而为自己"变法"创造可能性。

但是，如果泡赛尼阿斯之类求爱者爱上了其他家庭中的青年男子，即便这种情爱如其所愿受到城邦礼法的允许、保护甚至鼓励，依然有可能遇到一种很强大的阻力，那就是家法。父亲对儿子尤其是未成年儿子的保护

---

① 在希腊文中，代表神圣的家法的女神是 Themis，代表城邦之法的女神是 Dike，也即是通常所称的正义女神。Dike 是 Themis 与宙斯之女。宙斯与律法女神 Themis 生下三姐妹，即时序三女神（Horai / Horae）：Eunomia（秩序；字面含义是好的礼法）、Dike（正义）和 Eireine（和平）。在古希腊悲剧中，邦法与家法冲突到不可调和的极端体现，可见于索福克勒斯《安提戈涅》。安提戈涅面临两难抉择：按照古老而神圣的家法，她有义务为自己死去的哥哥收尸、安葬；但他哥哥在城邦之法眼中是叛徒，必须像城邦文明之外的野兽一样曝尸示众、不得下葬、以儆效尤。可参看索福克勒斯：《安提戈涅》，见《埃斯库罗斯悲剧三种·索福克勒斯悲剧四种》，罗念生译，上海人民出版社 2004 年版，第 293 页以下。

在家法层面神圣不可侵犯，儿子对父亲的尊重和听从也受家法保护。作为单纯的求爱者，纯粹出于自身利益考虑，肯定乐意让邦法朝着能让自己随心所欲的方向发展。可是，如果潜在的求爱者同时也是被求爱者的父亲，那么这位父亲之所以要严守家法、阻止自己的儿子接受求欢，恰恰是因为他比被求爱者更明白求爱者的心思，任求爱者说得天花乱坠、任求爱者将邦法朝着有利于其的方向改变也没用。

泡赛尼阿斯主张，礼法不能一概而论，要区分高贵与低贱，而这取决于爱者的品质。泡赛尼阿斯曾主张高贵爱者的特征是：

（1）爱男性而非女性

（2）爱灵魂而非身体

（3）爱男青年而非男童

至此，我们可以将第一篇讲辞和第二篇讲辞进行对比：斐德若讲辞弘扬爱与德性，德性在于勇敢；泡赛尼阿斯提倡爱与德性，德性在于顺从。由此，泡赛尼阿斯暴露出自己真正的主张：他变法的目的，在于通过邦法实现自己的爱欲，在他人家庭中实现自己的爱欲，他所追求的年轻人对他的顺从是一种德性，其家长不得干涉这种顺从。

更加仔细地审视泡赛尼阿斯的说法——"低贱的爱者的爱不持久，因为他爱上的东西也不持久"，"品格好的爱者终生不渝（持久），因为他与最持久者厮守在一起"——之后，我们不禁要问：对于泡赛尼阿斯而言，这个最持久者究竟是青春还是品格？此处结论似乎是：低贱的爱者着眼于青春，高贵的爱者着眼于品格。

由此我们看出，泡赛尼阿斯把最持久的卓越看成还能活得最长的人的灵魂的卓越。那么这些人是谁？这里有个显而易见的悖论：显然作为情伴少男会活得更长久，而非年长的有情人。表面上看，泡赛尼阿斯试图弥合两种礼法：一种是涉及男童恋的礼法；另一种是涉及哲学和其他德性的礼法。前者关注保护男童，后者关注让男童获得德性。泡赛尼阿斯主张，通过变法使雅典礼法授权男童和有德性的可敬男子在一起，可以"互惠互利"！然而二者的"利益"是异质的：驱动男童的是对德性的爱，驱动成年有情人的是对青春的爱。

站在有情人立场上，泡赛尼阿斯主张"变法"：雅典礼法必须命令被爱者具备相应的得体品格——不能答应低贱的爱者的要求！被爱者有责任考验爱者。泡赛尼阿斯主张，追求德性的少男、童男即便受骗也是高贵的。追求德性的少男落入假装有德性的成年男人之手也是高贵的。被爱者虽然要考验求欢者，但没必要确信求欢者有德性，只要相信他有德性！我们不难想象，泡赛尼阿斯毫无公心的"变法"一旦实现，将给心怀叵测的去爱者以何等的自由。

最后，我们还要注意，去爱者和被爱者的爱欲是否高贵，所取决于的方式或者说衡量标准恰好相反：对于爱者而言，迅速"捕获"被爱者是高贵的；对于被爱者而言，迅速被"捕获"是低贱的，被钱财或地位捕获则是彻底低贱。我们终于看出，泡赛尼阿斯主张如此"变法"：立新法鼓励被爱者充当爱者的奴隶，以便由此获得德性！

三　结语：爱欲与自我认识

通过展示斐德若讲辞和泡赛尼阿斯讲辞，柏拉图展示了将爱欲道德化的两种进路的失败。第三篇是厄里克希马库斯讲辞，他着力于将爱欲普遍化，继而将爱欲技术化，从而提出了一条用技术控制甚至改造爱欲的进路。第四篇是阿里斯托芬讲辞，他将爱欲归因于人本性中对自身不完满状态的不满，从而对回归原本完满状态的一种近乎绝望的希望。第五篇是阿伽通讲辞，他用华丽的辞藻进行了一番其实过于简单的论述，认为爱欲又美又好，所以一定能带来美和好。

作为《会饮》所记述的第六位讲者，苏格拉底认可阿里斯托芬所提出的爱欲的前提，即人自身的不完满状态。但苏格拉底强调对这种不完满状态要进行充分的自我认识（知无知），乐见自己的不足，从而获得真正完善自身的契机。

日常生活中的建构性
——兼论现象学社会学对异化理论的重建和拓展

孙明哲[*]

摘要：通过比较现象学社会学与批判理论对异化现象的不同解释，本文认为应当将"日常生活"作为社会科学中具体的研究主题和对象，而不是社会现象发生之背景；并将"建构性"作为重要且有潜力的中性概念工具，即将之作为研究的起点而不是终点。"建构性"的存在已经获得了广泛承认，那么，建构性是一种社会现象的效果，还是构成社会现象的元素呢？对这一问题我们还缺乏更深入的探究。通过对异化现象的现象学社会学解析，我们发现，可以用建构性去解释异化现象，反之却不可以。在异化现象中，社会系统性要素是对主体进行塑造的主要力量，而在日常生活中，主体总是被他者影响和塑造的。换言之，建构性作为一种基本元素碎片化地分散于社会之中，而不是一种体系化的总体性现象。

关键词：异化；日常生活；建构性；批判理论；现象学社会学

一 "日常生活"的分裂与对峙

随着大众社会的出现和成熟，"日常生活"作为概括大众生活的一个常用概念，在历史学、社会史、社会学实证研究中常常被提及。然而，学者们往往很随意地使用"日常生活"一词，将之作为一种不言自明的研

---

[*] 作者简介：孙明哲（1985—），辽宁营口人，西北大学哲学学院讲师，主要研究方向：科学技术哲学、社会学理论、知识社会学、性别社会学。

究背景，对其内涵的理解依赖于对"日常生活"、"everyday life"、"daily life"等词语的字面意义的理解，具有很强的模糊性。一旦我们要将之上升为术语，要严格限定该概念的内涵，一个意想不到的理论困境会出现在我们的面前："日常生活"在两个不同的理论脉络中拥有其位置，且它们的内涵不仅不相同，而且截然相反[①]。

"日常生活"首先来自于与西方马克思主义密切相关的批判理论。他们的理论源于马克思与弗洛伊德的启示，认为日常生活是一种与革命、庆典等特殊活动相对的、具有节奏性的、反复出现的生活状态。同时，他们认为日常生活常常会受到资本主义、工业体系等社会力量的控制，导致社会成员异化——当代法兰克福学派的代表人物哈贝马斯的生活世界殖民化理论就是这种思路的延续，而日常生活批判与日常生活审美化是该脉络下的两个重要学术流派，列斐伏尔与赫勒是其代表人物。

另一种对"日常生活"的解读来自于以舒茨为代表的现象学社会学。舒茨继承胡塞尔"生活世界"与"意义脉络"等概念并进行了拓展，探讨日常生活中的多元主体何以能够相互理解。舒茨的研究不仅在理论层面上深化了韦伯的理性社会学体系，而且为加芬克尔的常人方法学、卢克曼等人的知识社会学的出现和发展提供了基础。在这一脉络中，日常生活是一类相对于知识分子等精英生活而言的社会领域，并且是社会行动者真正存在的地方。在这里，社会主体之间发生频繁的互动，共享并参与了意义脉络的生成。众多社会行动者的生活世界相互交织在一起，共同生成了社会生活。在这种思路下，与西方马克思主义流派相反，日常生活展现出一种极端的不确定性与复杂性。

上述两种理论脉络对"日常生活"的理解存在着严重的分歧甚至对峙：批判理论立场认为日常生活是不断重复、富有节奏的，单调甚至无聊和刻板的；现象学社会学立场则认为日常生活是难以预测、变化多端的，鲜活且生动的。前者强调日常生活是刻板的，后者强调日常生活是鲜活的；前者认为日常生活无聊反复，后者认为日常生活充满意义；前者暗示日常生活是受操控不自由的，后者倾向认为日常生活是最真实的。

---

① Bryony Randall. *Modernism, Daily Time and Everyday Life*. Cambridge：Cambridge University Press, 2011. pp. 10–11.

在这种分裂与对峙的背后潜藏着一个重要的理论问题："异化"与"建构性"这两个概念哪个更加基础。"建构性"概念兴起得比"异化"晚得多，并成为后现代主义、后结构主义等后学追捧的热词，大量以"某某的社会建构"为题目的研究问世。似乎，确定某现象的建构性就是研究的终点。如今，已经没人会否认建构性的存在，而且，不仅不会否认，还出现了泛化的倾向——一切社会中存在的事物都是具有建构性的。在这一背景之下，我们应当如何应对日常生活中的异化现象。或者说，日常生活中，异化与建构性哪种现象更加基本？批判理论往往以异化为理论基点去探讨日常生活，他们关注日常生活本身的异化，以及逃离异化之途径。在现象学社会学那里，则在概念层面就没有给异化留有位置，他们在不考虑异化的情况下探索着日常生活中的意义问题。那么，异化到底是什么？我们能否在概念层面将批判理论和现象学社会学所关注的主题联接在一起，将它们置于一套统一、兼容的概念体系之下，从而结束"日常生活"内涵层面的分裂与对峙？

二 批判理论视角下的日常生活

批判理论是一种发源于西方马克思主义的学术脉络，其十分关注现代社会中的大众日常生活状况。承接西方马克思主义的理论传统，批判理论十分重视对日常生活中的异化问题的阐释，甚至就是从异化这一理论视角去看待和分析日常生活的。我们将这一理论脉络称为日常生活批判。

在日常生活批判理论看来，现代社会中的日常生活已经不是精神家园，而是无可挽回地趋向异化[1]，"历史不过是从自然异化走向了社会异化"[2]，只有在日常生活层面完成革命，清除异化的运动才能最终胜利。对于日常生活批判者来说，其面对的根本问题是垄断资本主义时代的大众心理学基础上的革命[3]，理论目标是摆脱异化、探索重建日常生

---

[1] 刘怀玉：《列斐伏尔与20世纪西方的几种日常生活批判倾向》，载《求是学刊》，2003年第5期，第44—50页。

[2] ［法］鲁尔·瓦纳格姆：《日常生活的革命》，张新木、戴秋霞、王也频译，南京大学出版社2008年版，第73页。

[3] Bruce Brown. *Marx, Freud, and the Critique of Everyday Life: Toward a Permanent Cultural Revolution*. New York : Monthly Review Press, 1973. p. 33

活的方法①。马克思与弗洛伊德是其共同的理论渊源,海德格尔、卢卡奇,以及法兰克福学派对日常生活批判理论均有十分重要的贡献。在当代,列斐伏尔与赫勒分别代表了不同的理论倾向。在赫勒看来,日常生活的模板是传统生活,异化是指日常生活的停滞;而对于列斐伏尔来说,日常生活的模板是现代生活,异化指的是日常生活被消费所控制②。不过,他们之间的共同点远远多于差异,异化就是二者日常生活理论的共同点,他们的理论目标是要摆脱日常生活的异化。

列斐伏尔明确地将马克思与日常生活批判联系起来,认为马克思主义就是对日常生活的异化进行揭露和矫正的学术流派和革命理论③。列斐伏尔眼中的日常生活是革命的策源地,正是由于日常生活已经成为现代性压迫最深的领域,也是现代性无法解决的难题,所以日常生活成为总体解决现代性的革命策源地。赫勒则断言,"日常生活的'个人'是在自身之中尚未自觉和尚未反映的自在类本质特征,这是象征着日常生活水平上'迄今为止的历史'的标志"④。在赫勒看来,日常生活是个体再生产的领域,"日常生活是总体的人在其中得以形成的活动"⑤,由于当前日常生活领域充斥着普遍的异化,导致个体创造力的萎缩和社会进步的缓慢,因此,必须在日常生活层次上进行变革与革命才能为更加完整、自在而自为的人类个体的存在创造条件。

日常生活批判的重要理论基础是以法兰克福学派为代表的文化理论。在《启蒙辩证法》与《否定的辩证法》中,霍克海默与阿多诺认为,在现代工业社会中,理性以及在理性基础上建立起来的科技体系使得文化成为一种奴役人类的方式。马尔库塞与弗洛姆从不同角度承接了这一立场,在《单向度的人》、《逃避自由》、《健全的社会》等著作中,他们探讨了现代工业社会中的人何以放弃选择、抛弃理念、屈从于体制,他们认为文

---

① Bruce Brown. *Marx, Freud, and the Critique of Everyday Life: Toward a Permanent Cultural Revolution*. New York: Monthly Review Press, 1973, pp. 174 – 176.
② 李霞:《个性化的日常生活如何可能——赫勒日常生活理论研究》,人民出版社2011年版,第158—168页。
③ Henri Lefebvre. *Critique of Everyday Life V. 1*. Translated by John Moore. London: Verso, 2008. p. 56.
④ [匈牙利] 阿格妮丝·赫勒:《日常生活》,衣俊卿译,重庆出版社2010年版,第26页。
⑤ 同上书,第45页。

化起到了很大的作用。工业社会中的大众文化依托于传媒，而传媒则被资本所控制。于是，大众文化表现出一种诱导人类不断消费、不断获得商品的倾向，使人与物之间的关系发生颠倒——人为了消费商品而存在。文化成了一种控制大众的新方式。不论具体的文化形式如何，不论是消费文化、通俗文化、工业文化或是精英文化，工业社会中的文化总是导致日常生活的陌生化与无聊化[①]。

日常生活批判理论并不总是消极悲观的，学者们认为可以通过增强主体之反思性的方式来摆脱日常生活中的异化。日常生活审美化理论就是一种尝试。日常生活审美化理论将美与真理等同化，将审美活动看作是更好地接受、感受、制造真理的手段[②]。该理论认为，通过增强日常生活中的主体的艺术体验，有助于他们形成关于自身、关于自己的生活的反思性，从而获得看到和摆脱嵌入于其日常生活中的异化要素的能力，进而去选择自己的生活方式。

可以看到，在批判理论的视野中，日常生活与异化是紧密相关的。日常生活要时时面临或难以摆脱被异化的风险。日常生活批判的理论目标是要发掘日常生活中被异化的状况，并探索摆脱异化之方法。然而，异化到底是什么？一旦开始这一追问，我们就会掉进无尽的哲学思辨漩涡，使得原本就十分复杂的问题更加复杂化。当今，我们急需一种可以对异化现象进行分析的概念工具。"建构性"为我们提供了这种可能性。

三 异化与建构性

哈贝马斯认为，当代社会出现了一种"系统对生活世界的殖民化"现象。这一论述对于理解异化现象具有重要价值。在这一论述中，"系统"主要指社会中的制度现象，尤其是那种在国家或市场的影响中所形成的体系化的制度，或者说是存在着内部关联的制度集。"生活世界"强调的是单个主体所体验到的世界，即世界、社会和他者对于主体的意义，

[①] [英] 戴维·英格利斯：《文化与日常生活》，周书亚译，中央编译出版社2009年版，第77页。

[②] [德] 沃尔夫冈·韦尔施：《重构美学》，陆扬、张岩冰译，上海译文出版社2002年版，第47—49页。

可以简单地将之理解为主体的日常生活。"殖民化"是一种带有价值倾向的形象化说法，即外来者对土著的侵犯。进而，"系统对生活世界的殖民化"就可以解释为制度体系对主体之日常生活的不正当干预和控制。这一概念，正符合批判理论对异化的认知。

异化，作为一种社会现象，被看作是统治阶级或某种体制通过文化等手段对社会成员的思维方式的塑造，使主体成为陌生的、非本质的存在。这种现象可以在一定程度上被表述为制度对主体生活世界的建构作用。这样一来，"建构性"这一概念就可以被用来阐释异化现象。从建构性的角度看，异化现象具有两个特征：

第一，异化是体制化的思想控制对社会成员所产生的效果，这种体制化的控制可能是统治阶级有意识、有目的的谋划，也可能是资本主义大环境所产生的客观后果。卢卡奇、葛兰西等西方马克思主义先驱，在揭示统治阶级通过文化等手段控制社会成员之思想方面，产生了杰出成果。霍克海默、阿多诺、马尔库塞、弗洛姆等人则对资本主义社会中人的异化现象进行了深刻揭露。他们的共同点在于，他们都认为异化是一种体制化力量对个体精神世界的建构作用。

第二，异化是一种不正当的建构作用——这种建构作用之中包含了某种权威因素，使得被建构的对象难以逃避。即，异化是一种个体的负面状况，这种负面状况由体制化的权威力量导致。在这种立场中，体制成为日常生活的对立面，也自然有了哈贝马斯"系统对生活世界的殖民化"这种论断——在这里，哈贝马斯选择"殖民化"这一有价值倾向的概念，而不是将之表述为"系统对生活世界的建构作用"。在这一层面，我们可以说，异化不仅是一个概念，还是一种研究范式。当人们使用"异化"这一词汇的时候，往往会将一种否定的价值倾向蕴含于其中，并以摆脱这种状况为学术目标。

我国学界关于日常生活的研究多处于批判理论范式之下。"中国日常生活的批判与重建"①成了其主要的活跃领域。"日常生活批判理论即是

---

① 衣俊卿认为，中国具有"沉重的"传统日常生活结构，如果不通过日常生活批判则难以实现中国的全面现代化，于是，列斐伏尔意义上的反现代化的日常生活批判理论在中国成了现代化理论的一部分。衣俊卿：《日常生活批判——根植于现代化进程的文化哲学》，载《走向中国的日常生活批判》，人民出版社2005年版，第90—94页。

以中国的现代化进程为背景、以人自身的现代化为基本目标模式,旨在造就高度文明的现代中国人"①。日常生活批判的目的是要通过个体自觉地科学、艺术、哲学知识获取和思考活动来激发自我意识,自觉地从事创造性思考与实践,从而突破资本主义所导致的个体异化②。

在这种脉络中,日常生活拥有了异化的两大特征:(1)以个体的自我意识为核心,在理论层面将日常生活放在了权威体系的对立面;(2)预设了现代日常生活中的人是异化的人,必须通过日常生活批判才能够达成自由与解放。然而,这只是异化范式所产生的理论后果,而非社会大众的日常生活的真实状态。换言之,异化范式束缚了当前的日常生活研究。

异化范式对社会研究的束缚作用早已引起了学者们的注意。例如,阿多诺和本雅明的文化理论就存在着冲突,本雅明认为大众文化是一种积极的文化,而不是工业社会的异化的体现。再譬如,列斐伏尔在从事日常生活研究之初是为了避免异化范式对日常生活研究的规制作用:

"我们对人类的研究进行得太深太远,以至于我们被自己的研究带到了迷雾之中。实际上,我们需要做的事情只是睁开眼睛,离开形而上学的漆黑世界和'内在生活'的错误深度,而去发现人类日常生活所包含的巨大人类财富。"③

然而,在具体研究中,列斐伏尔并没有去发掘日常生活的丰富性,而是从总体层面阐释了刻板的日常生活——即在消除了个体间差别的基础上,对"日常生活"进行总体层面的概括。虽然日常生活批判的宗旨是关注人们的日常生活,但是,其实践却越来越脱离其初衷。

作为一种学术范式的异化是具有存在价值的——西方马克思主义的相关理论在今天的社会依然被人们所重视。然而,对相关现象的、无价值倾向的分析也十分重要。我们不仅要关注日常生活中的异化问题,更要关注日常生活的呈现方式、具体状况。我们需要对日常生活进行更客观化的、以观测为基础的探索。这就要求我们塑造一种不同于批判理论的、解释日常生活的理论,甚至一种可以将异化本身解构为一种一般化的社会现象的

---

① 杨威:《中国传统日常生活世界的文化透视》,人民出版社2005年版,第323页。

② 衣俊卿:《日常生活批判刍议》,载《哲学动态》,1989年第4期,第12—15页。

③ Henri Lefebvre. *Critique of Everyday Life V.* 1. Translated by John Moore. London: Verso, 2008. p. 132.

理论。现象学社会学与实证社会学为之提供了新的视角。

四 生活世界与日常生活

基于生活世界理论，现象学社会学对"日常生活"具有独特的理解。该理论认为，世界是一个充满着主体独特经验的世界，每个主体所体验到的世界都是具有独特性的，都是一个鲜活的世界。因此，社会中的主体与主体之间如何能够相互理解就成了一个问题，可以称之为主体间性问题。胡塞尔希望通过探索意向性来探索具有主体间性的生活世界背后的共性——即通过超验现象学的方法探索主体间性何以可能。社会学家舒茨在继承了胡塞尔"生活世界"与"主体间性"概念的基础上，对胡塞尔的现象学进行了一定的改造。舒茨并不认为通过对意向性的探索可以理解主体间性与生活世界，他认为应该对社会中的人际互动进行理解社会学式的考察才能达成，即对日常生活世界进行考察。舒茨在理论层面将"日常生活"在社会科学中的地位提升起来，将其作为社会、行动等社会学范畴的基础和最基本发生场所[1]。"在日常生活中，社会即是我们的处境，即情境，它的过去能够被我们所经历，而现在，我们正在参与其中。他人在其中，我与他人的共同体'来自最后的实在'，这个共同体是由我与他人一起在场的，这个他人就是他我（alter ego）。"[2] 日常生活世界因此是一个主体在场的，交互主体性的世界。在舒茨的理论中，主体对日常生活总是持一种毫不怀疑的自然态度。从日常生活批判视角去看，这是一种实用主义态度[3]，然而，这也是一种科学主义的态度。因此，在现象学社会学这里，"生活世界"不仅是建构性之基础[4]，而且也成了"日常生活"的基础，同时，它们之间具有一定的相通性——生活世界强调主体之生活体

---

[1] 张彤：《从先验的生活世界走向文化的日常生活——许茨与胡塞尔生活世界理论比较研究》，黑龙江大学出版社2011年版，第196—202页。

[2] 孙飞宇：《论舒茨的"主体间性"理论》，载《日常生活的现象学社会学分析》，谢立中主编，社会科学文献出版社2010年版，第179页。

[3] 李霞：《个性化的日常生活如何可能——赫勒日常生活理论研究》，人民出版社2011年版，第189页。

[4] 孙明哲：《生活世界：社会建构的坚实基础》，载《学习与实践》2014年第6期，第92—98页。

验，在这种体验中存在着他者；日常生活则是生活世界在社会中的具体表现，是现实中的生活世界。因而，在现象学社会学中，"日常生活"与"生活世界"这两个概念很多时候可以互换使用。由于"日常生活"与"生活世界"之间的紧密联系，现象学社会学中的"日常生活"具有如下特征：

第一，日常生活是难以预测的、鲜活的、不断变动的。

日常生活以主体的生活世界为中心，而主体的生活世界中存在着广泛的他者，即，某主体的生活世界必然与他者的生活世界关联在一起。在这里，主体间性（intersubjective）变成了交互主体性，主体的世界中必然存在着他者。换言之，主体的生活世界是开放的，存在着能动的外部因素的影响。这样一来，日常生活便永远无法被彻底规范化或彻底控制，总是存在着变动的可能性（被不可控外部因素影响的可能性），总是处于一定的不可预测性之中。

第二，日常生活中，主体无法排除他人的影响，换言之，建构性具有广泛性和常规性。

日常生活由众多主体的认知、思考和决策所构成。在日常生活中，众多主体使用各自的库存知识与经验沉积来认知和判定外部世界，每个主体的生活世界都是一个充满历史偶然的特殊、个别世界。同时，每个主体又是其他主体的"他者"，主体在理解他者、与他者交流沟通的同时改变着自己。因此，在现象学社会学中，日常生活是由众多生活世界存在一定差异的主体们共同参与的世界，它展现为丰富多彩的、异常复杂的景象。在每一个日常生活的个体那里，日常生活都充满着机遇和变数，因为每个个体的日常生活都会不同程度地受到众多他者的影响。这些都属于日常生活中的建构性。由于生活世界具有交互主体性，多元主体共同参与到生活世界的意义生成的过程中，塑造了意义脉络。日常生活中，多元主体间不仅具有丰富的互动，而且，主体复杂的精神世界也是在他者的参与下被塑成并不断改变的。赫伯特·米德所代表的符号互动论也持有类似的观点：自我在他者的影响下生成，主体无法摆脱建构性。如此一来，日常生活中的主体必然无法摆脱来自他者的建构作用。

基于上述两点，我们可以看到一幅不同于批判理论范式的、关于日常生活的图景。尽管学者们围绕现代性与日常生活的关系进行了大量论述，然而，人们往往会在一定程度上同意下面的观点：并不是因为现代性使得日常生活变得特殊，而是现代学者发现并侵入了日常生活——从古到今，日常生活一直就在那里。

在批判理论中，"日常生活"往往指众多个体都经历的生活、常规的生活。对于个体来说，其日常生活往往展现为日常事务，例如吃饭、工作、睡眠等等这样与时间与时程极为相关的事务。这样的生活自然会展现出一定的重复性与节奏性，同时也与政治、集体狂欢等"特殊事务"相对立。然而，在现象学社会学看来，日常生活则是一个无比复杂、难以预测、充满变化的世界。

在批判理论看来，日常生活总反映着一种人类个体被不断异化的倾向。日常生活的核心是非日常性、特殊性[1]。日常生活围绕衣食住行等人类生物性需求而进行，因此具有一定的程序性、节律性，用英文表示便是"routine"[2]。日常生活是相对于节庆等集体运动而言的，类似的事件往往会打破人们的日常生活节奏。艺术鉴赏、政治运动、狂欢庆典等特殊事件可以将人从衣食住行中拉出，让人们忘记每日例行的那些事务。然而，在现象学社会学看来，人的日常生活中本身就包含着大量、不可分割的艺术、宗教、政治等事件，这些事件本身就是日常生活的一部分。

批判理论认为日常生活很容易就会陷入于来自体制与文化的不正当控制，即日常生活中的主体会被非本我的力量影响与塑造。这种建构作用使得主体在一定程度上失去了自主选择的能力，失去了改变生活的愿望，即进入一种异化的状态。并且，批判理论认为这种状态是需要被改变的。而在现象学社会学中，主体间相互影响、控制被当作一种普遍的、无须价值介入的社会现象来看待。

在批判理论中，日常生活成了一种想象中的模式，原本日常生活中的模糊、多元、多变等属性被抹掉之后，剩下的只是想象出来的、非真实的景象。任何关于日常生活的描述都成了理想类型，而无法成为研究工具。正如一位学者所说的：这样的研究针对的并非是日常的日常生活，而是他

---

[1] Ben Highmore. *Everyday Life and Cultural Theory*：*An Introduction*. London：Routledge, 2002. p. 3.

[2] David Chaney. *Cultural Change and Everyday Life*. Houndmills, Basingstoke, Hampshire：Palgrave, 2002. p. 10.

者的日常生活（not everyday 'everyday life', but the everyday life of 'others'）①。

现象学社会学告诉我们，日常生活总是被建构的，异化也是一种建构性的表现。然而，所有的建构性都是负面的吗？我们如何去对复杂的建构作用进行分类？我们如何在现象学社会学的视野下去解析异化现象？只有解决这些问题，我们才能以一种社会科学的态度进入到日常生活研究之中。

五 建构性、异化与日常生活

"建构性"拥有众多理论渊源，哲学、心理学、社会学等学科都独立地产生过相关思想。众多理论源头使得作为一个当代术语的"建构性"既常见又模糊。总体来说，建构性既是主体之能力，也是主体被他者作用所产生的效果。建构性，是人类依赖其思维对外部所产生的效果，同时也是处于其自身所生产出来的世界之中的主体接受他者思维影响后所产生的效果。因而，建构性至少包含两个要素，建构源与受体，即建构性的发出处与效用处。不论建构源还是受体，都与人类思维相关。

建构力量不一定来自于人类个体，还可能源于某种社会机制、文化活动或习俗传统。异化视角所重视的是一种系统化的建构源对受体（即日常生活中的大众）的影响。异化视角尤其重视权威体系在系统化建构源中的作用。为了能通过建构性对异化进行一般化概括，我们可以基于建构源在权威体系中的位置来对日常生活中的建构性进行区分，将之分为两种类型：一种是由上而下的建构作用，另一种是由下而上的建构作用。

由上而下的建构作用指权威体系以系统化的方式对社会成员的精神世界的塑造作用，其具有两方面特点：（1）具有权威性，与精英阶层与统治阶级的活动、意愿密切相关；（2）往往具有强制性，即在受体非本愿的状况下使之接受。法兰克福学派所关注的工业社会与晚期资本主义社会中的文化现象就属于这类建构作用。

---

① Ben Highmore. *Everyday Life and Cultural Theory: An Introduction.* London: Routledge, 2002. p. 14.

由下而上的建构作用指与权威体系无涉的，或零碎的要素对主体精神世界的塑造作用，而这种塑造作用可以对权威体系产生影响。福柯以来，越来越多的学者意识到权力与权威之间的巨大差异，以及日常生活中无处不在的权力现象。日常生活中的人际互动可以生成某种约束力，多数人的思维模式可以对少数人产生约束和压制，这种影响可以转变并稳定为权威体系。这种类型属于由下而上的建构作用。

在上述两种类型的建构性中，我们可以看到哈贝马斯所说的系统与生活世界的对峙关系的影子，但是，二者并不相同。社会中的系统要素与主体之生活世界是交织在一起的。所谓的系统对生活世界的殖民化仅仅是一种理论幻想，因为我们无法将生活世界中的系统要素彻底排除。另一方面，系统或制度，在主体那里是作为非能动的、限制性要素而存在的——它们塑造了主体的选择空间，但并不一定会对主体之精神世界产生决定性影响。主体在其可经验的日常生活中的鲜活的体验才是主体精神世界的主要源泉。同时，系统性要素的产生则源于多元主体的生活世界的相互交织。脱离具体情境，我们无法推断系统与生活世界之间的因果关系或作用关系。

日常生活中是充满着建构性的，在日常生活中，总是存在着他者对主体的影响与塑造作用。同时，将日常生活与建构性关联在一起后，我们可以发现建构的非决定性。即，日常生活中，他者的期待对主体具有建构作用，但在主体的生活中，存在着众多的他者，因而，主体需要在众多的他者的期待中进行抉择。主体，总是会存在于多元的观念之中，总要面临布迪厄意义上的实践的权宜性与策略性，进而，发生于主体那里的建构作用的效果并不是决定的，而必然包含着主体对自己周边信息的辨识、挑选。

批判理论所说的异化也不具有决定性，批判理论家希望社会大众可以借助社会批判来激发自主性，激活自身的反思性，从而去对抗系统化要素的建构作用。而现象学社会学则并不认为这是有必要的。权威体系对社会成员的塑造作用是相对的。从建构性角度看，异化现象存在如下三处与批判理论相异的方面：

第一，建构作用不会导致日常生活的整体沦陷，即异化不可能是绝对的。

第二，异化在日常生活中的可辨识性并没有想象的那么高，只有在忽视了日常生活中自下而上的建构作用的情况下、在忽视了日常生活中丰富且复杂的细节的情况下，我们才能对异化现象做出足够的论断。否则，我们很难说出日常生活中的主体的哪些行为是异化之效果。

第三，异化现象是不可避免的。社会中的权威体系不可能消失，因为权威体系是社会整合的基础之一。进而，权威体系必然要对社会成员产生塑造作用。在理论上，完全摆脱"异化"的人不可能存在。

六　结语

异化是一套研究范式，而且，在这套范式之中，还包含着对待该现象的负面态度。异化范式是一种反对社会中的系统性或权威性要素对社会成员产生的塑造作用的理论体系。在这种理论体系中，内置了对权威体系的不满与批判，并在价值与伦理层面反对相关实践在社会中出现。换言之，"异化"作为一个概念工具，是具有特定价值倾向与立场的，并希望以之对社会现状进行某种干预和改变，是一种具有实践取向的研究范式。

由于异化范式蕴含着特定的价值倾向与立场，人们往往难以看到异化现象所从属的更为普遍的现象——异化现象是社会建构现象的一种类型。换言之，只有在建构性这一新兴领域获得了突破性的成果，我们才可能对异化现象产生更深刻的理解。异化研究应突破异化范式的局限。我们应以更客观的态度去考察社会中的建构现象，考察日常生活中的建构现象，使建构性成为一种社会科学研究的主题和对象。

通过前面分析，我们可以看到，相对于异化概念，"建构性"对日常生活具有更强的分析能力。在这里，我仅使用了"权威体系"作为详析概念，"建构性"就表现出来一定的分析力和兼容性。另一方面，"建构性"视角还可以过滤掉异化概念中的价值预设，使我们以更客观的态度去看待异化现象。换言之，在日常生活研究中，"建构性"可以在很大程度上涵盖"异化"，成为分析日常生活的首要术语和视角。

当代，作为术语的"建构性"广泛存在却内涵模糊，它出现于各个领域之中并在繁多的语境与理论脉络中被使用着。这种状况既说明了该概念的重要性，也限制了其潜力的进一步展现。我们需要对建构性进行深入的研究，明晰其内涵，以便对后现代主义等后学时代的思想进行一次理论统合。

黑格尔的历史观念及其在马克思和克尔凯郭尔那里的变化

陈明宽[*]

摘要：黑格尔的历史观念是基督教末世救赎历史观念的变化形式。黑格尔认为在19世纪的基督教—市民社会，精神完全成了自身，历史目的在这里实现了，历史因而终结了。马克思和黑格尔一样也是要调和本质与实存的关系。马克思继承了黑格尔的历史目的，但他否定了宗教救赎性质的上帝和天意。他把历史目的的实现推向了遥远的未来，而且认为要实现历史目的必须靠人自身。马克思和黑格尔都是在进行宏大的历史叙事，克尔凯郭尔则反对任何宏大的叙事。克尔凯郭尔没有否定上帝，但他把作为本质的上帝拉回到此在之实存中。因而，历史目的在他那里也就没有了意义。

关键词：历史；历史目的；黑格尔；马克思；克尔凯郭尔

作为一位形而上学家的黑格尔，他所承担的工作其实是一位神学家在19世纪所要做的工作。基督教的末世在黑格尔这里变成了世界历史的终结，历史目的在19世纪的基督教—市民社会中实现了自身，救赎历史因而也就是世界历史回归到自身，精神实现了它的最终状态，必然王国与自由王国因而也就合二为一了。黑格尔所说的历史的终结因为包含了一个历史的顶点，在此意义上可以看出他的这种观念是对基督教末世说的改造。

---

[*] 作者简介：陈明宽（1987—），河南南阳人，西北大学哲学学院讲师，主要研究方向：技术哲学、政治哲学。

只不过在基督教的学说里,"基督之前和基督之后的历史的全部意义和唯一意义,是以耶稣基督在历史上的降临为基础的"①,耶稣作为基督来到这个世界上,他向世人显示神迹,但终被那些不信仰他的人所害。耶稣的复活意味着救赎的开始,也意味着救赎历史终结的开始。"从这一神学观点来看,历史的基本特征就是一个从背离向重新和解进步的运动,是为了通过一再重复的反抗和奉献活动在终结时达到开端而走过的惟一的大弯路。"② 黑格尔改造了基督教的历史神学,他把基督教因耶稣降临而达到的历史的顶点转移到了19世纪的市民社会。

黑格尔以哲学的方式处理神学问题,他的整个哲学就是建立在基督教救赎历史的逻各斯(logos)运动之上的精神哲学。他把逻各斯转变为一个形而上学的、在历史中逐渐展开自己的绝对精神,并使历史指向一个绝对的目的。这本身就是一种典型的圣经观念。然而,自启蒙时代以来的历史思维,取消了历史的顶点或者说把历史的顶点移植到遥不可期的未来,从而,把耶稣基督的诞生只视作是众多历史事件中的一个事件,把上帝的救赎理解为人通过自己的努力对自己的救赎;而它又通过结合古希腊人永不止息的连续不断的观念,把这种基督的末世救赎解释成不断地进步。因为历史进步观念的存在,黑格尔的同时代的人们并不认同黑格尔所说的历史的终结。他们把黑格尔的历史目的推向了未来,以启蒙时代的观念反对着已经被黑格尔改造过的救赎历史的观念。

一 历史目的在19世纪的实现

尽管人们常说黑格尔建立了一个无所不包的哲学体系,但黑格尔其实是在进行一种理念史的研究。这种理念同时也指精神。"'精神'在本质上是它自己活动的结果"③。精神无所不包,"'精神'在最初迹象中已经含有'历史'的全体"④,只不过有时精神是自身,另外一些时候还没有

---

① [德] 卡尔·洛维特:《世界历史与救赎历史:历史哲学的神学前提》,李秋零、田薇译,上海人民出版社2005年版,第208页。
② 同上书,第207页。
③ [德] 黑格尔:《历史哲学》,王造时译,上海书店出版社2006年版,第72页。
④ 同上书,第16页。

成为自身。精神要想成为其自身，即成其所是，它必须经历肯定、否定、否定之否定三个阶段。而当它达到第三个阶段时，并不意味着精神运动的终结，而是下一个肯定、否定、否定之否定过程的开始。在黑格尔看来，"精神就是自己支持自己的那种绝对实在的本质"①，这种本质类似于柏拉图的理念，但其存在的方式，两人论述的又很不相同。实存（existence）与本质（essence）之间在柏拉图这里隔着深深的鸿沟，似乎不能够牢固地进行沟通。黑格尔似乎在柏拉图的困难之处继续行进，他想把本质与实存统一起来，达到本质即实存、主体即客体的地步。而这样的地步之能够达到则需依赖于另一种现象——历史。

由于精神无所不包、无处不在，所谓现象也就是精神的现象。而作为一种精神现象的历史当然也就属于精神。"绝对或者精神不仅像一个人穿衣服那样有一个对它来说外在的历史，而且内在地作为一种自我发展的运动，是一种只有通过生成才存在的存在。作为一种以前进的方式自我外化和内化的精神，它自身就是历史的，尽管生成的辩证关系并不是以直线的方式发展到无限，而是以圆圈的方式发展，以致终点就完成了开端。由于精神沿着这条前进的道路最终获得了它的完满的存在和知识或者它的自我意识，精神的历史也就完成了。"②

黑格尔认为自然是沉重、笨拙、尚未成为自身的精神，它之要成为自身必须经历复杂的无数次周而复始的过程。在自然中先产生生命，再产生植物、动物；然后，再产生人这种拥有思维的动物，思维然后具有意识，再有自我意识，最终能进行抽象思维。能够进行抽象思维的人聚集在一起形成民族，宗教和国家，最后当国家里的每个人都成为自由的人，国家就会成为精神的一种返回自身的形态。精神返回自身的最重要表现就是哲学，"对于黑格尔来说，哲学的历史并不是在世界之外或者世界之上所发生的事情，而是'世界历史最内在的东西'。"③

黑格尔认为精神绝对高于自然，虽然自然不是精神中的异者，而是精

---

① ［德］黑格尔：《精神现象学（下）》，贺麟、王玖兴、译，商务印书馆1979年版，第3页。
② ［德］卡尔·洛维特：《从黑格尔到尼采：19世纪思维中的革命性决裂》，李秋零译，生活·读书·新知三联书店2006年版，第40页。
③ 同上书，第39页。

神的一种僵硬化身，但自然必须是精神扬弃掉的东西。自然之必须被扬弃最根本的原因是精神还不是自身，这种不是自身的形态严重地阻碍了精神的自由。但精神无论如何不能摆脱物质的形式，即便在由完全自由的人组成的国家中，国家也具备着物质的形式。而唯有在哲学的纯粹的思维中，精神才有可能完全自由，返回自身。但这也不是说每个时代的哲学都表现了时代的形态，由于哲学是对其时代的精神特征的把握，不同时代的哲学也只是其时代精神特征的反映，所以，若说哲学把握到精神真正的形态的哲学，那也只能有一种，在黑格尔看来，这种哲学就是他的精神现象哲学。

　　黑格尔是在历史中思考的，因为精神或者绝对本身也是在历史中运动的。但精神之所以能够在历史中运动，是因为精神运动是有终点的，否则，黑格尔不会把自己的哲学诉诸历史。"黑格尔的'唯心主义'的历史来源是古希腊—基督教传统，就像整个唯心主义一样，黑格尔的精神哲学也是建立在古希腊—基督教的逻各斯概念之上，他把逻各斯概念移植为一个形而上学的，在历史程序中自己展开的精神。"① 他要调和上帝与世界，内在性与外在性，本质与实存之间的矛盾；因而黑格尔也便不认为经过宗教改革而世俗化的基督教是基督教的堕落，反而认为是上帝进入人间的真正结果。"原始基督教——它的精神和它的自由——的所谓世俗化，决不意味着一种从其原初意义的可耻堕落，而是恰恰相反，它意味着这一起源通过其积极的实现而获得的真正的阐释。"② 黑格尔的上帝就是精神，就是绝对，因而也就是无所不包、无处不在的。这个上帝在19世纪实现自身，完成对人们的救赎，因为19世纪就是基督教意义上的末世，也是黑格尔精神历史的终点。黑格尔的"历史哲学是一种神正论，国家哲学是对地上的属神事物的一种理解，逻辑学是在纯思维的抽象要素中对上帝的一种描述。"③ 国家在黑格尔这里也拥有了神性，这也就是说当国家从卢梭的自然里面走出之后，又尝试在上帝那里找到属神的合法性。属神的国

---

① ［德］卡尔·洛维特：《世界历史与救赎历史：历史哲学的神学前提》，李秋零、田薇译，上海人民出版社2005年版，第77页。

② ［德］卡尔·洛维特：《从黑格尔到尼采：19世纪思维中的革命性决裂》，李秋零译，生活·读书·新知三联书店2006年版，第44页。

③ 同上书，第61页。

家是上帝所建立的尘世的天国，是神与人的和解。"由于国家的本性是'作为当下意志的属神意志'，是一种将自己展开为一个世界的现实组织的精神，另一方面，又由于基督宗教也无非是以精神的绝对真理为自己的内容，所以国家与宗教虽然在教会与国家里面塑造同样的内容时南辕北辙，却能够并且必然在基督教精神的根底上相聚在一起。"① 黑格尔是如此自信，以至于能够确定，国家与宗教虽然彼此冲突，但在根本上都是由共同的精神支撑的，原因在于历史已经来到了自己的终点，世界在此成了虽然有不同样式的存在者、但它们能够和谐共处的同一体。

黑格尔的历史不是能够摆脱精神的时间中一段一段的现在，黑格尔的历史必须意味着精神变化的形态：在精神那时的历史中，精神必然是那样的一种形态，过去的历史因而既不可重来，也不可设想，而未来对于黑格尔来说是不存在的。但这并不是说不会有未来，未来有的是时间，而未必是历史。"黑格尔的哲学的目的在于理解历史的事实。人们能从中得出，等同于概念的时间是历史的时间"。② 不过，"事实上，'概念'的历史在黑格尔这里结束了，因为他把'向这里来并从这里出发'的整个历史都以回忆的方式理解为各个时代的完成。至于没有原则、从而也没有时代之分的经验的历史无始无终地继续发展，与这并不矛盾。"③ "经验的事件发生无止境地继续进行，这对黑格尔来说是不言而喻的。"④ 精神在 19 世纪的宗教、艺术、哲学中实现了自身，"精神不是别的，就是完成的历史整体，也仅仅是完成的历史整体。"⑤ 因而，历史在这里终结了。

无论黑格尔是否应该被称为是基督教的神学家，一经涉足基督教—市民社会即是历史的终点，他给人的印象都是一个基督教的传教士在宣扬末世已经来到，审判已经开始，他就像是一个神学家了。也无论黑格尔说精

---

① ［德］卡尔·洛维特：《从黑格尔到尼采：19 世纪思维中的革命性决裂》，李秋零译，生活·读书·新知三联书店 2006 年版，第 62 页。
② ［法］亚历山大·科耶夫：《黑格尔导读》，姜志辉译，译林出版社 2005 年版，第 434 页。
③ ［德］卡尔·洛维特：《从黑格尔到尼采：19 世纪思维中的革命性决裂》，李秋零译，生活·读书·新知三联书店 2006 年版，第 45 页。
④ 同上书，第 172 页。
⑤ ［法］亚历山大·科耶夫：《黑格尔导读》，姜志辉译，译林出版社 2005 年版，第 434 页。

神实现自身、返回自身,是如何一个从必然王国进入自由王国的神话,他拾起的问题都处在卢梭把人从自然中完全解放出来之后,如何在历史中实现人的自由这一背景之下。黑格尔巧妙地用神学思想在历史中使人实现了自己的自由:精神构成世界对应于上帝道成肉身,自然是笨拙、沉重的当然意味着人从自然中解放出来之后,自然不足为意,也无甚意义了;人的根本自然权利既然是自由,精神返回自身当然也就进入自由王国了。黑格尔的救赎史把天国与尘世调和在一块,并认为19世纪就是历史的终结。这因而就是说19世纪已经实现了自由。黑格尔是乐观的人,但他的追随者们有的却根本不认为已经在历史中实现了人的自由,如马克思。

二 历史目的的实现被无限地推后

马克思的中心思想也是人如何才能获得自由。"因为黑格尔的原则,即理性和现实的统一和自身作为本质和实存的统一的现实,也是马克思的原则。"[①] 他是黑格尔的学生,但与黑格尔不同的是:黑格尔积极地看待19世纪,认为它是精神的顶峰,几乎是建立在尘世的天国;而马克思则消极地看19世纪,他把19世纪看成是黎明前的黑暗,是人最不自由的时期,几乎是人间地狱了。马克思和黑格尔的历史哲学都有救赎历史的神学前提[②],但从自然中解放出来的人究竟在何时被救赎、何时获得自由的问题上,他们出现了极大的分歧。

黑格尔为自己规定了时代的任务,那就是调和作为精神、绝对、上帝的本质与作为不同存在者的实存之间的矛盾。他之所以要这么做是因为,他意识到自己的时代正处于基督教意义上的末世,也即历史的终结处。他

[①] [德]卡尔·洛维特:《从黑格尔到尼采:19世纪思维中的革命性决裂》,李秋零译,生活·读书·新知三联书店2006年版,第125页。

[②] 黑格尔历史哲学的神学前提很明显地表现在他的调和式的哲学神学中,而对于马克思历史哲学的神学前提,洛维特论述到,"只有在马克思的'意识形态的'意识中,全部历史才是阶级斗争的历史。在这种观念背后的现实的推动力是显而易见的弥赛亚主义,它不自觉地植根于马克思自己的存在中,植根于他的种族中。"(《世界历史与救赎历史:历史哲学的神学前提》,第10页。)关于这方面的详细论述,可参见洛维特的著作《世界历史与救赎历史》第二章:马克思。也可参见《马克思与基督教关联的双重面相——从洛维特审理近代启蒙历史观的神学前提谈起》一文。

在《法哲学原理》的序言里面说了一句很著名的话:"凡是合乎理性的东西都是现实的;凡是现实的东西都是合乎理性的。"① 这是一句极易引起纠纷的一句话,如果偏重前一句,"凡是合乎理性的东西都是现实的",那对于现实的有些东西,人们可以不把它们理解为合理的;既然不是合理的,也就可以被毁灭剔除掉。而如果偏重于后一句,"凡是现实的东西都是合乎理性的。"那么,现实的任何东西都是不能够被改变的。而黑格尔说这句话的时候,是他认识到自己所处的时代是历史的终结处,在历史的此处存在的东西,既是现实的,又是合理的。以历史的终结来调和合理的与现实的,本质与实存,因而说现实是本质与实存的统一。青年黑格尔派与老年黑格尔的争论主要围绕这一点,老年黑格尔同意黑格尔的看法:现实已经是历史的终结,因而,凡是现实的都是合理的。青年黑格尔派认为黑格尔所说的历史尚未终结,精神还必须再经历几个世纪或者不知道多长时间的运动才能够返回自身,因而只有合理的才能是现实的。黑格尔之后的青年黑格尔派,如马克思,也认为历史尚未终结,他把黑格尔设定的精神返回自身的历史目的推后了不知几个世纪,他说只有实现共产主义,历史的目的才算是实现。

"马克思在他的《黑格尔法哲学批判》中,并不否定黑格尔的原则,而是仅仅否定由他自己所断言的理性与现实以及普遍本质与个别实存的统一的具体落实。"② 马克思认为 19 世纪现实的东西并非就一定是合理的,而本质与实存也并非像黑格尔所言在市民社会与基督教众实现了统一。而倒是人类完全处于异化之中。这种异化之所以能够发生是因为人信仰了一种世俗的宗教,即商品拜物教。人们通过劳动生产出产品的目的是为了使用,但在商品交换的过程中,商品通过交换与自己的使用价值脱离,于是,它被制造出了一种交换价值。在资本世界中,普遍存在的商品交换,使劳动与商品的使用完全分开,人们不再能够直接使用产品,反而受到商品的完全控制。而"由于商品即任何种类具有商品形式的对象的生产者首先是通过把自己的商品作为商品交换才实际上相互交往的,所以对于生

---

① [德]黑格尔:《法哲学原理:或自然法和国家学纲要》,范扬、张企泰译,商务印书馆 1961 年版,第 11 页。
② [德]卡尔·洛维特:《从黑格尔到尼采:19 世纪思维中的革命性决裂》,李秋零译,生活·读书·新知三联书店 2006 年版,第 195 页。

产者来说，作为商品基础的关系表现为人的劳动关系，相反对他们来说，这种社会关系自己表现得如同他们自己作为商品生产者之间的纯粹'实际的'关系，而另一方面，实际的商品关系又获得了在一个有自身规律的商品市场上自动的商品体之间的类人关系的性质。人们最初对这种颠倒没有意识，因为就连人们的自我意识也在同样的规模上被物化了。"①

要拯救人类于异化之中，必须是人返回人的类本质，而人的类本质就是人是劳动着实践的人。什么样的人能够拯救异化的人？"在马克思看来，这种新人的种子就是资本主义社会的最不幸的造物，即无产者。无产者与自身的异化已经达到了极端，因为他必须把自己出卖给资本占有者以换取工资。马克思远远没有对无产阶级的个别命运寄予过分人道的同情，而是把无产阶级看作是通过一场世界革命实现全部历史的末世论目标的世界历史工具。无产阶级之所以是历史唯物主义的特选子民，恰恰是因为它被排除在占统治地位的社会的特权之外。"② "而且由于无产阶级在其自己的生活关系中也概括了其余的社会领域'在其非人性的极端'的生活关系，所以它是必然与自己同时解放的整个现存社会的问题的钥匙。"③ 无产阶级最终能够最先认识到资本主义异化的本质而起来反抗其统治，最终在未来的某个历史时刻实现人类的共产主义社会。

马克思一定不认为共产主义是一个乌托邦，因为他相信共产主义会在未来的某个历史时刻得到实现。"在此，所有的冲突都得到克服，所有的不义得以战胜，人道与自然、个人与社会、自我与类之间彻底和解，自由与必然、存在与本质、现实和理想之间完全统一"。④ 马克思虽然赞同黑格尔的历史会有一个目的观点，但他肯定不赞同黑格尔所说的基督教—市民社会，即是历史目的实现因而是历史的终结的看法。历史有终点，但恰恰不是在基督教—市民社会这里。共产主义不是乌托邦，它会在历史的未

---

① [德] 卡尔·洛维特：《从黑格尔到尼采：19世纪思维中的革命性决裂》，李秋零译，生活·读书·新知三联书店2006年版，第211页。

② [德] 卡尔·洛维特：《世界历史与救赎历史：历史哲学的神学前提》，李秋零、田薇译，上海人民出版社2005年版，第63页。

③ [德] 卡尔·洛维特：《从黑格尔到尼采：19世纪思维中的革命性决裂》，李秋零译，生活·读书·新知三联书店2006年版，第424页。

④ 田薇：《马克思与基督教关联的双重面相——从洛维特审理近代启蒙历史观的神学前提谈起》，载《学术月刊》，2009年第6期，第41页。

来某个时代成为现实。"世界曾由于黑格尔而变成哲学的,变成一个精神的王国,而如今,哲学则由于马克思而变成世俗的,变为政治经济学,变为马克思主义。"① 如果,"一切历史哲学都毫无例外地依赖于神学,即依赖于把历史看作救赎历史的神学解释"②,那么,黑格尔试图调和历史的本质与实存的关系,执意把基督教的世俗化看作是绝对精神返回自身的终点,我们就可以说,虽然黑格尔不断讨论精神的自由,他仍然是一个相信天意(providence)的人,即相信历史的目的是超越人的意志之外的。而马克思则不然,马克思不仅否认天意,而且否认倡导人能被救赎的天意的基督教的真实性。19世纪的救赎史被马克思全部否定,他把救赎的历史推迟了不知多少个世纪。因而,人类要实现完全的自由也不知道要等待多少个世纪。只不过,在黑格尔那里自由的实现是上帝对人类的救赎,而在马克思这里自由的实现则是人类对人类自身的救赎。

三 反对宏大的历史目的

黑格尔所建立的历史终点,虽说是在历史中极力要实现人的自由,但在克尔凯郭尔看来,这恰不能实现人的自由。不过,按克尔凯郭尔的表述,恰恰是黑格尔的宏大历史目的论,阻隔了人与上帝的接触,致使人根本得不到上帝的救赎。"虽然克尔凯郭尔和他同时代的许多人一样,受到黑格尔的很大影响,但是,他的气质以及对生命的敏感使他无法接受黑格尔风格的哲学。"③ 克尔凯郭尔与马克思一样否定黑格尔的宏大叙事,但他并不是如马克思一样改造了黑格尔的宏大叙事,而是根本否定任何一种宏大叙事。

克尔凯郭尔相信黑格尔赞同"凡是合乎理性的东西都是现实的"说法。但他也相信黑格尔"凡是合乎理性的东西都是现实的"历史进程并没有终结,而是正在进行中。在这个行进过程中,凡是现实但却不够合理的东西都会被浩浩荡荡的历史过程毫无情面地碾为齑粉,包括那些生而不

---

① [德]卡尔·洛维特:《世界历史与救赎历史:历史哲学的神学前提》,李秋零、田薇译,上海人民出版社2005年版,第61页。
② 同上书,第30页。
③ 张汝伦:《现代西方哲学十五讲》,北京大学出版社2003年版,第47页。

合时的人在内。克尔凯郭尔认为黑格尔赞成为了实现普遍的历史目的而进行的清除阻碍历史进程的守旧派、顽固派的斗争，在这样一场斗争中，死多少人是无足为意的，只要这样的斗争有助于历史的前进。但是"单独的、个体性的东西比普遍性更高；它在普遍性的东西之前得到辩护，但不是作为低于后者，而是作为高于后者的东西得到辩护"①。普遍的历史目的没有意义，个体才具有真实性。因此，克尔凯郭尔背叛了黑格尔，他极力强调人的个体性。

不过，"当克尔凯郭尔把自己理解为一个'反对时代的校正者'的时候，他是在历史地理解自己，并且根据时代的特征来确定自己的任务。"②因而，他也就错误地理解了黑格尔。虽然黑格尔的历史哲学敉平了一切本该有差别的实存，而只注重一个宏大的无所不包的历史目的；虽然黑格尔认为历史哲学的目的是"自由意识的进步"，而这种自由意识好像与人一点儿关系都没有。但实际上，黑格尔的历史终结已经到来，历史目的已经实现，精神已经返回自身。克尔凯郭尔之所以会对黑格尔有不同于黑格尔对自身的看法，原因在于克尔凯郭尔眼中的黑格尔已经成了一个青年黑格尔派，因为青年黑格尔派像马克思一样不相信历史已经终结，而相信历史的终结尚未来到，历史的目的尚未实现。

密涅瓦的猫头鹰只会在黄昏时分起飞。"在历史完成（Vollendet）的时候，也就是在人实现一切的时候，历史最终停止了"③。由于黑格尔相信历史已经终结了，他在这个历史终结之处所能够做的只是以回忆的方式对过去的历史进行记载。并非黑格尔宣扬一种为实现历史的某个目的而进行一场惨无人道的革命的观点。那些该发生的已经发生了，而这些发生的也完全是合理的，所以，他才能够在历史的终结处说："凡是合乎理性的东西都是现实的；凡是现实的东西都是合乎理性的。"克尔凯郭尔所理解的青年黑格尔相信历史尚未终结，由于历史尚未终结，精神便仍处在返回

---

① [丹] 克尔凯郭尔：《恐惧与颤栗》，刘继译、陈伟正校，贵州人民出版社1994年版，第32页。

② [德] 卡尔·洛维特：《从黑格尔到尼采：19世纪思维中的革命性决裂》，李秋零译，生活·读书·新知三联书店2006年版，第147页。

③ [法] 亚历山大·科耶夫：《黑格尔导读》，姜志辉译，译林出版社2005年版，第463页。

自身的途中，尚未回到自身。"在青年黑格尔学派这里，黑格尔向后看的、回忆的历史主义就转变成为一种历史的未来主义；他们不仅要作历史的结果，而且还要自己开创时代，就此而言是'历史的'。"① 因而，处于这个时代的人便有了时代的任务，以促成历史目的的实现。黑格尔的精神概念的永恒性被转化为青年黑格尔派仅仅批判现存事物、为未来做准备的时代性。永恒精神也就成了时代精神。时代精神为自身默认了历史目标，为这历史目的不断批判当下事物。时代精神着眼于未来，关注了所有该关注的事物，而恰恰忘了关注当下活生生的人。

由于"时代精神是某种高于它自己的东西，尽管时代精神不可能高于时代，在时代之上时代精神就像是一朵漂浮在沼泽上的云雾"②，它使人们忽略了自己真正的生存，使人们触摸不到活生生的存在。而在克尔凯郭尔看来，只有孤独地直面上帝才是真正的实存。他虽然不否定人的社会性，但"群众性的联合削弱单个的人。只有作为单个的自我，人现在才实现了普遍人性的东西"③。克尔凯郭尔并不否认黑格尔派的历史概念，他否认的只是黑格尔派对个人的忽略。如果要从黑格尔派的绝对理性和时代精神返回到孤独的个人直面上帝的活生生的此在，所要走的第一步就是对绝对理性、时代精神、历史目的这些宏大而骇人的形象予以讽刺和嘲弄，把它们从高高的神坛上拉下来，看看它们华丽盛装下隐藏着多么干瘪而衰朽的身体。真正做到对黑格尔派这些巨大理念的讥讽，人才能感受到自己在这荒凉的大地上赤裸而孤单，这渺小的生命像一只蚂蚁似的漫无目的游荡。克尔凯郭尔把黑格尔派的绝对精神和由于被稀释而无处不在的上帝给否定了，因而也就是把黑格尔派的历史目的给否定了。但克尔凯郭尔并没有否定上帝，他只是认为黑格尔派所谓基督教的世俗化是真正地对人类的救赎，实则是对上帝的亵渎。孤独的个人在尘世一无所有，而只有敢于直面上帝才能获得救赎。黑格尔的上帝是永恒，克尔凯郭尔的上帝也是永恒，都是对人类进行救赎以使他们获得本应具有的自由的永恒的上帝，只是永恒的上帝的实存方式不一样了。"黑格尔的命题，即上帝仅仅存在

---

① [德] 卡尔·洛维特：《从黑格尔到尼采：19 世纪思维中的革命性决裂》，李秋零译，生活·读书·新知三联书店 2006 年版，第 293 页。
② 同上书，第 146 页。
③ 同上书，第 337 页。

于思维中，……在克尔凯郭尔那里转化为实存性的命题，即上帝仅仅存在于主观性中，为了各自独特的'上帝关系'的主观性而存在。从这一存在神学的基本概念出发，克尔凯郭尔解构了历史的基督教的客观性。"① 上帝不再是无所不包、无所不在地充满着时间和空间；克尔凯郭尔的上帝只有靠孤单的个人去寻找，上帝被拉回到了此在之实存之中。克尔凯郭尔认为黑格尔调和上帝与世人、天国与尘世的做法，完全是在玷污神性。永恒的上帝不是谁想见就可以见的，仅仅靠外在的仪式是无法保证见到上帝的。一个人只有怀着虔诚的心灵去追寻上帝，他才能够找寻到上帝。但是，上帝的存在被克尔凯郭尔由外在的客观性拉回到内在的主观性，上帝是否存在的问题将进而成为一个值得追问的问题。

克尔凯郭尔本身就是充满恐惧与战栗情绪的孤独的人。他的孤独的个人形象和哲学里面孤零零孑立天地间的个人形象，至少是有真实情绪和思想的个人。这个个人现在还没勇气完全脱离上帝，因为孤独的个体尚未强大，他还需要从上帝那里寻找依靠。所以，克尔凯郭尔说，要么直面上帝，要么直面绝望。他其实已经为不信上帝的人找到了退路，那就是绝望。因为，绝望到极点倒很有可能生出一种无事不可为的勇气。尼采明确指出要成为超人，而成为超人前的人就是克尔凯郭尔绝望的人。无论如何，无依无靠与无法无天只有一念之差，而这一念之差取决于上帝是否还活着。克尔凯郭尔已经否定了宏大的历史目的，他只要再勇敢一点，就会发现，没了历史目的的历史实则是虚无的。

四 总结

黑格尔说，世界历史"是'精神'的发展和实现的过程——这是真正的辩神论，真正在历史上证实了上帝。只有这一种认识才能够使'精神'和'世界历史'同时相调和——以往发生的种种和现在每天发生的种种，不但不是'没有上帝'，却根本是'上帝自己的作品'。"② 黑格尔

---

① [德]卡尔·洛维特：《从黑格尔到尼采：19世纪思维中的革命性决裂》，李秋零译，生活·读书·新知三联书店2006年版，第483—484页。
② [德]黑格尔：《历史哲学》，王造时译，上海书店出版社2006年版，第16页。

是调和派的形而上学家，他调和着神学和哲学。在历史终结之处，精神完全地实现了自身，他的哲学就是绝对精神的体现，他解决了终极的历史意义的问题。因而，黑格尔"是最后一位历史哲学家，因为他在根本上是最后一位其宏伟的历史感还被基督教传统规定和限制的哲学家。"① 然而，正是"马克思完成了对形而上学的颠倒"②。马克思否定了基督教的神学传统，他认为所有的宗教都是精神鸦片。这样，作为调和派的黑格尔的带有神学基调的历史目的在马克思这里就是不成立的。由于仍然存在一个历史终极意义的问题，马克思就把这种终极意义从天国拉回到尘世，并且同时，把历史目的推向未来。克尔凯郭尔则没有与马克思的直接冲突，但由于他反对所有类似于黑格尔哲学的宏大叙事，在事实上，他也反对着马克思的宏大叙事。克尔凯郭尔不认为真理具有普遍客观性，反而认为真理即主观性。一个人只要鼓足勇气以虔敬之心去直面上帝，就能够获得救赎。克尔凯郭尔通过树立起一个坚强的此在来对抗宏大的历史目的，历史的终极意义因而也就被归到在此自身，实际上，就等于否定掉了自黑格尔以来的历史目的。克尔凯郭尔的所作所为正是为存在主义和历史虚无主义张目。

---

① ［德］卡尔·洛维特：《世界历史与救赎历史：历史哲学的神学前提》，李秋零、田薇译，上海人民出版社 2005 年版，第 84 页。

② ［德］海德格尔：《面向思的事情》，陈小文、孙周兴译，商务印书馆 1998 年版，第 70 页。

当代中国居士佛教的使命与挑战

李利安*

摘要：随着居士在政治、经济、文化领域地位的不断提高，居士佛教逐渐引起学术界的关注。在中国佛教面临现代转型的历史关头，全球化的冲击也不期而至，传统佛教的僧俗关系也遭遇诸多新的问题。一方面，居士佛教的历史使命更加重要；另一方面，居士佛教存在的问题也非常严峻。本文分析了当代大陆佛教的处境，对当代中国大陆居士佛教的使命和所面临的挑战进行了全面的阐释，并提出相关建议。

关键词：中国大陆；居士佛教；使命；挑战

所谓居士佛教，并非在佛教这个完整统一的宗教文化体系之外另有一个特别的佛教体系，而是指由居士的信仰选择、修行方式、修行体验、实践运用及其在佛教传播与佛教文化建设方面的建树与社会影响等所呈现出来的佛教文化现象。这是从信仰者的角度对佛教文化现象的一种分类，是为了考察佛教文化的不同类型及其相互关系、研究和理解佛教发展历程的方便。与此同时，我们也可以从其他角度对佛教进行分类，从而有了大小乘之分，显密教之别，以及从语言与信仰特征划分的巴利语系佛教、藏语系佛教和汉语系佛教，从地域分布所划分的中国佛教、日本佛教、欧美佛教，还有从寺院分布所划分的都市佛教和山林佛教，从传统与现代角度划

---

* 作者简介：李利安（1961—），陕西西安人，西北大学佛教研究所所长，玄奘研究院院长，教授，博士生导师，兼任中国宗教学会理事、中国统战理论研究会理事、中国社会科学院佛教研究中心特邀研究员、教育部中华诵经典读诵活动顾问、陕西省宗教工作专家、陕西省统战理论智库专家，主要研究方向：佛教历史与思想、南亚与中国的宗教文化交往、宗教学基本理论。

分的传统佛教与人间佛教,以及从信仰者的社会身份所划分的王室佛教、士大夫佛教、民众佛教、精英佛教等不同的类型。随着居士在政治、经济、文化领域地位的不断提高,居士的社会影响力也日益增强,对居士的佛教信仰也值得学术界认真研究。

与居士佛教相对应的是僧尼佛教,二者形成佛教的两种不同存在形态,并由此形成绵延古今的僧俗关系。在僧俗关系中,僧人住持寺院,续佛慧命,荷担如来家业,是佛教的主持者,是具有神圣意义的宗教角色。居士立足于社会各个领域,皈依三宝,在三宝的加持下,通过各种不同方式修行佛法,护持佛教。这是佛教的传统,也是今天佛教存在形态的主体形态。这一基本架构在今天这个时代出现了新的发展,尤其是在当代中国大陆,居士佛教的历史使命更加重要,而居士佛教存在的问题非常严峻,所面临的挑战也日益明显。

一 当代中国大陆佛教的处境

佛教在古代社会曾经长期处于主流文化的地位。在那个时候,不懂佛教就不懂当时的文化潮流,就不理解人们的思维方式和生活习俗,就可能被视为一个没有文化的人。今天,这种情况已经完全消失了,今天的人懂不懂佛教似乎已经不是衡量其文化程度的标志了。佛教已经被排挤出文化的主阵地之外。具体来说,佛教文化在当代中国大陆的处境主要表现在如下几个方面:

第一,在全球化时代,西方思想的普世性更强,也已成为全球的主流文化,对世界各地均产生强劲的影响,其传播速度之快远远超过中国传统文化的复兴。文化一元化倾向在启蒙运动与工业革命之后已露端倪,冷战结束之后,西方文化对世界其他文化的强势挤压更加明显,包括中华文化在内的其他文化处于疲于应战的处境。

第二,中国是一个共产党执政的社会主义国家,马克思主义居于主流意识形态的地位。由于底层社会对马克思主义理解的不到位,甚至存在很多偏狭性认识,尤其是对马克思主义无神论和马克思主义宗教观还存在很多误解,由此形成一些盲目的无神论和对宗教的偏见,这种惯性思维挤压着佛教的社会生存空间。很多人认为佛教就是消极遁世的,是愚昧落后的，甚至属于一种封建迷信。这种负面的佛教观在社会上的广泛流行对佛教文化的传播形成严重障碍。

第三，改革开放以来一切以经济建设为核心，政府业绩以 GDP 为衡量标准，民间的一切向钱看社会心态等，这些尽管促进了经济的发展，给国家复兴奠定了物质的基础，但也带来很严重的负面影响。由于忽视道德教育和信仰建设，精神空虚、人文弱化，由此形成普遍的疏离宗教信仰的社会风气，不利于心灵的净化和文化的复兴。这是发展中国家必然遇到的一种文化境遇，但在中国，因为改革开放以来长期过分强调经济发展，忽视文化重塑，这种情况变得极其严重。当然，这已经引起国家的高度重视，尤其是十八大以来国家正在努力改变这种状况。

第四，中国传统文化本身的断层还在艰难的接续之中。五四运动的批判，新中国成立后的打压，"文革"的摧残，造成"百年低谷"，"十年中断"，传统文化的传承发展至今尚未接续成功。佛教文化在近代的艰难复兴中断之后，由于儒家的残破与道家的衰落，以及民间信仰的凋敝而失去文化生存与发展的肥沃土壤，三家并立依存、互补呼应、彼此竞争、相互激发的良性格局基本消失。

第五，佛教作为一种传统文化，与其他所有中国传统文化一样，由近代肇端的现代转型依然面临艰巨的任务，古今接轨的全面性和恰当性至今没有完成。这种转型的基本趋向是，在保持佛教本色的前提下，与国际潮流接轨、与现代生活接轨，与永不衰减的精神超越的诉求接轨；在文化繁荣、科学昌盛、经济发达、政治不断清明的时代，不断调整自己，从而继续发挥其启迪智慧、净化人生、超越现实的价值，由此开启中国佛教的第三个历史时代。可惜的是，中国佛教第三期的历史进程依然处于艰难的开启阶段，传统与现代的关系在很长一段时间内将依然是决定佛教当代命运与未来走向的主要矛盾。

第六，中国自古以来的文化多元并举格局至今更加强烈，佛教文化不可能独占文化舞台，其文化辐射面和影响力再也不可能像古代那样几乎是无孔不入了，今天的法师们已经无法安享文化人的当然优待而高枕无忧了。在宗教大家庭之中，获得快速发展的基督教在中国持续风靡。伊斯兰教借助经济起飞之后所提供的物质力量以及改革开放以来与中东伊斯兰国家的密切交往，进一步在中国社会的各个领域彰显起神圣的影响力。与此同时，潜力十足的新兴宗教也瞄准极其广阔的中国信仰市场，并已经开始了勇敢地突破，其强劲竞争之力也将对佛教形成巨大的挤压。

第七，目前我国的宗教工作法治化水平还在努力提高之中，对党的宗教工作基本方针的理解和认真贯彻还是政教各界所面临的共同任务，保障宗教界合法权益的工作存在很大的提升空间。在发挥宗教界人士和信教群众在经济社会发展中的积极作用过程中，出现很多盲目开发的急功近利现象，在宗教文化领域也出现很多庸俗化现象，这些教内外因素都继续腐蚀污染着佛教的机体。保持独立品格、批判精神和超越情怀，成为当代中国佛教超越自我的必由之路。

二 当代中国大陆居士佛教的使命

冷战结束后，在去意识形态化背景下，民族文化的复兴势不可挡。而佛教经过两千多年的传播与演变，已经彻底实现了中国化，成为中华传统文化的有机组成部分，也成为这个时代中华民族文化的核心象征之一，并将获得自近代以来难能可贵的发展机遇。

冷战的结束与全球化趋势的更加迅猛是同步的。迎接全球化的挑战，首先就是要应对文化的一元化，保持人类文化的多元性，这已经成为当今世界的主流观念。在这个方面，作为世界三大宗教之一、具有两千五百年历史的佛教，负有不可推卸的责任。而佛教也具有这方面的优势：具有跨地域跨民族文明交往的成功经验，具有三教会通的历史结晶，具有在当代开展对话的积极姿态，具有与其他文化圆融会通的巨大潜力，必将成为人类文明交往的主角之一。与此同时，后现代思潮的流行，在重新反思理性、反思科学、反思现代生活秩序的过程中，包括佛教文化在内的东方文化的价值将日益彰显，佛教的智慧与后现代思潮可以形成共鸣，从而使佛教在国际文化潮流方面获得难得的发展机遇。

从国内的情况来看，当代中国普遍存在的信仰缺失、道德滑坡、人文不彰的社会现状形成对文化复兴的强烈呼唤，佛教文化以其特有的文化软实力而获得民族文化重塑的绝佳机遇。另外，在中国特色的社会主义不断发展的背景下，执政党文化基础的扩展要求急遽增长，传统文化成为中国共产党的重要文化基础，于是佛教文化在政策层面可能会获得越来越宽松的发展环境。

可见，佛教的发展已经到了一个关键的时代。如何抓住这个历史的机遇，这对居士来讲，责任更加重大。

首先，居士在推动佛教思想传播、佛教文化的现代化转型、提升中国民众人文素质方面肩负着不可推卸的使命。从中国大陆当代所处的发展背景来看，正值中华民族全面复兴的伟大历史时代，这个时代已经到了从经济腾飞到政治民主化的过渡时期，而二者之间应该有一个文化复兴的阶段。文化复兴不是报纸杂志有多少，也不是文章发表了多少，博物馆文化馆等文化设施建设了多少（当然这些很重要），真正的文化复兴是全民人文素质的真正提升。尽管与公民意识养成的关系还不是非常直接，但佛教作为中国传统文化在当代的强劲存在，在中国人的人文素质提升过程中也居于当仁不让的位置。借助佛教推动中国民众人文素质的提升，既离不开寺院的努力，更离不开散布在各行各业的居士。特别是近年来，社会上层的居士越来越多，居士的文化品位不断提升，他们可以在佛教文化的现代化阐释、佛教文化的提升、佛教文化的推广、佛教文化的实践等方面发挥比寺院更加广阔、更加直接、更加灵活、更加持久的作用。

其次，居士在树立和彰显佛教正面形象、不断拓展佛教社会生存空间方面负有重大的使命。居士的社会角色多种多样，并分布在各种不同行业，所以，从某种程度上讲他们比寺院有更多的机会和更方便的途径来不断扩展佛教的社会生存空间。而佛教社会生存空间在今天的中国大陆依然面临严峻的问题，政策的限制、民众的误解、外教的竞争、佛教界素质的有待提高，这些问题使得佛教在社会中树立更好的形象依然存在严重问题。突破这些阻碍，实现佛教界公众形象的不断优化，推动佛教在社会各个领域的传播，这是中国大陆居士佛教的时代使命。

第三，居士在提供佛教经济支撑、不断强化佛教物质基础方面肩负不可推卸的使命。佛教在当代的发展既离不开文化的普及与提升，离不开社会生存空间的不断拓展与优化，更离不开经济的支撑。中国大陆自从改革开放以来，经济迅速腾飞，物质财富不断积累，这就为文化发展提供了雄厚的物质基础。近年来，大陆的佛教文化资源开发获得前所未有的发展，这尽管也带来许多问题，但同时也使得佛教在经济和社会等方面获得空前的发展机遇。经过二三十年的发展，中国大陆的寺院恢复与扩建等历史任务已告一段落，今天的中国大陆佛教从总体上看已具备了文化起飞的现实物质基础。这既是国家发展的结果，也是各界居士，尤其是那些企业家居士支持的结果，没有这些大企业家的发心，大陆佛教的腾飞是不可能的。而在未来的发展过程中，佛教依然需要持续不断的经济支撑，居士在这方面的作用将是持久的，这也是居士必须肩负的使命。

第四，居士在提供佛教文化与佛教信仰需求、不断扩展佛教文化与佛教信仰市场，从而激发佛教的理论完善、信仰提升、弘法进展、道场建设、僧才培养乃至转型发展等方面肩负使命。中国佛教的发展，其力量的源泉在很大程度上来自于信仰佛教的民众。正是民众对佛教的强烈需求，引导着佛教的发展方向，提供了佛教的发展动力。历史上，中国佛教一方面靠精英阶层的理论阐释与创新等努力，才使得佛教在中国得到接纳与吸收，并不断发生中国化的转型；但另一方面，我们也应该看到，佛教的真正扎根不仅仅是佛教的中国化，更加重要的是佛教的民众化。学术界过去比较重视佛教的中国化，中国化的确是佛教在中国获得发展的重要基础，例如三论宗和唯识宗在中国化方面很弱，所以没有获得长久而广泛的传播。相反禅宗的中国化做得非常到位，所以在中国获得极为广泛的传播。但是我们还应该看到，禅宗在中国之所以获得广泛深入的影响，不仅仅是因为它的中国化，更重要的可能还是因为它的民众化。例如，天台宗和华严宗，在理论的中国化方面甚至比禅宗更加明显，也更加具有完整性和理论性，而禅宗的中国化比这两个宗派可能更加隐蔽，更加模糊，更加谨慎。可是天台和华严这两个实现了中国化的宗派并没有获得很好的传播，至少远不能和禅宗相比，与三论和唯识两宗相比，也好不了太多。相反的，中国化程度很小的净土宗和观音救难信仰，却因为实现了民众化而获得极其广泛而深入的传播和影响。可见，与中国化相比，民众化可能在外来文化扎根中国的过程中具有更加重要的作用，而民众化的实现主要取决于居士的需求以及应对居士需求的努力。当代中国社会正在迅速的变化之中，文化的转型，经济的腾飞，政治的不断民主化，西方文化的强劲输入和影响，各种宗教的竞争日益激烈，社会对佛教的需求也正在发生前所未有的变化。佛教不但在信仰回归、道德重塑、灵魂安顿、精神抚慰、终极解脱等方面有发挥作用的空间，而且在中华文化的承载与复兴方面、在与其他文化的对话和会通方面、在公民文化素质的提升方面、在推动文化产业和文化休闲发展方面、在思维训练和哲学思想的开拓方面、在慈善公益和社会服务的扩展方面、在社会组织和生命关怀方面，或许越来越具有更加广阔的社会需求。而这些主要由居士带动起来的社会需求正是佛教在当代社会的进一步发展的强劲动力。

三 当代中国大陆居士佛教所面临的挑战

当代中国大陆的居士佛教依然存在很多局限，很难充分应对佛教发展的需求。如何智慧而勇敢地突破这些不足，这是居士佛教发展的重大课题。从总体上看，大陆居士佛教面临的主要挑战表现在以下几个方面：

第一，四众弟子中的从属性。在佛教的信众体系中，也就是常说的四众弟子中，佛教的传统格局是僧主俗从，僧人是三宝之一，续佛慧命，主持佛法，是如来家业的法定守护者，具有神圣性。而居士皈依三宝，拜出家人为师，修行佛教，不具备神圣性，也不是信众体系中的主导者。这样的体制决定了居士在佛教队伍中处于从属地位，从而限制了居士主导性与引领性作用的发挥。中国佛教坚守传统的四众弟子格局，出家人是被皈依和敬仰的对象，在佛法传承、法事活动、佛法弘传、佛教修学等各种佛教事务中，出家人和居士之间具有尊卑、上下、主从、圣凡、师生等多重关系，居士难以彰显其主体性，也就难以发挥其引领与主导的作用。这种格局自有其优越之处，其所具有的凝聚人心、分工合作、清净庄严等宗教特性，对佛教的传承和发展曾经起到巨大的促进作用，但对今天的居士来讲，如何在难以突破现有格局的背景下发挥自身的积极作用，这是需要智慧的考验的。

第二，寺院体制中的依附性。就是居士依附于寺院，既从寺院中获得信仰的归宿和修行的体验，又游离于寺院的运行体制之外，这就决定了居士不能参与寺院的管理，也不能常住寺院修学（除了个别工作人员和部分临时性特例之外），从而限制了居士在佛教主体阵地中的作用。中国佛教的寺院名义上是所有佛教信徒的宗教活动场所，但实际上只是出家人修行的地方。僧尼抛弃家庭，以寺为家，终生修道，将一生献给佛教，的确非常伟大，而且僧尼续佛慧命，具有神圣的意义。但是佛教的传统中并没有适合居士修行和弘法的阵地，而在寺院的传统体制中，居士始终围绕寺院而实现其佛教的角色，离开了居士，寺院就没有了香火，所以传统的体制是居士离不开寺院，但又脱离于寺院，这种奇怪的体制其实是一种居士依附寺院的制度。由于寺院是佛教修行和传播的主阵地，所以，居士既从寺院中获得了佛法的馈赠，也游离于弘法的核心舞台之外。如何在没有主阵地的情况下完善修行、弘扬佛法、施展魅力，推动佛教文化的发展，这就需要当代中国大陆的居士探寻新的出路。

第三，法事活动中的边缘性。就是在佛教的修行与法事体制中，僧尼始终处于主导地位，这是作为如来家业荷担者的僧尼的神圣职责，也是作为职业宗教家的使命。在这种体制下，居士的修行与其他宗教活动，无论在场所方面、还是在仪轨和作用方面，都既不完善，也缺乏地位和影响，这就决定了居士无法在寺院中获得更加合适的机会从事法事活动。寺院中的法事活动专为出家人设计，半夜三更起床做早课，下午四点左右做晚课，在家居士难以参加。即使能够参加，在法事仪轨中也没有专为居士设计的仪轨，居士仅仅是跟随在法师后面或侧旁位置，处于观摩性、附属性、体验性参与之列。在寺院的早晚功课之外，寺院也没有为居士设计或提供合适的修法时段与合理的空间，居士在寺院也很难找到法师请教，因为法师或各自忙碌寺务，或静处修行，加之寺院本身也没有给法师规定专门的时间和空间来接待这些零散而来的居士，所以，居士在寺院不是拜佛就是供养，其他修行体验和相关的活动都很难开展。这样一来，居士通过寺院这个本来属于佛教徒共有的平台来实现凝聚与共同交流进步的可能就很小了。在寺院之外，居士的修行也缺乏合适的体制，神圣身份与空间支撑的双重缺失依然是当代中国大陆居士所面临的尴尬处境。如何走出这一尴尬，需要佛教界的大胆探索。

第四，组织方面的松散性。就是居士在中国大陆缺乏组织性。历史上居士的组织就比较薄弱，民国年间各地相继成立了一些居士团体，大部分延续到20世纪50年代末期，但很多居士团体在社会转型与震荡过程中消失，"文革"期间则是全面关闭。改革开放以来，各地相继恢复了一些居士团体，但大量的原有团体因为物是人非等原因而未能恢复，如陕西的佛化社，曾经是西北地区最大的居士团体，并在全国有很大的影响。该居士团体通过发行佛教杂志《佛化随刊》、刻印发行经书、开办佛化学校、举办佛学讲座等途径，在弘法方面取得很大成就，并与太虚大师保持了紧密的关系，多次迎请太虚大师来陕弘法，在佛教复兴方面做出巨大的贡献。但改革开放以后，该组织也未能恢复。更令人遗憾的是，目前中国大陆的佛教居士人数庞大，而且呈现出持续增加的趋势，很多居士希望建立自己的团体，以便从事交流和集体性佛教活动，但是国家在这方面依然存在很多政策限制。所以，中国大陆的居士目前基本上仍然处于群龙无首、松散无序的状态，没有自己的组织，又基本难以有效参与官方认可的佛教协会；他们在信仰方面缺乏社会组织的归属感，这严重限制了居士的学佛交流与修行进步，限制了他们面对佛教事务与社会其他事务时的发声能力。

第五，信仰程度的模糊性。在中国大陆，居士的佛教信仰比较淡漠，主要体现在信仰不虔诚，或者信仰有偏执，或者信仰不稳定，或者因为对佛学义理理解不全面而导致的盲信甚至错信。所谓不虔诚，这是中国大陆佛教的一个严重问题，由于以禅宗为主的大陆佛教呈现出强烈的入世情怀，加之其否定一切执着、淡化神圣性的宗教实践，也使得中国禅宗总体上更像一种哲学思想、心理治疗、精神修炼和生活方式，而那些神灵崇拜信仰也因为其强烈的功利化而呈现出临时抱佛脚的特色，从而也缺乏真正的虔诚。另外，绝大部分佛教居士仍然处于社会中层及其以下的底层，这些人对佛教缺乏全面而深刻的理解，他们有的偏执偏信，有的时信时不信，有的盲信瞎修，糊里糊涂，文化素质低，认识模糊，缺乏稳定而深刻的信仰。所以，在戒律的遵守与做人的原则方面，并未受到足够的佛教戒律约束和精神净化，这种信仰状态下的居士何以堪任佛教弘扬的大业。因此如何在信仰方面实现应有的虔诚，这是中国大陆居士佛教所面临的重要任务。

总之，当代中国大陆的居士佛教使命重大，挑战严峻，既需要国家在政策方面给予更加合理的规范，提供更大的生存空间和发展平台，也需要社会各界的充分理解、督促和帮助，为居士佛教的社会存在与发展提供良好的环境。从佛教内部来讲，僧团在佛学知识和日常修行方面对居士的指导需要更加规范化和有效化，居士和寺院之间的关系也应逐渐告别因皈依寺院和皈依师父而形成的潜在派系，建构更加清朗更加团结的僧俗关系格局，实现居士的信仰认同和情感认同，促进僧俗之间更加紧密的呼应。

对于每一个居士来讲，应该以维摩诘居士为榜样，既要在修行方面不断进取，也要在佛教发展方面发挥积极的作用。具体来讲，第一，要坚定信仰，遵守戒律，提振精神，树立佛教徒的良好形象；第二，要努力学习佛教文化，提高佛学素养，注重个人修行，提升精神境界；第三，尊重僧团在佛教四众体系中的地位，协助僧团，护持佛法，在社会、经济、文化等方面为寺院提供全方位的护持；第四，立足本职工作，在服务和贡献社会的同时，通过各种方式弘扬佛法；第五，将佛法运用于现实人生，特别是在社会事务的应对与人际关系的处理方面，彰显佛教的精神，既检验自己的修行境界，也向社会传递佛教的积极思想。相信随着整个社会的文明进步和佛教自身的不断努力，中国大陆的居士佛教必将迎来一个全新的发展时代。

密宗祖师对文殊信仰的推动

李海波[*]

摘要：中国佛教八大宗派之一的密宗在中国诸宗派中神圣性特征最浓厚，成立时间短，发展速度快。究其原因，除了合适的社会环境、佛教的繁荣等外在原因，密宗的发展离不开开元三大士的推动。在密宗三位开山祖师的开宗建派过程中，文殊信仰发挥了极大的作用，尤其是不空对文殊信仰的推广和发扬不遗余力，帮助密宗和文殊信仰同步达到信仰的巅峰。从密宗的初传中土到盛极一时，文殊信仰都成为其中一个不可或缺的因素，密宗与文殊信仰互相借势，共同昌盛，成为佛教信仰领域的一个典型案例。

关键词：密宗；金刚智；善无畏；不空；文殊信仰

中国佛教密宗是大乘佛教在印度发展到晚期时候的产物，是中国佛教史上成立时间最短，发展速度最快的宗派，繁杂的仪轨和手印、咒语构成密宗神秘性的一面，也给予密宗在民间极高大的神圣性形象。文殊信仰是中国佛教四大菩萨信仰之一，同密宗的发展兴盛过程有密切关系。作为一个全新宗派，密宗倾其全力发展自身，文殊信仰便是其中的一个重要契机，在推动密宗民众化方面发挥了重要作用。与此同时，文殊信仰在密宗扩大影响的进程中由一地域性很强的菩萨信仰逐步走向全国。关于密宗发

---

[*] 作者简介：李海波（1972—），陕西西安人，西北大学丝绸之路研究院教授，博士生导师，兼任中国宗教学会理事，马来西亚生命关怀与教育协会学术顾问，中国社会科学院佛教研究中心特邀研究员，西安电子科技大学、江西宜春学院、崇圣书院等多家学术机构兼职教授，主要研究方向：佛教哲学、佛教史、生命伦理学。

展的社会因素、政治因素都有大量文章讨论过，本文仅从密宗内部因素入手，结合文殊信仰来探讨二者之间发展的关系，以及最终密宗与文殊信仰如何相辅相成共同达到顶峰。

文殊信仰贯穿密宗发展与兴盛的全过程，对密宗的弘传作用很大。开元三大士先后到达中国，译经传法，创立密宗。不知是巧合还是后世附会，三大士的生平都因为文殊信仰而蒙上一层神秘色彩。

善无畏是密宗胎藏界教法的祖师。相传他游历至大唐西境时，夜有神人告知："此非弟子界也。文殊师利，保护中州。"① 这说明在密宗看来，大唐是文殊菩萨的教化之地。文殊代表的智慧在善无畏的《大日经》中体现得更加具体丰富，且文殊家族也扩大了，出现了文殊五使者。《大日经疏》卷五中说：

> 文殊五使者，一名髻设尼，二名优波髻设尼，三名质多罗，四名地慧，五名请召，于妙吉祥左右次第列之，盖各持文殊一智也。髻设尼是发端严义；邬波是其亚者，文殊以五髻征表五智，故此使者，亦以美发为名；质多罗是杂色义。其五使者下，各作一奉教者，皆跪向使者，如承受音告之形，悉是文殊三昧。②

与《大日经》同时译出的《大日经次第供养法》是唐代密宗胎藏仪轨的典范，其成书也附会文殊信仰。《大毗卢遮那经供养次第法疏》中称，此供养法是善无畏在乾陀罗国金粟王塔边为国王祈请供养方法时，文殊菩萨显灵赐授。其文曰：

> 此《供养法》忽现空中，金字炳燃。和上一遍略读，分明记着。仰空曰："谁所造也？"，云："我造也。"云："谁我也？"云："我是文殊师利也。"即唤书人遂便写取即与其王一本，自写一本，随行将行，流通四方也。③

---

① ［宋］赞宁撰、范祥雍点校：《宋高僧传》，中华书局1987年版，第19页。
② ［唐］一行：《大毗卢遮那成佛经疏》，《大正藏》第39册，第635页中。
③ 《大正藏》第39册，第790页中。

后来的胎藏仪轨都模仿《大日经次第供养法》而造，不能说与推崇文殊信仰没有关系。

金刚智晚于善无畏七年来华，传持密教金刚界教法。根据吕向《金刚智行记》记载，他来中国是因为观音菩萨化现指点他去礼谒文殊师利菩萨，该《记》曰：

> 其后南天三年亢旱，其王揲罗僧伽补多鞣摩遣使迎请和上（指金刚智——笔者注），于自宫中建灌顶道场请雨。其时甘泽流澍，王臣欣庆，遂为和上造寺安置。经余三载。国南近海有观自在菩萨寺，门侧有尼枸陀树，先已枯瘁。和上七日断食行道，树再滋茂。菩萨应现而作是言："汝之所学今已成就，可往师子国瞻礼佛牙，登楞伽山礼拜佛迹，回来可往中国礼谒文殊师利菩萨。彼国与汝有缘，宜往传教济度群生。"闻是语已不胜忻慰。①

金刚智在从南天竺启程向中国出发时，"向东礼文殊，西礼观世音菩萨"②，才与徒众告别，可见文殊在其宗教信仰中地位之高。

金刚智还翻译了《金刚顶曼殊室利菩萨五字心陀罗尼品》，该品属于《金刚顶经》（为密教金刚界的根本经典）内文殊法门的选译。另外还有几部文殊类经典后世认为亦由金刚智翻译，如：恒安《续贞元录》中《大乘瑜伽金刚性海曼殊室利千臂千钵大教王经》十卷，但《贞元录》中遗漏不载；《宗睿录》中所记的《文殊瑜伽五字念诵经》一卷，《金刚顶曼殊室利五字心陀罗尼品》一卷；《宗睿外录》中还记有《文殊师利耶曼德迦咒法》一卷等。这些经若实属金刚智所译，则说明文殊信仰与这位密宗大师关系密切。反之，如果是伪经，则说明后世密宗借助文殊信仰在社会上的影响来发展本宗。

密宗在推动文殊信仰弘传过程中比其他诸宗派发挥的效能都大，而密宗门人之中又以不空的功劳最大。不空（705~774）的一生展现了八世纪大乘佛教的国际性，他生于印度西北部的一个商人家庭（可能是撒马

---

① ［唐］吕向：《金刚智行纪》，《贞元新定释教目录》，《大正藏》第55册，第875页。
② 同上。

尔罕——今乌兹别克斯坦的城市），12 岁时同舅父到爪哇岛旅行，遇到了密教祖师金刚智（671~741），并追随金刚智一同到了中国。金刚智圆寂后，他回到东南亚，在斯里兰卡同龙智研究密教，公元 746 年重返中国，此后再未离开。

密宗的弘扬经由不空及其弟子的努力达到鼎盛，文殊信仰作为弘扬密教的一个主要媒介，也在不空的争取下得到政治上的支持，在全国推广，并与密宗同步兴盛，由一地域性显明的菩萨信仰和寺院为主的信仰形态，扩展至全国范围并深入民间。据载，不空不仅常年"诵文殊愿"，而且也有文殊显现的感应，《大唐故大德赠司空大辨正广智不空三藏行状》中云："讨习声论十二年功六月而毕。诵文殊愿，一载之限，再夕而终"，"权于法性寺，建立道场。回众咸来，度人亿千"，"入曼荼罗，对本尊像，金刚三密以加持，念诵经行。未瑜旬日，文殊师利现身。因诚大愿不孤，夙心已遂"密宗信众以及相信菩萨显灵的人们自然会受到影响，这在一定程度上强化了文殊菩萨的灵应，扩大了对文殊信仰的宣传。不空十分注重文殊信仰的发扬，贡献巨大，主要表现在以下几个方面：

第一，大量传译文殊类典籍，从理论层面深化和丰富文殊信仰的内容。

不空前后共译出佛经 111 部、140 卷。① 其中文殊类经典有 22 部，分属于各类密典。其中大乘显教经典四部：《文殊问字母品经》一卷，《大圣文殊师利菩萨功德庄严经》三卷，《文殊赞法身礼》一卷，《普贤菩萨行愿赞》（同于《文殊发愿经》）一卷；金刚顶经类三部：《金刚顶瑜伽文殊师利菩萨经》一卷，经内又题《金刚顶瑜伽文殊师利菩萨仪轨供养法》一品、《金刚顶超胜三界经说文殊五字真言胜相》一卷、《五字陀罗尼颂》一卷；由瑜伽法改编的经法系密典十一部②：《大乘瑜伽性海曼殊室千臂千钵大教王经》十卷③、《曼殊室利童子五字瑜伽法》一卷、《大

---

① 吕建福：《中国密教史》，中国社会科学出版社 1995 年版，第 265 页。
② 其余八部为：《大正藏》中有五部，编号依序是：No. 1214，No. 1216，No. 1175，No. 1171，No. 1072A；日本《弘教藏》中收录有三部，依次是闰 12 之《金刚顶超圣三界经说文殊师利菩萨秘密心真言》，《金刚顶瑜伽文殊师利菩萨仪轨供养法》，《大圣曼殊师利童子五字瑜伽法》等各一卷。
③ 现代研究认为是中土假托不空之名而造的伪经。

乘方广曼殊室利菩萨华严本教阎曼德迦忿怒王真言大威德仪轨品》一卷；持明密典二部：《文殊师利菩萨根本大教王经金翅鸟王品》一卷、《佛说大方广曼殊室利经》一卷；陀罗尼密典三部：《文殊师菩萨及诸仙所说吉凶时日善恶宿曜经》及仪轨二卷。此外因为文殊信仰与《佛顶尊胜陀罗尼》有互彰互显之势，不空充分发挥佛陀波利受文殊化现而求得此经的传说在民间的巨大影响力，奏请代宗批准天下僧尼普诵该经，还亲自著《佛顶尊胜陀罗尼念诵仪轨法》、《佛顶尊胜陀罗尼注义》等书，来强化这一原有的民间文殊信仰形式。

第二，借助皇权，大力发展和巩固五台山文殊信仰，把文殊菩萨包装成全国性的保护神。

由于五台山在唐代佛教中的特殊地位，不空等人深知皇室与"龙兴之地"① 五台山的微妙关系，遂将文殊化现与皇祚联系在一起，极力发展推崇文殊信仰。如此，既赢得皇室的欣赏，又扩大了文殊信仰，提高了密宗的地位，扩大了密宗在民间的影响。

那时，各个宗派如唯识宗、律宗、天台宗等纷纷至五台山开辟道场，建立本宗基地，从而使五台山成为除长安城外，全国佛教的又一个中心，甚至"与竺干灵鹫角立相望"②。密宗自然不会忽略在五台山的发展，并且还因为与文殊菩萨的密切关系而具有得天独厚的优势。不空等人清楚，要使本宗光大发扬，仅在权力阶层努力远远不够，唯有在民间扎根才是根本。民间信仰形式大多具有通俗、形象的特点，所以密宗发挥专长借助现成的文殊道场，通过弘传文殊信仰将复杂神秘的密宗仪轨与简单明了的民间信仰亲和，争取民间的信仰市场。

不空在五台山的活动从建寺立坛开始，继以各种功德法会，这些活动都以文殊菩萨为崇信的核心。密宗在五台山先后营建了金阁寺、玉华寺两个钦定寺院和六处普通供养舍、一处停止院。金阁寺是唐代宗永泰二年（766）不空上表获准而敕建的。据不空《请舍衣钵助僧道环修金阁寺表》载，开元二十四年（736）衢州僧道义曾在五台山建文殊圣迹寺，庄严清

---

① ［明］释镇澄：《清凉山志》卷五之《帝王重建·唐太宗》，见崔玉卿典校《清凉山传志选粹》，山西人民出版社2000年版，第264页。

② ［唐］柳宗元：《柳河东集》卷二十五《送文畅上人登五台遂游河朔序》，见《中国佛教思想资料选编》第二卷第四册，中华书局1991年版，第364页。

净,号金阁院,当时曾图画一本送入朝廷。后泽州僧道环入五台送供,发愿依图造金阁寺。不空遂"愿舍衣钵随助道环建立盛事"①,并请求代宗及百僚赞助。他上表鼓动道:

> 夫以文殊圣迹圣者为主,结构金阁非陛下而谁?栋梁者大厦是依,股肱者元首所讬,共成一体,和叶万邦。金阁斯崇,则何以表君臣之美,以光金阁之大也!②

于是,大历元年"蒙敕置金阁寺,宣十节度助缘"③,"缙为宰相,给中书符牒,令台山僧数十人分行郡县,聚徒讲说,以求货利"④。金阁寺从大历元年(766)开始建造,由不空弟子含光检校,那烂陀寺纯陀及西域僧道仙、法达设计,历时五年完工。《旧唐书·王缙传》载:"五台山有寺金阁,铸铜为瓦,涂金于上,照耀山谷,计钱巨亿万。"⑤ 圆仁《入唐求法巡礼行记》中形容金阁寺:"阁九间,高百余尺,壁檐橡柱,无处不画,内外庄严,尽世珍异。颓然独出杉林之表,白云自在下面暧叆,碧层超然而高显。"⑥ 足见其雄伟,独出于五台诸寺。

密宗在弘法过程中紧扣文殊信仰,根据《巡礼行记》卷三记载,三层九间金阁寺中,第一层即文殊大殿,"开金阁,礼大圣文殊,菩萨骑青毛狮子圣像,金色颜貌,端严不可比喻"⑦,其余两层才是典型的密宗道场。金阁寺一建成,不空就把它奏请为镇国道场,为现实政权服务,加强了文殊信仰在政治上的地位。金阁寺由不空得意弟子含光主持,含光是不空弟子中的"六哲"之一,曾随不空到南部学习密法。他在金阁寺建立曼荼罗灌顶道场,传授金刚界密法。根据密宗发展的思

---

① [唐]圆照:《代宗朝赠司空大辨正广智三藏和上表制集》卷二,《大正藏》第52册,第834页上。

② 同上。

③ [宋]赞宁撰、范祥雍点校:《宋高僧传》,中华书局1987年版,第9页。

④ [后晋]刘昫、赵莹等:《旧唐书》一一八卷《王缙传》,中华书局1975年版,第3416页。

⑤ 同上。

⑥ [日本]圆仁:《圆仁入唐求法巡礼行记》卷三,上海古籍出版社1986年版,第126页。

⑦ 同上。

路推断，很有可能含光所传即以文殊法门为主。当时的金阁寺也有义学活动，钻研文殊类经典，阐发文殊信仰。潜真《〈文殊师利菩萨庄严经〉疏表》说：

> 有金阁寺大德道超禅师，学尽法源，行契心本，亲睹灵境，密承圣慈。故久在清凉，属兴净业，仍于现处建窣堵波，寻觐法缘，来诣京国，以此经为大师，以大圣（指文殊菩萨——笔者注）为本师，显扬圣德，无过此者。

从而可以肯定，金阁寺必定是传播文殊法门、宣传文殊信仰的一个基地。

密宗在营建寺院的同时，又在五台山及太原等地举行一系列宗教活动，使文殊信仰盛极一时。大历五年（770），不空因"大圣文殊师利菩萨今镇在台山，福滋兆庶"①，而亲往五台山巡礼。不空位居帝师，官拜肃国公，在五台山及太原设斋修功德，举办文殊法会，备受代宗敬遇，在全国的影响可想而知。七月五日不空先至太原设该地区空前的万人斋，代宗敕"取太原府诸钱物，准数祗供，勿使缺少"②。十三日又于太原至德寺置文殊师利菩萨院，"抽三学大德二七人（十四僧——笔者注），递弘本教，以续法灯，仍请道宪法师于此寺长时讲说"③，讲述内容势必与文殊经法相关。同日：

> 大广智三藏和上（即不空）久修定慧，早契瑜伽，远访灵山，躬祈圣道，至灵必应，玄感遂通，青莲喻心，了证斯在。秋景余热，善加珍卫也。④

不空自太原至五台山，九月四日代宗又赐手诏慰问：

---

① ［唐］圆照：《代宗朝赠司空大辨正广智三藏和上表制集》卷二，《大正藏》第 52 册，第 837 页中。
② 同上书，第 837 页下。
③ 同上。
④ 同上。

大广智三藏和上，深契道源，远寻灵迹。慈悲妙力，当示真宗。五蕴既空，如如斯在。秋冷，和上比平安好。①

足见代宗皇帝对不空在文殊圣地所进行的修法关怀备至。不空之后，其弟子仍在五台山围绕文殊菩萨进行修行活动②，进一步巩固和扩大本宗的影响，从文殊信仰的角度来看，这些活动也是对文殊信仰的同步弘传。

第三，在全国寺院推行文殊信仰，提升文殊菩萨在佛教的载体——寺庙中的地位和比重。

中国寺院中此前没有专设文殊院者，不空开创这一先河。他认为"文殊圣者，即诸佛祖师。大悲弘愿，不取正觉。大乘引导，利乐无期。昔释迦如来先有悬记。一乘典语，兴在中华"，"拯生入于三界，镇毒龙于五峰。慈悲道深，弘济功远。故令释众同此皈依"③。"于是奏请代宗，于大历二年（767）在五台山清凉寺令弟子含光建造大圣文殊阁，其后在太原至德寺建第二座。大历七年（772）不空奏请京城及天下寺院敕置文殊师利菩萨院，代宗特"敕京城及天下僧尼寺内，各拣一胜处，置大圣文殊师利菩萨院，仍各委本州府长官即旬当修葺，并塑文殊像装饰彩画，功毕，各画图其状闻奏，不得更于寺外别造"。④ 不空随即承上谢表一首，顺应代宗心理，称赞代宗："惟圣作法，其德动天，泽润生灵，悬之日月。"认为代宗"开法王之玄造，辟非常之福田，建文殊真容，使普天瞻仰，在于缁侣，光兴尤深"⑤，进一步在皇帝心中强化文殊的地位。大历八年，不空奏请于大兴善寺营建文殊院，代宗亲为阁主，贵妃、韩王、华阳公主等纷纷出资捐助。上梁之日，代宗特赐千僧斋饭，并为上梁赐了许多钱物，据称，"中使相继于道路，饭食盈溢于街衢，御馔悉饱大会，天厨汤茗普洽士庶"。如此盛况，正如不空所美言："自佛法东来，向欲千

---

① ［唐］圆照：《代宗朝赠司空大辨正广智三藏和上表制集》卷二，《大正藏》第52册，第837页下。
② 同上书，第840页上。
③ 同上书，第842页上。
④ 同上书，第841页下。
⑤ 同上。

载，古之王者岂不修福，弘益广大，实未有如今之皇上。"① 文殊阁建成后，代宗又亲赐八分金书"大圣文殊镇国之阁"额。自此唐代建寺必设文殊阁院，至宋代仍依例而设。前两所文殊院都是不空派得力弟子亲自督造，第三所建在不空的驻锡地，以此推断，三所文殊院的建筑风格密教色彩浓厚，文殊塑像必然严格遵照密教经典的规定。仅以文殊阁的影响力，足以带动全国陆续建成的文殊院来仿制，而且或多或少地接受密宗的影响，所以从唐代以后，流行的文殊造像都或多或少地具有密教的特色。今天散见各地的"文殊院"、"文殊堂"、"文殊阁"都来自当年不空的倡议和实践。

大历四年（769）十二月，不空奏请"令天下食堂中于宾头卢上特置文殊师利形象为上座"，他认为，"询诸圣典具有明文"，"斯乃天竺国皆然，非僧等鄙见，仍请永为恒式"②。在这一改制当中，观音与普贤都成了文殊的侍者，"普贤、观音犹执拂而为侍，声闻缘觉护持而居后"③。自此中国寺院僧堂改置文殊形象，大大提高了文殊的地位。按法藏《梵网经疏》记载，"西国诸小乘寺以宾头庐为上座，诸大乘寺以文殊师利为上座。"不空并未以褒大贬小为由，而以"天竺国皆然"而奏请设置，其目的在于提高文殊在佛教庞大的佛、菩萨信仰系统中的地位。

密宗亦以经典为依显扬文殊功业。不空虽在佛陀波利基础上专门译了两部有关《佛顶尊胜陀罗尼》的经典，强化此经中的文殊信仰，但显得不够直接，缺乏力度。又文殊类秘法未经灌顶设坛不得传授，缺乏普遍推广的条件。于是，密宗将目光转向大乘显教经典，大历六年（771）不空重译《大圣文殊师利菩萨佛刹功德庄严经》一部，三卷④。该经叙述了文殊菩萨佛土庄严的景象，借助佛陀之口称赞文殊净土的净严胜过西方无量净土，与东方的"超立愿世界"相等，文殊净土内的菩萨比西方极乐世界的菩萨还多，佛寿无量，超过无量世界的微尘数。经中还有弥勒等对文

---

① [唐] 圆照：《代宗朝赠司空大辨正广智三藏和上表制集》卷二，《大正藏》第52册，第843页中。

② 同上书，第837页上。

③ 同上书，第837页中。

④ 此经最早由西晋竺法护译出，名《文殊师利佛土严净经》二卷。唐实叉难陀异译成《文殊师利授记经》三卷，编入《大宝积经》卷五十八～六十《文殊师利授记会》。

殊功德的称赞。佛陀赞叹文殊的经文不算少数，不空为何选中此经？大概这与唐代民间净土信仰的盛行有关。此经宣扬文殊净土胜于弥陀净土，连弥勒净土的主人亦称赞文殊。显然，此经的推广可在民间信仰中取得一席之地。如前所述，五台山金阁寺宣扬该经，"属兴净业"即是一例。不空于大历八年（773）上表称："文殊事迹缘起根由，始发于心，至成正觉庄严净土，此经具载。诸佛理体，菩萨行门法界有情，无生实相，分明表示。功德广大，余经罕俦。愿此胜因，上资圣祚"。奏请"宣示环宇，以福生灵"①。在天下寺院所置文殊院中，大寺简择七僧，小寺简择三僧，"长时为国讲宣诵习，有缺续填，是使法灯继明不绝"②。大历九年（774）从大兴善寺拣惠朗等二十一僧于文殊阁宣习念诵。与其同步，五台山金阁寺有道超不遗余力地宣传阐发此经，并遍访名师请邀作疏。后来不空弟子潜真受敕造疏，传于京邑。由此，《大圣文殊师利菩萨佛刹功德庄严经》流行天下，成为各寺必修经典。

自大历年间起，由于密宗的推崇，文殊信仰在天下寺院推广开来，成为民众的普遍信仰，在中国佛教的菩萨信仰体系中与观音信仰互相辉映。有趣的是，观音信仰多在民间，而文殊信仰则多在寺院。

第四，将本宗与文殊菩萨和信仰紧密联系。

密宗认为有许多密教真言乃文殊所传，甚至认为文殊是密宗传法谱系中的第三祖。不空说："文殊圣者，即诸佛祖师，大悲弘愿，不取正觉，大乘引导，利乐无期。"③ 又说："大圣文殊师利菩萨，大乘密教皆因流演。"④ 可见密法的流行与文殊关系多么密切，他还自称："常以此圣真言奉为国家特诵，每蒙护念，恩德逾深。"⑤ 义操弟子海云在《两部大法相承师资付法记》中称：

> 从毗卢遮那如来在世，以此金刚界最上乘法付嘱普贤金刚萨埵；

---

① ［唐］圆照：《代宗朝赠司空大辨正广智三藏和上表制集》卷二，《大正藏》第52册，第842页下。
② 同上。
③ 同上书，第841页下。
④ 同上书，第837页中。
⑤ 同上书，第842页上。

普贤金刚萨埵付妙吉祥菩萨；妙吉祥菩萨复经十二代，以法付嘱龙猛菩萨（即龙树菩萨——笔者注），龙猛菩萨又经数百年以法付嘱龙智阿阇梨；龙智阿阇梨又经百余年以法付金刚智三藏①。

此中妙吉祥菩萨即文殊菩萨。

第五，将文殊菩萨与护国思想相联系。

所谓护国，实际上就是维护和扶持皇权和皇帝的直接利益，直接为李唐王朝服务。其代价也就是皇帝必须敬奉三宝，保护佛教的发展，这样皇权、皇帝才能得到佛、菩萨的保佑和护持。文殊类密典中多含有护国思想，在唐代的文殊信仰处已详细叙说，此不赘述。

不空将密教护国思想发挥到极致，他的一切宗教活动，大多以护国为中心，不论是建坛作法，还是译经传教，都要看是否有益于王化。"安史之乱"时，不空亲自带领僧众为肃宗念诵《大威德消灾吉祥陀罗尼》，以护念国土，退却敌寇。代宗当朝，对不空行法的作用尤为敬信，不空专为代宗重译《仁王护国般若经》，并作修持仪轨。代宗认为"懿夫护国，实在兹经"，"先之所译，语质未融"②，不仅让义学大德良贲作《疏》，自己亲自作《序》，还令资圣寺、西明寺组织百场讲演，又命天下寺院常时念诵。在不空作的《仁王经念诵仪轨》中文殊菩萨依法轮现身为西方金刚利菩萨，依大悲心化现六足金刚，是护国五大菩萨之一。因而《仁王护国经》的颁布天下，对文殊信仰也起到一定的推动作用。

不空是密教的传法者，是密教诸经论的译经者。他为什么要将文殊菩萨信仰普及到全中国，又要刻意建成五台山金阁寺呢？这是本小节探讨的目的所在。之所以值得研究，乃是因为密教区别于其他佛教宗派的特色是"即身成佛"，而不空专心致力于传授灌顶，奖励三密瑜伽行的实践。如前所述，不空到晚年信奉文殊更加虔诚，最终于大历五年夏秋之间亲自登上五台山，住进了三年建成的金阁寺，我们不清楚他在这座金阁寺修了何种密法，估计在文殊菩萨的圣地五台山金阁寺的修法可能是以文殊菩萨为主尊。从这时起，以文殊菩萨为主尊的护摩法等密教修法呈现了弘扬于全

---

① 《大正藏》第5册，第786页中。
② 代宗制《大唐新译护国仁王般若经序》，《大正藏》第8册，第834页中。

国的威势。

那么，为什么不空三藏将文殊信仰和密教布教联系起来呢？那是因为：第一、文殊的智慧即般若观是密教思想的核心；第二、从信奉文殊中可以发现华严思想和密教思想的结合；第三、五台山作为文殊圣地集信仰于一地，他希望通过宣传五台山以实现密教的民众化。

换句话说，尽管密教揭示即身成佛的深远理想，并说明其实现是可能的，但是他知道在现实生活中，人们把这一理想外在化、对象化、物神化了。要通过对此外在化的信奉，谋求外在化和内在化、信仰和理性之间的转化和平衡，不空要以信奉文殊的形式展开这种崇教的民众化和民众的崇教化的结合。可以想象在这种情况下，文殊菩萨圣地的五台山正是理想之地。

综上所述，除了唐代宽松的宗教政策和佛教与中国文化平稳接轨等外在原因，密宗僧人的推动则是密宗大发展、大繁荣的关键。开元三大士对密宗宗派的成立居功至伟，而在三位开山祖师的开宗建派过程中，文殊信仰发挥了极大的作用，与三位大师切身都产生关联。不空大师对文殊信仰的推广和发扬功劳最大，不遗余力，他身为三代帝师，将具有超人间特点的文殊菩萨信仰与手握权力的皇室以及广大跟风的信众帮助密宗巧妙连接到一起，帮助文殊信仰和密宗同步达到信仰的巅峰。从密宗的初传中土到盛极一时，文殊信仰都成为其中一个不可或缺的因素，密宗与文殊信仰互相借势，共同昌盛，成为佛教信仰领域的一个典型案例。

略谈弥陀净土信仰的历史形态与现实意义

彭 鹏[*]

摘要：弥陀净土信仰产生于大乘佛法兴起之初，其传入中国的时间也很早。在中国佛教史上，净土宗是最重要的宗派之一，而且在与佛教其他宗派和中国本土文化相融合的过程中形成了佛国净土、唯心净土、人间净土等多种信仰形态。近现代以来，净土宗摄受的信众与日俱增，其在现代人的心灵安顿、终极关怀等方面都显示出重要意义。

关键词：净土信仰；极乐世界；阿弥陀佛

佛教传入中国后，曾经产生了天台、三论、唯识、华严、禅、密、律、净等许多宗派，但到了宋明之后，其他各宗都相继衰落，唯有净土宗与禅宗得到较大的发展。尤其是净土宗，更是凭借其简单方便、通俗实用的优势，越来越深入人心，而且形成了佛国净土、唯心净土、人间净土等多种净土信仰形态，能够适应不同层次信众的需要，可谓是契理契机、三根普被。

一 从印度到汉地：弥陀净土信仰的历史传播

佛教的净土也称"净刹"、"净界"、"净国"等，为佛菩萨等圣众所居，其环境清净无垢、美妙庄严，其居民心地清静光明，断绝了一切烦

---

[*] 作者简介：彭鹏（1973—），河南息县人，西北大学哲学学院副教授，硕士生导师，主要研究方向：中国哲学、中国文化心理学。

恼。净土与充满种种污染的"秽土"相对，如我们所居住的娑婆世界。净土信仰主要属于大乘佛教，菩萨在因地发愿建立净土，期望在成佛之后凭借佛力救度众生到达其国，在那里继续修行直至成佛，这与自利利他、上求下化的菩萨精神是一致的。大乘佛教认为有无数诸佛，而一佛一净土，因此也就有无数净土，最著名的如阿弥陀佛西方极乐世界、药师佛东方净琉璃世界、阿閦佛东方妙喜世界、弥勒菩萨的兜率净土等。在汉传佛教中，流传时间最长、影响最大的净土信仰还是阿弥陀佛的西方极乐净土，随着其影响的增加，后来形成净土宗。

在大乘佛法兴起之初，弥陀净土信仰即得以流传。学术界一般认为《道行般若经》、《阿閦佛国经》、《般舟三昧经》与《大阿弥陀经》（《无量寿经》的早期形态）为最早的大乘佛经，约于公元一世纪流传开来。印顺法师说："《无量寿经》……译来中土也极早，《大智度论》曾明白地说到《无量寿经》是大乘初期流行的经典。"① 生活于大乘佛教初期即公元1—2世纪的马鸣菩萨，在其《大乘起信论》中说："当知如来有胜方便，摄护信心。谓以专意念佛因缘，随愿得生他方佛土，常见于佛，永离恶道。如修多罗说，若人专念西方极乐世界阿弥陀佛，所修善根回向愿求生彼世界，既得往生。常见佛故，终无有退。"② 这说明，阿弥陀佛净土信仰在当时已经流行。

到了大乘思想的集大成者龙树菩萨（约公元150—250年）那里，其《大智度论》、《十住毗婆沙论》中不但包含着丰富的弥陀净土思想，而且相对于自力修行的"难行道"，他把念佛依靠他力往生极乐世界称为"易行道"，这对于弥陀净土信仰后来的发扬光大起到了重要作用。稍后的世亲菩萨所著《往生论》（即《无量寿经优婆提舍愿生偈》），对阿弥陀佛极乐净土作了详细描述，并提出"五念门"即礼拜、赞叹、作愿、观察、回向等五种修持方法。龙树为般若性空派的祖师，世亲菩萨为瑜伽唯识派的祖师，后世把两人同作为印度净土宗的祖师。

西域是佛教入华的必经之地，也是净土信仰特别是弥陀净土信仰从印度传入中国的重要途径。学术界一般认为净土典籍的翻译，始于月氏国人

---

① 释印顺：《净土与禅》，中华书局2011年版，第31页。
② 高振农校释：《大乘起信论校释》，中华书局1992年版，第186页。

支娄迦谶。支娄迦谶于桓帝永康元年（公元167）来洛阳，译出《佛说般舟三昧经》和《佛说无量清净平等觉经》（即《无量寿经》）。《般舟三昧经》特别宣扬了弥陀净土信仰，经中说一个人只要专心思念西方阿弥陀佛，经一至七昼夜，就会在禅定中见到阿弥陀佛。中国最重要的佛经翻译者之一鸠摩罗什，出生于公元4世纪中叶的龟兹，净土宗的基本经典之一《阿弥陀经》即由其译出。罗什所译《十住毗婆沙论》等佛经也包含着丰富的净土思想。此外，其他来自西域的译经师也翻译了许多包含净土思想的经典，如北凉昙无谶译出《悲华经》、刘宋畺良耶舍译出《佛说观无量寿佛经》等。据此可以推测，弥陀净土信仰在当时的西域广大地区即已流行。这些翻译为中国净土宗的建立提供了必要条件。在中国，一般认为净土宗的主要经典有：《无量寿经》、《观无量寿经》、《阿弥陀经》和《往生论》，即常说的"三经一论"。近代以来，又在此基础上将《华严经》之《普贤菩萨行愿品》与《楞严经》之《大势至菩萨念佛圆通章》列入，这样就形成了"五经一论"。此外，据统计，在佛教大乘经典中涉及阿弥陀佛及其极乐净土的还有二百多部，约占现存大乘经论总数的三分之一。

可见，净土宗在中国佛教界的建立与流行不是偶然的，从外缘上来讲，是与印度和西域净土思想的影响分不开的。当然，净土法门在中国佛教界的巨大影响，从根本上来讲还是取决于其自身的殊胜及历代净土祖师的大力弘扬。

二 从慧远到善导：净土宗的立宗进程

在中国汉地佛教中，早期的净土信仰以弥勒净土为主，而到了隋唐之际，弥陀净土即开始成为净土信仰的主流。这既是大量相关经典翻译的结果，同时也与历代净土祖师的大力倡导息息相关。

东晋的慧远大师被尊为中国净土宗的初祖，他曾在庐山东林寺结莲社，与参加莲社的僧俗共123人，于阿弥陀佛像前，建斋立誓，专修念佛法门，共期往生西方极乐净土。慧远素来重视龙树菩萨的《大智度论》，又时值竺法护译《无量寿经》、鸠摩罗什译《阿弥陀经》等，这都是慧远选择弥陀净土信仰的重要原因。慧远的净土修行倡导观想念佛，即通过观想佛的相好庄严、法身功德、无量智慧等以达到"念佛三昧"，这实际上与禅定工夫很类似。

继慧远之后，又有昙鸾和道绰于北方的玄中寺弘扬弥陀净土信仰。昙鸾曾随陶弘景学道教长生之术，后因参加菩提流支的译经场而随其归信净土，其主要著作有《往生论注》、《略论安乐净土义》等。昙鸾的净土思想主要是"二道二力说"。"二道"即"难行道"与"易行道"，是对龙树菩萨相关思想的继承和发扬；"二力"就是"自力"和"他力"。在昙鸾看来，于末法时期的五浊恶世中，单纯依靠自力即个人修行已很难达到最后的解脱，故称为"难行道"；如果仰仗阿弥陀佛的愿力（即他力），念佛愿生西方净土，则容易成就，故称"易行道"。在修行方法上，昙鸾将观想念佛与持名念佛并重。此外，昙鸾还发挥了净土经典中的平等思想，大大扩展了弥陀信仰的信众基础。道绰在继承昙鸾净土学说的基础上，又提出"圣道"、"净土"二门之说，实际上是将"净土门"之外的一切佛法统统归入"圣道门"，这一判教思想无疑提升了弥陀净土信仰的地位。在道绰看来，于此末法时代，对绝大部分众生而言，净土念佛法门是了生脱死的唯一出路。道绰在其代表作《安乐集》中说："唯有净土一门，可通入路"，其他法门则难修难证；而且称名念佛法门获益殊胜："若一念称阿弥陀佛，即是除八十亿劫生死之罪。"据传道绰曾讲《观无量寿经》200 余遍，自己日诵佛号七万遍，并劝人用麻豆计数，精进念佛。

净土宗的实际创始人被认为是唐朝的善导大师。作为道绰的弟子，善导在继承昙鸾、道绰法脉的同时，对弥陀净土信仰的教义、行仪和修行方法等进行了系统化、理论化的总结和发展，使净土宗具备了作为佛教独立宗派的充分条件。善导的著作主要有《观无量寿佛经疏》（又称《观经四帖疏》）、《净土法事赞》、《观念法门》、《往生礼赞》、《般舟赞》等。在《观无量寿佛经疏》中，善导阐述了他力往生等观点，把二藏（即声闻乘与菩萨乘）、二教（即渐与顿）作为判教依据，并判净土为菩萨藏收、顿教摄，属仗他力之易行道，这与昙鸾和道绰是一脉相承的。善导提出，凡夫俗子欲乘阿弥陀佛本愿力往生极乐净土，须具备一定的条件即往生正因，包括安心、起行和作业等。安心，即具足《观无量寿经》所说"三心"：至诚心、深心和回向发愿心；起行，即起身口意三业之行：礼拜阿弥陀佛，称赞、专念、观察弥陀及诸圣众的身相光明和净土庄严；作业，即依恭敬修、无余修、无间修、长时修四修法精进实修净土法门。

善导大师把称名念佛归为"正业"，而把读经、礼拜等视为"助业"。他还区分了"正行"与"杂行"，前者指专依净土经典所做的修行，后者是修其他的诸善法。善导主张舍"杂"归"正"，即专念阿弥陀佛名号，念念相续不断，以期往生弥陀净土。针对此前慧远、智𫖮等人关于净土属"应化土"和"非报即化"之类的说法，善导在道绰的基础上，进一步提出并论证了"净土是报土"及"凡夫也能入报土"的观点，从而更增加了弥陀净土的殊胜魅力。《观无量寿佛经疏》云："问曰：彼佛及土既言报者，报法高妙，小圣难阶，垢障凡夫云何得入？答曰：若论众生垢障，实难欣趣，正由托佛愿以作强缘，致使五乘齐入。"弥陀净土既然是报土，如果仅仅依靠自力，即使是阿罗汉、辟支佛也难以企及。但善导认为，如果仰仗阿弥陀佛的慈悲愿力，一般垢障凡夫也可往生。这种"善恶凡夫同沾九品"、"五逆谤法俱得往生"的观点，破除了往生净土的全部阻碍，致使在社会上形成"家家阿弥陀，户户观世音"的盛况。

总之，继道绰之后，善导大师更加完善了弥陀净土信仰的教相、教义和行仪，使弥陀净土信仰具备了完整的教派形态并风行全国。至此，净土信仰经过长期的发展和演变，最终形成以弥陀信仰为旨归的净土宗。其后再经承远、怀感、法照、少康等净土祖师的努力，净土宗逐步成为中国佛教史上最具影响力的宗派之一，并成为佛教其他各宗兼修的法门。

三 从佛国净土到人间净土：净土信仰形态的演变

在中国净土宗发展史上，由于其他宗派思想的加入以及本土文化的影响等，"净土"曾被赋予不同的含义，除了西方极乐世界的佛国净土之外，"唯心净土"与"人间净土"思想也有着较大的影响，从而形成不同的净土信仰形态。

所谓"唯心净土"就是把净土看成是"心"的显现，净土实存于众生心中，是唯心所现、唯识所变。"唯心净土"的提出，是有着充分的教理依据的。佛教一直有着"心为一切之根源"的"唯心"思想。《大方广佛华严经》第19卷说："心如工画师，能画诸世间；五蕴悉从生，无法而不造。"心不但造作意业，且决定身、语二业，故如"工画师"，净土、秽土皆由其所"画"，故云："心清净故世界清净，心杂秽故世界杂秽。"《维摩经》之《佛国品》亦云："若菩萨欲得净土，当净其心；随其心净，则佛土净。"以此而论，土之净秽取决于心之净秽。这也可以在净土经典中找到依据，如《观无量寿经》云："诸佛如来是法界身，入一切众生心想中，是故汝等心想佛时，是心即是三十二相，八十随形好。是心作佛，是心是佛。诸佛正遍知海，从心想生。"《般舟三昧经》也说："我所念即见，心作佛，心自见，心是佛心，佛心是我身。"也就是主张从心上理解净土，观自心以显自性之弥陀，因阿弥陀佛与极乐净土俱在自己心中，又称"自性弥陀、唯心净土"。

禅宗大德一般持唯心净土说，他们根据"即心即佛"、"直指人心，见性成佛"的一贯宗风，坚持即心即净土的主张。如六祖慧能在《坛经·疑问品》中回答"念阿弥陀佛能否往生西方极乐世界"的问题时说："迷人念佛生彼，悟者自净其心，所以佛言：'随其心净，则佛土净。'……心但无不净，西方去此不远；心起不净之心，念佛往生难到。"

唐宋以后，随着其他宗派的相继衰落，禅净双修的情况很是普遍，其中著名者如五代时的永明延寿、明代的莲池大师等，前者偏向于由禅入净，后者属以净摄禅，但无论是哪种情况，其共同的主张则是禅净双修、理事无碍。永明延寿作为著名禅师，一方面继承了宗门"唯心净土"的传统，认为唯心所现之净土遍满十方世界，因此唯心所念无非是佛。其《万善同归集》云："唯心念佛，以唯心观，遍该万法，既了境唯心，了心即佛，故随所念无非佛矣。"但延寿又不同意禅宗以"唯心净土"否定西方极乐世界的"执理迷事"的做法，主张参禅与念佛的一致性："合则双美，离之则伤。理事双修，以彰圆妙。"为弘扬净土法门，永明延寿还做了著名的"四料简"："有禅无净土，十人九蹉路；阴境若现前，瞥尔随他去。无禅有净土，万修万人去；但得见弥陀，何愁不开悟。有禅有净土，犹如戴角虎；现世为人师，来生做佛祖。无禅无净土，铁床并铜柱；万劫与千生，没个人依怙。"在永明延寿的影响下，禅净双修在后来的禅宗修持中甚为流行。与此同时，一些净土修行者也提倡在念佛的同时兼参禅，其代表人物如净土宗第八祖、被称为晚明四大高僧之一的莲池（袾宏）大师。莲池与延寿一样，先辨明"唯心净土"的真义，认为那些依此而否定"十万亿刹外更有极乐世界"的观点是执心斥境,实际上是错会了其旨意。在此基础上,莲池大师会通禅净,并将念佛三昧或"一心不乱"分为"事一心"不乱与"理一心"不乱,实际上就是主张在忆佛念佛的同时反观自心本性,逐步达到能念的心与所念的佛融为一体的"三昧"境界。

人间净土的思想是近代以来伴随着佛教世俗化倾向而提出的。近代以降,有一些寺庙和僧人热衷于经忏佛事、开光升座等俗务,而荒废了自身的真修实证,偏离了佛教弘法利生的真正目的。这也导致社会上一般信众素质的降低,甚至有些人打着佛教的幌子进行各种迷信欺诈活动,从而严重损害了佛教在一般民众中的形象。在此情况下,许多佛门大德和社会有识之士纷纷奋起振兴佛教,在力倡严持戒律、真参实修等传统修行方法的同时,也在积极寻找适合当代社会潮流的新突破口,以求把佛教自觉觉他、慈悲济世的精神与社会改良结合起来。正是在这样的背景下,太虚、印顺、星云、圣严等人提出了人间佛教和人间净土的思想。

以人间净土的角度来看,净土不仅指他方的佛国净土,而且也包含良风美俗、优美清静的现实世间,即人们通常所谓的人间天堂、大同社会、理想国等。正是在这个意义上,太虚大师说:"佛学所谓的净土,意指一种良好之社会,或优美之世界。土,谓国土,指世界而言。凡世界中一切人事物象皆庄严清净优美良好者,即为净土。"① 释印顺进一步将"净土"分为"众生界的清净"与"世界(或自然界)的清净"两层含义,认为声闻乘所重的,是众生界的身心清净,而大乘除此之外还要注重世界刹土的清净。因此说:"心净众生净,心净国土净。佛门无量义,一以净为本。"② 这就涉及人间净土的建设。

建设人间净土的主导思想是要求修净土者在祈求自己念佛往生净土的同时,还要以庄严国土、慈悲济世的菩萨精神来净化自己和他人的心灵,去积极参与社会环境的改善,由自身的净化而带动一家、一地乃至世界的净化,最终将我们所居住的世界建设成为一片净土,并依此种菩萨行愿作为往生佛国净土的资粮。佛经说在娑婆世界精进修行一年,超过佛国净土

---

① 《太虚大师全书》第25册,宗教文化出版社2005年版,第348页。
② 释印顺:《净土与禅》,中华书局2011年版,第3—9页。

修行一劫，其寓意即在于此。此外，一般净土修行者都会有"倒驾慈航，再回娑婆"之类的发愿，即在往生净土至阿毗跋致（不退转）后，还要重返此世间广度有情众生，这种知恩报恩、自利利他的精神也是人间净土思想的重要表现。其实，从现实情况来看，无论是大陆还是港台、日韩等地，净土宗修学者都是在求生佛国净土的同时，还广泛参与社会活动，如开展慈善事业、兴办教育、推动文化交流等，在推动佛教文化传播的同时，也对社会道德和精神家园的建设等起到了积极的作用。

四　从宗教信仰到精神家园：弥陀净土信仰的现实意义

在从印度到汉地的传播及不同信仰形态的演变中，弥陀净土信仰逐渐与中国本土文化与实际国情相融合，从而成为一种本土化的宗教形态。而从其现实意义来讲，净土宗则超出了单纯的宗教范围，而具有促进道德建设、社会安定、生态保护、心灵安顿、终极关怀等多方面的作用，足以成为现代人安心立命的精神家园。这里所讲的精神家园既不单是宗教意义上的彼岸向往，也不纯是哲学形而上意义的终极追问，亦不只是文学意义上的情感寄托，而是在当下获得安心立命的生活方式。这样的生活方式既是生前的寄托，也是死后的希望；既是当下的安顿，也是永恒的超越，是对于心与身、人与我、生与死、精神与物质、此岸与彼岸的贯通。

首先，弥陀净土作为一种"三根普被、利钝全收"以及"在日常生活中修行"的信仰，适合于所有人尤其是普通民众对终极关怀的需要。净土宗打破了生与死、此岸与彼岸、现实与超越的隔阂，从而填补了传统文化和一般宗教信仰的空白。作为一种宗教信仰形式，净土宗当然会把了生脱死、终极关怀当作首要任务。对于一个净土修行者来讲，不存在生与死的绝对界限，生死本来就是一体或圆融的，因此他们不会陷入对死亡的恐惧当中。从佛的名号来看，"阿弥陀"（Amita）意为"无量"，阿弥陀佛译作"无量等正觉者"或"无量清净平等觉"、"无量寿"、"无量光"等，其本身就包含着永恒解脱、彻底觉悟之意。从文化精神与人文关怀的角度来讲，这无疑是对儒家"不知生，焉知死"等对鬼神死亡讳莫如深的态度，以及道教那种秘而不宣的丹道仙术的重要补充。而与一般宗教之"神"或"救世主"的救赎相比，净土宗所追求的解脱与超越更具有永恒性和彻底性。在佛教和净土信仰看来，一般宗教所追求的天堂或拯救，只是一种不究竟的"福报"而已，一俟天福享尽，还是要堕落。

弥陀净土信仰的另一个突出特征是将"自力"与"他力"、"心力"与"佛力"相结合，既避免了一般宗教徒的那种消极被动心态，又不像禅宗等佛教圣道门那样强调修行者的根机和苦修。无论是禅宗还是密宗等宗派，其对修行者的根器要求都很高，而且往往需要谢绝世缘、避世清修。而净土法门则无人不可修，无时无处不可念佛行善，所以完全可以与人们的行住坐卧等日常生活打成一片。在净土信仰中，一句"阿弥陀佛"，简单易诵，无论男女老幼、贫富贵贱、学问深浅，随时随地都可以念，其简便易行的特征，最适合现代人的生活方式和中国人喜欢简单直接的特点。这使得净土信仰在近现代以来成为中国佛教中信众最广的法门。所以，净土修行不但可以起到安心立命和终极关怀的作用，而且不会影响人们正常的生产生活秩序，而这正是精神文明和精神家园建设的重要内容，也是物质丰富而精神空虚的现代人所亟须的。

其次，唯心净土所体现出的心灵智慧与人间净土所追求的人格境界，对于实现心与物、人与人、人与自然之间关系的和谐，以及现代人的心灵净化、道德提升和生态平衡等都具有重要意义。

如果说佛国净土体现出了浓厚的信仰色彩的话，而唯心净土则更接近于一种心灵智慧，人间净土所注重的则是一种圆满的人格境界，但三者的精神实质又是内在相通的。而且唯心净土与传统文化中的心性思想，人间净土与儒道的修己安人、内圣外王的精神也是契合的。智慧或般若乃是佛教的根本，但智慧又不同于一般的知识或聪明才智，它是从心灵的净化之中内生的。站在大乘佛法的角度来讲，净化心灵不是逃避世间，而是要在尘世间净化，恰如出淤泥而不染的莲花，在利益众生的过程中圆成自己的人格。因此，那种认为净土信仰专求出离，只着眼于死后而不关注现实的观点是有失偏颇的。净土宗要求信众在以真信切愿之心念佛的同时，还要广行布施、持戒等六度万行，以积集往生的资粮，否则难与阿弥陀佛的悲愿相应。如《观无量寿经》所提出的"净业三福"就是很好的证明："欲生彼国者，当修三福。一者孝养父母，奉事师长，慈心不杀，修十善业。二者受持三归，具足众戒，不犯威仪。三者发菩提心，深信因果，读诵大乘，劝进行者。如此三事名为净业。此三种业，乃是过去、未来、现在三世诸佛净业正因。"这对于社会人心的净化和道德建设无疑是很有帮助的。

从佛教的缘起思想来看，净土的成就主要依靠两个因素：佛菩萨的愿力（他力）和众生的业力（自力或心力）。佛菩萨的本愿有总愿与别愿，典型的总愿如"四弘誓愿"："众生无边誓愿度，烦恼无尽誓愿断，法门无量誓愿学，佛道无上誓愿成。"这是所有佛菩萨在因地都应发的誓愿，故称总愿。别愿则是个别的，如阿弥陀佛的四十八愿。念佛求往生的基本原理即是求生者的业力（主要是往生净土的信愿行）与阿弥陀佛的愿力相应。《无量寿经》中阿弥陀佛所发的四十八大愿，其中最受重视的是第十八愿"十念往生愿"[①]："设我得佛，十方众生，至心信乐，欲生我国，乃至十念，若不生者，不取正觉。唯除五逆，诽谤正法。"这是净土宗持名念佛之重要依据。由此可以看出，弥陀净土信仰的特质在于具足信、愿、行三资粮，最终蒙佛接引而往生西方极乐世界。

不管是总愿还是别愿，作为佛菩萨慈悲救世本怀的体现，对众生的摄受是平等的。所以，众生的处境最终还是取决于自己的业力。业是"造作"之意，有善、恶、无记三性，其中善、恶二业能够感召果报，善业感召善果，恶业感召恶果。果报又分为正、依二报，正报指有情众生自身，依报即众生所依的国土世界。依正二报都是众生的善恶业力所感召的，若人们力行善业，"诸恶莫作，众善奉行，自净其意"，最终就能实现依正庄严的净土，反之只能感得秽土。业力又有别业和共业的不同。每个生命个体的命运，包括所处的现实环境、能否往生佛国净土等，皆由自己的业力感召；而现实世界的总体状况，则由众生业力所汇聚的业力大流即"共业"所决定。在身、语、意三业中，最重要的是意业即心的造作。所以从根本上来讲，众生所得依报之净或秽，主要在于众生之心。无论是社会环境还是自然环境，其美化净化的关键皆在"人心"的美化净化。所谓"境由心造"、"依报随着正报转"，创造清净美好的人间净土，必须从人类心灵的自我净化着手。若离开了这一根本前提，无论是经济的发展、科技的进步还是制度的创新，对于"人间净土"的建设来讲，终归

[①] 以善导大师为代表的专修主张最重视第十八愿，而到了后来的"禅净双修"或圆修主张，也同时重视或偏向于第十九愿。

都只能是舍本逐末甚至是南辕北辙。

第三，净土信仰对信众的身心健康、临终关怀的积极意义也值得重视。无论是历史上还是在现实中，都有许多念佛往生净土的实例。从中可以看出，即使那些普普通通的念佛老人都能做到预知时至、无疾而终。中国已经步入老龄化社会，净土信仰的推广和普及对老年人的身心健康、安度晚年、临终关怀无疑是大有裨益的。

应当看到，中国文化中的儒家与道家，其临终关怀的思想相对来讲是存在不足的。而在现代社会，这样的工作又显得特别紧迫。虽然在《尚书》中，"考终命"即善终被列为"五福"之一，儒家也向来就有"慎终追远，民德归厚"的教诲，道家也有"深根固柢，长生久视"的价值诉求，但总体来讲，儒家与道家最重视的还是"生"而非"死"，对于人死后的趋向也基本上是存而不论。后来的禅宗事实上是继承了这样的态度。这固然有其理性和人文精神的一面，对于士人或修行人来讲，也完全可能以其"生寄死归"式的超然精神摆脱死亡问题的困扰。但对于一般老百姓来讲，面对死亡和"三界不安，犹如火宅"的现实，却做不到那样的豁达与超脱。

在渐趋老龄化社会的中国，由于社会保障制度不健全、传统孝道观念淡化、各种慢性病增加、宗教观念淡漠以及临终关怀工作的缺位等原因，很多老年人的晚年都生活得很不幸福。有的长期病卧在床，或者儿女不在身边，身体的疾病、心理上的孤独和对死亡的恐惧等，令他们度日如年。有不少老人在痛苦、绝望、恐惧、怨恨和遗憾中离世，这就凸显了临终关怀的重要意义。临终关怀需要医学、心理学、社会学等学科的参与，更离不开宗教的关注。而净土信仰以其自身的优势无疑会给当前的临终关怀工作带来巨大帮助。从现实来看，有莲友的照顾、念佛者彼此的安慰鼓励，确实可以带给临终者以精神上的安顿，使净土信仰者安详离世。

总之，佛国净土与唯心净土、人间净土思想是相辅相成的，它们共同构成了完整的净土信仰形态，其一以贯之的理念是以修行者自己身心的清净促进世界的净化，以自身素质的提升增进社会福祉，应该说这与佛教自净其意、自觉觉他的宗旨是一脉相承的。

般若学与玄学的合流对僧诗创作的影响

王早娟*

摘要：中国魏晋南北朝时期，思想界出现佛教般若思想与以老庄道家为基础的玄学思想合流的现象，在这种思想文化氛围中出现的僧人诗歌创作，在对答诗、山水诗、咏物诗三个题材中都采用玄言为主的抒情方式，是极富时代文化特征的文学创作。

关键词：般若学；玄学；魏晋；僧诗

佛教于汉代初入中土时，僧团处于最初的建立阶段，加之当时佛教界以佛典翻译为主，僧人创作诗歌被视为末流，因而考诸典籍，此期并未有诗歌留存。西晋时随着佛教戒律的逐渐输入、佛寺的建立，僧团逐渐形成规模，但这一时期亦无僧人诗歌留存。东晋十六国时僧团已经过一段时间的发展，但北方十六国僧人大多仍以从事佛经翻译及义理研究为己任，相对而言，以东晋所在的长江以南地区僧人为主要的诗歌创作群体。南北朝时的僧诗创作同样以长江以南地区为诗歌的主要发生地。

僧人是文学创作者群体中身份特殊的一群，从创作指导思想上而言，更多地受到佛家思想的影响，其次也受到不同历史阶段文学发展思想的影响。考虑僧人文学创作的源流和变迁，应该从以上两个方面综合考虑，梳

---

* 作者简介：王早娟（1978—），陕西周至人，西北大学历史学院副教授，硕士生导师，中央民族大学东亚佛教研究中心兼职项目主任，主要研究方向：宗教哲学、宗教文学、唐代宗教史。

基金项目：陕西省社科基金项目（2017C004）；陕西省教育厅科研计划项目（17JK0725）；陕西省哲学社会科学重点研究基地项目。

通其中的原委，理清发展的脉络，才能呈现僧人文学创作的基本流变特征。

一　般若学与玄学的合流

汉代佛教经典的翻译，以安世高和支娄迦谶为两大系统，安世高所译多为小乘体系经典，弘传内容以禅数之学为主。支娄迦谶《般若经》是佛教大乘空宗主要经典，汉晋时期在我国流传最为重要的佛教经典就是《般若经》。

"自朱士行提倡《般若》以来，迄于罗什，当推《般若》为佛教义学之大宗。"①"仅大乘佛教的主要经典《般若经》，就有东汉支娄迦谶译的《般若道行品经》，三国吴支谦译的《大明度无极经》，西晋竺叔兰译的《放光般若经》等多种译本。"② 般若学以论"性空"为主要哲学焦点，在讨论范畴上与魏晋玄学有诸多相似之处。三国魏晋时的僧人在翻译佛经时为了使佛教思想能尽快被当时人们接受，多采取"格义"的译经方式，"格义"即用中国本土的概念比附佛经，这给当时士人将《般若经》与老庄思想进行比附提供了可能，僧人们为了能够与文士对话，也自然将老庄作为必读的经典。

般若学旨在探讨客观世界的本空实相。"就其客观方面说是性空，就其主观方面说是大智，把主观客观两方面联系起来构成一种看法，谓之'空观'。"③ 由于各家对"空"的看法不同，因而在理论上形成了"六家七宗"。"七宗"即指：本无宗、本无异宗、即色宗、识含宗、幻化宗、心无宗、缘会宗。"七宗"中的本无异宗为本无宗分支，因此合为一家，与其他五宗又被称为"六家"。

自魏以来至晋宋时期，般若学与老庄玄学逐渐合流，因此，般若学的"六家七宗"实质上也是对当时思想界的反映，"当般若学的本义还封锁于暧昧性与不确切性的迷雾中时，他们（晋宋僧人）除了用玄学作为辨

---

① 汤用彤：《汉魏两晋南北朝佛教史》，武汉大学出版社2008年版，第106页。
② 张岂之主编：《中国思想史（上）》，西北大学出版社2011年版，第400页。
③ 吕澂：《中国佛学源流略讲》，中华书局1979年版，第46页。

别方向的指示器外，实在也没有更可靠的、更有效的办法。这样，他们的出发点便是玄学，因而当时玄学中论点的分歧也必然反映到他们对般若学的研究中来。"①

当时社会流行的思想反映到文学创作中，表现出来的就是文学大多托言玄远，旨趣幽微。东晋时期玄言诗歌盛行百年之久，《宋书》卷六十七《谢灵运传序论》中对东晋文学的基本特征总结到："有晋中兴，玄风独振，……自建武暨乎义熙，历载将百，虽缀响联辞，波属云委，莫不寄言上德，托意玄珠。"这个时期的僧人诗作并未能冲破整个文坛的风气。在般若学发展的过程中，道安、支遁、支愍度、鸠摩罗什、僧肇都对该学说做出了重要贡献。

二 早期僧人诗歌创作的特点

魏晋南北朝时期，般若学与玄学具有某些理念上的契合之处，随着玄学在思想理论界的流行，般若思想也开始在思想领域内占有重要地位，"特别是在东晋十六国时，般若思想在中国的传播和发展达到鼎盛。"② 在般若学说影响下，东晋十六国时的僧诗以探讨抽象的宇宙本体问题为主，呈现出质实的特点。

1. 对答有玄意

康僧渊生于长安，晋成帝时与康法畅、支愍度渡江南下，以清谈辩论知名，"康僧渊初过江，未有知者，恒周旋市肆，乞索以自营。忽往殷渊源许，值盛有宾客，殷使坐，粗与寒温，遂及义理。语言辞旨，曾无愧色。领略粗举，一往参诣。由是知之"③ 康僧渊常颂《放光》、《道行》二般若，其受般若思想的影响是极深刻的，般若学说探讨的宇宙本体论往往通过他的诗歌表露出来。当时有僧人竺法頵与文士张君祖颇有往来，张君祖曾任东海太守，善草书，其草书在当时颇有成就，晋穆帝时与王羲之

---

① 侯外庐、赵纪彬、杜国庠等：《中国思想通史》，人民出版社1957年版，第428页。
② 姚卫群：《佛教般若思想发展源流》，北京大学出版社1996年版，第280页。
③ [南朝·宋] 刘义庆著，[南朝·梁] 刘孝标注、余嘉锡笺疏：《世说新语笺疏》，中华书局2007年版，第194页。

书法并称于当时。竺法頠西还华山时,张君祖有三首诗歌相赠,康僧渊代竺法頠回赠诗歌,康僧渊回赠诗为《代答张君祖诗》,诗前有序:"省赠法頠诗,经通妙远,亹亹清绮,虽言不尽意,殆亦几矣。夫诗者,志之所之,意迹之所寄也。志妙玄解,神无不畅。夫未能冥达玄通者,恶得不有仰钻之咏哉?吾想茂德之形容,虽栖守殊途,标寄玄同,仰代答之,未足尽美,亦各言其志也。"① 这一段文字多用玄言妙语,短短的一段文字中出现了三个"玄"字,康僧渊的玄学造诣体现在其语言运用上,同时,康僧渊在这段文字中也表述了他对诗歌的看法,诗歌只有在内容上做到"志妙玄解",才能在境界上达到"神无不畅"的高度。康僧渊的创作实践与其理论追求是一致的,《代答张君祖诗》写道:

真朴运既判,万象森已形。精灵感冥会,变化靡不经。
波浪生死徒,弥纶始无名。舍本而逐末,悔吝生有情。
胡不绝可欲,反宗归无生。达观均有无,蝉蜕豁朗明。
逍遥众妙津,栖凝於玄冥。大慈顺变通,化育曷常停。
幽闲自有所,岂与菩萨并。摩诘风微指,权道多所成。
悠悠满天下,孰识秋露情。

这首作品通篇使用玄言入诗,探讨了宇宙的本源、万物的产生、生命的本质状态等问题,佛家语汇和道家语汇在一首作品中被整合在一起,共同表达了一种哲学观点。康僧会的作品"完全摆脱了此前赠答诗的模式,以玄言诗形式,讨论了佛教义理。"②

又如,东晋时山东女子杨苕华许配王晞,王晞因家庭变故出家,后名为竺僧度,杨苕华赠诗令僧度还俗,僧度有一封回信信中述及他的生活"披袈裟,震锡杖,饮清泉,咏般若"③,这里就是要告诉未婚妻杨苕华自己出家了,披着袈裟,拿着锡杖,居于世外,每日吟咏《般若经》,由此可见般若经在僧度生活中的重要性。僧度有回复杨苕华的五

---

① 中国历代僧诗全集编委会:《中国历代僧诗全集:晋唐五代卷上册》,当代中国出版社1997年版,第3页。
② 刘运好:《论东晋佛教诗之类型及其嬗变》,载《文学遗产》2015年第1期,第36页。
③ [梁]慧皎著,汤用彤校注:《高僧传》,中华书局1992年版,第174页。

首答诗,其中一首写道:"机运无停住,倏忽岁时过。巨石会当竭,芥子岂云多。良由去不息,故令川上嗟。不闻荣启期,皓首发清歌。布衣可暖身,谁论饰绫罗。今世虽云乐,当奈后生何。罪福良由己,宁云己恤他。"① 诗歌以般若学空观及玄学贵无思想为主,表达了竺僧度对万物本空的认识。

东晋时期,无论南方还是北方僧人,都在思想上深受般若学及玄学思想影响。南方佛教义学尤为兴盛,庐山慧远"其行文亦杂引《庄》、《老》,读其现存之篇什,触章可见,不待烦举","远公之佛学宗旨,亦在《般若》。溯其未出家时,本尤善《庄》、《老》。及闻安公讲《般若经》,豁然而悟。"② 慧远诗歌中呈现出鲜明的玄意,其《五言奉和刘隐士遗民》:"理神固超绝,涉粗罕不群。孰至消烟外,晓然与物分。冥冥玄谷里,响集自可闻。文峰无旷秀,交岭有通云。悟深婉冲思,在要开冥欣。中岩拥微兴,临岫想幽闻。弱明反归鉴,暴怀傅灵薰。永陶津玄匠,落照俟虚昕。"③ 作品赠答的对象刘遗民,曾与慧远、宗炳、雷次宗等十八人,于晋元兴元年(105 年),建斋立誓,共期往生西方净土。这样两位有宗教追求的人,在赠答诗歌中,围绕着"冲思"、"冥欣"这些玄学问题展开,在诗人笔下,幽深的山谷是"玄谷",长于玄学者则为"玄匠",僧人情感,全以玄学语言出之。慧远其他赠答诗如《五言奉和王临贺乔之》、《五言和张常侍野》皆为此类。

整个东晋十六国时期,在思想界以般若学和玄学流行的情况下,僧人的诗歌创作深受影响,无论是僧人与僧人之间的赠答,还是僧俗之间的赠答,都未能脱离玄言的形式。

2. 山水寄玄言

从社会发展的角度看,"两晋之际士风的变化和门阀士族群体对自身

---

① 中国历代僧诗全集编委会:《中国历代僧诗全集:晋唐五代卷上册》,当代中国出版社 1997 年版,第 26 页。
② 汤用彤:《汉魏两晋南北朝佛教史》,武汉大学出版社 2008 年版,第 243 页。
③ 中国历代僧诗全集编委会:《中国历代僧诗全集:晋唐五代卷上册》,当代中国出版社 1997 年版,第 19 页。

人格行为模式的调整，是东晋时期自然观和山水意识确立的内在依据。"①随着社会的发展变化，思想界流行的无论是般若空观还是玄学中的有无之辨，这些学说主要观察、解释的对象都是客观世界，尤其是宇宙自然，山水作为宇宙中极为重要的一部分，就被纳入到观照领域中，玄学以为"自然与名教合一"，般若学以为"这是魏晋时期山水大量进入诗歌表现领域的一大因素"。

此外，晋室南渡也是山水在诗歌表现中大量出现的一个重要原因。无论是豫章山水、会稽山水还是庐山景物都以其幽深、玄远、空寂契合着僧人及文士们对般若学及玄学的理解。

东晋时被人们纳入观照领域的山与水，区别于先秦两汉文学视野中常常被用来比兴寄托个人喜怒哀乐情感的自然，而成为寄托幽深玄远哲学理论的意象，《高僧传》卷四载康僧渊，"琅琊王茂弘以鼻高眼深戏之，渊曰：'鼻者面之山，眼者面之渊。山不高则不灵，渊不深则不清。'时人以为名答。"山之灵与渊之清都展现出一种个体精神的玄远追求而非情感的表达。康僧渊在创作中往往能够将对世界、宇宙的认识融入山水景物之中，他笔下的山水是一种富含玄学意味的山水，例如他的《又答张君祖诗》中写山水的句子：

遥望华阳岭，紫霄笼三辰。琼严朗璧室，玉润洒灵津。
丹谷挺樛树，季颖奋晖薪。融飚冲天籁，逸响互相因。
鸾凤翔回仪，虬龙洒飞鳞。

作者描写自己幽栖的华阳岭，这首诗歌中的山水景物被著以浓浓的玄学意味，目的就是为了烘托出接下来要写到的"耽道玩妙"的冲漠之士：

中有冲漠士，耽道玩妙均。高尚凝玄寂，万物息自宾。
栖峙游方外，超世绝风尘。翘想晞眇踪，矫步寻若人。
咏啸舍之去，荣丽何足珍。濯志八解渊，辽朗豁冥神。
研几通长妙，遗觉忽忘身。居士成有党，顾盼非畴亲。

---

① 钱志熙：《魏晋诗歌艺术原论》，北京大学出版社 1993 年版，第 405 页。

借问守常徒，何以知反真。①

康僧渊的诗歌中，山并不因其巍峨而被欣赏，水并不因其浩荡而被赞叹，自然在玄学及般若学盛行的时代中，其自身之美被融入玄境之美中去，一切景语，皆为玄语，这是山水在晋宋僧人笔下的时代特征。东晋支遁的山水诗歌也多以玄言出之，《咏利城山居》、《咏禅思道人诗》皆为此类。慧远《庐山东林杂诗》中的山水景象也是如此。这些作品都未能脱离玄学思想，从本质上而言，尚未脱离"目击而道存"（《庄子·田子方》）的表达范式。诗歌表现上是这样，绘画艺术也是如此，宗炳在其《画山水序》中提出："圣人含道应物，贤者澄怀味象。至于山水，质有而趣灵……夫圣人以神法道，而贤者通。山水以形媚道，而仁者乐。"②这是对一个时期文艺创作特点的总体反映。

总的来看，魏晋南北朝时僧人诗歌创作受文士审美思想及创作倾向影响极大。这一时期的僧人，尤其是东晋时期，从数量上而言，并非社会上的大多数，从社会评价方面来看，更注重僧人在义学方面的造诣，并不看重他们文学创作上的贡献。加上在文学创作领域有影响力的僧人更少，因此，整个东晋时期，僧人的文学创作大多是跟随在社会上引领文坛文学创作倾向的文士们之后亦步亦趋。僧人的山水诗歌创作只是对当时文坛山水诗创作倾向的一个表现，但相对于文人更多受到玄学思想影响而言，僧人在山水诗歌中更多地受到般若学的影响，他们希望通过能够让大多数人理解的玄学语言，传达出佛教的思想。可以说，僧人们的这些诗歌追求中，文学意味是第二位的，宣传佛教思想才是第一位的。仅对山水的关注这一点来看，东晋僧人与文士们一起做出了重要贡献，为南北朝时期山水诗歌的发展和兴盛做出了重要铺垫。《文心雕龙·明诗篇》："老庄告退，山水方滋。"刘勰这里指出，只有当山水诗摆脱玄言的束缚之后，才能正式独立地走向审美观照的主体这一基本事实。

---

① 中国历代僧诗全集编委会：《中国历代僧诗全集：晋唐五代卷上册》，当代中国出版社1997年版，第3页。

② [晋] 慧远著，张景岗点校：《庐山慧远大师文集》，九州出版社2014年版，第202页。

3. 以物喻幽玄

佛经翻译的初期阶段，"格义"的形式实质上体现出两种语言文化在触碰过程中相互理解，相互融合的过程，这体现在文学语言的运用领域，必然是用本土语言词汇来阐释、建构一种新的理论体系。赠答诗、山水诗之外，东晋时期的咏物诗、咏怀诗也都借用玄言的形式出之。

这种类型的作品以后秦鸠摩罗什（344—413）《十喻诗》为代表："十喻以喻空，空必待此喻。借言以会意，意尽无会处。既得出长罗，住此无所住。若能映斯照，万象无来去。"这里的十喻就是般若十喻，《摩诃般若波罗蜜经·序品》有："解了诸法，如幻、如焰、如水中月、如虚空、如响、如犍闼婆城、如梦、如影、如镜中像、如化。"罗什的诗作并没有直接设喻，而是借用佛经中的比喻，这十个比喻的本体都是"空"，也只有佛经中的喻体才能准确说明本体的特征，如能依此领悟，即可明了一切，无所遮蔽，无所束缚。此作几乎没有诗歌的意趣，只是用玄言的形式传达了一种对般若思想的体会，这确实是有些"理过其辞，淡乎寡味"（《诗品》卷上）的意思，若用此诗与梁武帝萧衍的《十喻诗》对比即可见出明显区别。萧衍《十喻诗》中《灵空诗》写道："物情异所异，世心同所同。状如薪遇火，亦似草行风。迷惑三界里，颠倒六趣中。五爱性洞远，十相法灵冲。皆从妄所妄，无非空对空。"同样是说空，而该作中的"三界"、"六趣"、"十相"、"空"、"妄"等语汇都是佛教色彩鲜明的词语，已然完全没有了玄言的踪迹，与鸠摩罗什作品在表述方式上大不相同。

东晋名僧支遁亦可作为这一现象的代表。支遁在般若学领域见解独到，是般若学六大家之一，他创立了"即色本空"思想，佛学造诣精深。支遁同时又对老庄学说颇有见解，与当时名士许询、孙绰常往来清谈，支遁对庄子的《逍遥游》有独到的见解，《世说新语·文学》三十二条载："《庄子·逍遥篇》旧是难处，诸名贤所可钻味，而不能拔理于郭、向之外。支道林在白马寺中，将冯太常共语，因及《逍遥》，支卓然标新理于二家之表，立异义于众贤之外，皆是诸名贤寻味之所不得。后遂用支理。"① 《世说新语·文学》

---

① ［南朝·宋］刘义庆著、［南朝·梁］刘孝标注、余嘉锡笺疏：《世说新语笺疏》，中华书局2007年版，第184页。

三十六条又载："王逸少作会稽，初至，支道林在焉。孙兴公谓王曰：'支道林拔新领异，胸怀所及，乃自佳，卿欲见不？'王本自有一往隽气，殊自轻之。后孙与支共载往王许，王都领域，不与交言。须臾支退，后正值王当行，车已在门。支语王曰：'君未可去，贫道与君小语。'因论庄子逍遥游。支作数千言，才藻新奇，花烂映发。王遂披襟解带，留连不能已。"① 东晋名士郗超曾将支遁与竹林七贤中的嵇康相比，谢安则以为嵇康还需努力才能赶上支遁。郗超又问谢安，支遁与当时最善于玄谈的殷浩相比，孰为优劣，谢安以为在有关玄学的见识上，支遁要更胜一筹，以此可知支遁在玄学上的造诣。

支遁在般若学和玄学上都有极高领悟，这反映在他文学作品语言的运用上，玄言与佛语往往共存于一首诗歌中。例如《咏怀诗五首》之一：

傲兀乘尸素，日往复月旋。弱丧困风波，流浪逐物迁。
中路高韵溢，窈窕钦重玄。重玄在何许，采真游理间。
苟简为我养，逍遥使我闲。寥亮心神莹，含虚映自然。
亹亹沈情去，彩彩冲怀鲜。踟蹰观象物，未始见牛全。
毛鳞有所贵，所贵在忘筌。②

诗中"重玄"语出《老子》："玄之又玄，众妙之门"，"苟简"语出《庄子·天运》："古之至人，……食于苟简之田，立于不贷之圃"，"逍遥"语出《庄子·逍遥游》，"见牛全"语出《庄子·养生主》："三年之后，未尝见全牛也。方今之时，臣以神遇而不以目视，官知止而神欲行。依乎天理，批大郤，导大窾，因其固然。""忘筌"语出《庄子·外物》："筌者所以在鱼，得鱼而忘筌"。这些都是老庄语汇，支遁用这些中国本土哲学语汇表达了一位僧人的世界观和人生感受，逍遥就是处于幽寂之地，能够顺应社会变化，不执着于外物，能够认识到世界中根本的道理，这样就能心神明净，涵映万物，达到最为洒脱自然的状态。

《咏怀五首》中的其他四首亦大抵为此类作品。这实质上是对当时僧

---

① ［南朝·宋］刘义庆著，［南朝·梁］刘孝标注，余嘉锡笺疏：《世说新语笺疏》，中华书局2007年版，第187页。
② 中国历代僧诗全集编委会：《中国历代僧诗全集：晋唐五代卷上册》，当代中国出版社1997年版，第10页。

人们"格义"方法的一种体现。当一种新的文学语言体系尚未建构起来时，这种依附于其他语言体系的表述是一种必然现象，纵观整个佛教文学话语体系的发展，可以见出，在僧人的文学创作中，这种使用老庄语言的作风有一个逐渐减少的过程。随着佛经翻译日渐增多，佛教话语体系完全架构起来时，这种语言的依附现象就慢慢消失了。

三 结语

魏晋时期，僧人诗歌多用玄言是一个值得关注的文化现象。作为佛教三宝之一的僧人理应以弘扬佛教义理为己任，而魏晋时期佛教传入中国时间未久，虽已陆续有佛经被翻译为汉语，但其社会影响是较有限的，尤其不易深入社会精英阶层，而佛教般若学的传入为佛教与中国本土文人流行的玄学思想之间提供了对话的可能，因此文人开始了解佛教义理，以期为玄学思想寻求更多理论支持，僧人同样学习玄学，甚至用玄言表达自己对佛教思想的体证。这种情况为魏晋时期佛教理论的中国化提供了可能，形成了早期佛教传播中的理论特征。

魏晋时期僧人玄言诗有三个特点，其一，对答有玄意；其二，山水寄玄言；其三，以物喻幽玄。这些作品在整个僧人文学发展历史上都是极具特色的，代表了一个时代的哲学追求和审美风尚。

10—13 世纪的宗教思想与北方少数民族的多元文化

袁志伟[*]

摘要：10—13 世纪是中国历史上民族融合的重要时期，佛教、伊斯兰教等宗教思想文化促进了契丹、党项、回鹘等少数民族多元文化的形成，并且进一步推动了各少数民族与汉民族的文化认同。这主要表现为以下几方面：一是独立宗教思想体系是各民族巩固政权的文化保障；二是宗教思想文化促进了北方各少数民族的文明进步；三是宗教思想文化提供了各民族文化认同的信仰与文化基础。

关键词：佛教思想；文化认同；契丹；党项；回鹘

10—13 世纪，中国北方的契丹、党项、回鹘等民族相继建立了辽、西夏、高昌回鹘、喀喇汗朝等独立的民族政权，由原有的部落联盟政权过渡到封建集权制国家，并在经济生活上由游牧经济和迁徙生活向农业经济和定居生活转变，在文化上由较为原始的游牧文化向更为先进的农耕文化过渡。在这种社会和文化剧烈转变的过程中，各民族政权面临着重建文化和社会秩序的时代课题，即如何吸收外来先进文化以促进本民族的文明化，并建立具有独立个性的民族文化；以及如何维护民族政权的政治独立，实现社会的稳定与发展。而在这一时代课题的解答过程中，宗教思想

---

[*] 作者简介：袁志伟（1985—），山西大同人，西北大学哲学学院副教授，硕士生导师，主要研究方向：宗教思想史、佛教哲学。

基金项目：国家社科基金项目"10—13 世纪中国北方少数民族的宗教思想与文化认同研究"（立项号 18XZJ014）

文化发挥了主要作用，各民族政权以宗教思想文化为媒介，建构了多元化的文化体系，并为民族政权的独立提供了理论支持，这可以从以下几方面理解：

一 独立宗教思想体系是各民族巩固政权的文化保障

1. 统一的宗教思想文化体系是少数民族政权和文化统一的理论反映

第一，辽朝以华严学为中心，建立了"显密融合"的统一佛教体系。

"显密圆融"是辽朝佛教思想文化的重要特点。辽朝统治者和契丹民族借助统一与综合性佛教思想体系的建构，同时为其政治与文化的统一提供了理论依据，这主要表现为对华严、密教圆宗的提倡与"显密圆融"思想文化体系的建立。辽道宗耶律洪基以契丹族最高统治者的身份提倡华严圆宗思想，他一方面推崇华严宗并"颁行《御制华严经赞》"；另一方面亲自命觉苑注疏密宗经典《大日经义释》，命法悟等人注释显密思想融合的《释摩诃衍论》，而《释摩诃衍论》对华严、唯识、密宗思想的杂糅综合，正为诸宗思想和佛教界的思想统一提供了权威经典（被视为龙树菩萨的作品）方面的依据[①]。

此外，辽朝密教高僧也依据华严判教思想，而视密教为"圆宗"。如觉苑提出，以《大日经》为代表的胎藏界密法是"总能含摄一切大小性相诸法"[②] 的"圆宗"；道辰殳也继承了这一判教说，将密教解释成"密圆"："合云圆宗有二，一显圆二密圆。……今神变疏钞，曼荼罗疏钞，类彼显圆，判斯密教亦是圆宗。"[③] 此外，道宗赐予当时名僧的德号多为"圆通"、"诠圆"、"通圆"等，这都反映出契丹统治者和辽朝佛教界试图利用佛教建立一种"圆融"统一的思想体系。而从思想上说，辽朝佛教界在外在形式上主张华严与密宗的"显密圆融"，而在内在佛教理论上则以华严学的"真心"思想为本体论依据。而从辽朝佛学著作的内容可

[①] 对此，法悟在《赞玄疏》中称："此论也，总十轴之妙释，穷五分之微诠。百亿契经，说示尽皆符会；一代时教，包罗无所阙疑。了自心之智灯，照本论之释镜。其功也大，讵可得而言矣。"（辽）法悟：《释摩诃衍论赞玄疏》卷一，《卍续藏经》第45册，第839页下。

[②] （辽）觉苑：《大日经义释演密钞》卷一，《续藏经》第23册，第531页上。

[③] （辽）道辰殳：《显密圆通成佛心要集》卷上，《大正藏》第46册，第994页上。

知，真如一心的本体思想受到鲜演、法悟、觉苑等辽朝佛教高僧的普遍推崇，同时也是道宗用以统一思想界的核心理论。可以说，辽朝佛教界正是以真心思想为基础，建立了融会华严、密宗、天台、唯识、禅宗等思想的综合性思想体系，从而为辽朝社会的文化和政治的统一提供了理论支撑。

第二，西夏佛教界建构了汉藏佛学思想并重的综合思想体系。

西夏前期佛教以中原①大乘佛教，特别是华严宗和禅宗为主体；而后期则引入了藏传佛教（噶举派和萨迦派），并得到西夏统治者的特别重视，从而出现了汉藏佛教在西夏社会的兼容并重。而从西夏后期佛教思想的内容来看，当时的西夏思想界也建立了统一汉藏佛学思想的独立思想体系。与辽朝佛教界相似的是，心性论也是西夏佛教思想界的核心理论命题，西夏佛教界以此为基础对中原大乘佛教思想（华严和禅宗为主）和藏传佛教思想进行了融合。在本体论上，西夏汉藏佛教宗派都将心性论作为理论核心，如西夏大手印法重视"本心"佛性及"观心"修法，而西夏华严学则将"真心"思想作为理论核心，两者虽然在"心"的具体内涵上不完全一致（大手印法之心以般若学的真空自性为主要内涵，华严学之心则属如来藏说的真如一心），但在思想的基本内涵上都是将心性论作为理论主体；在修行论上，西夏大手印法以"无念"为主要的禅修方法，这与唐代南宗禅，特别是菏泽禅思想间存在着一致性。从这种思想内涵上说，西夏后期的佛教思想界存在着汉藏佛教思想并存和互相融合的情况②，这说明西夏佛教界有选择性地对中原大乘佛教和藏传佛教思想资源进行了整合与重构，这既是西夏佛教思想的创新及特色，也是其政治独立和文化个性的思想反映。

第三，就回鹘民族来说，高昌回鹘政权一方面对佛教、摩尼教、景教等多种宗教兼容并包，另一方面又将佛教作为主要的宗教信仰，在某种程度上反映出以佛教思想统一思想界的企图。而《佛说天地八阳神咒经》、《金光明最胜王经》等流行于高昌回鹘的佛教文献都具有思想综合的特

---

① 这里的"中原"主要指广义上的中原文化，即以中原地区为基础形成的物质文化和精神文化的总称，其意义与汉文化等同。而在本文的论述中，则具体指唐宋时代的汉文化，包括精神文化（如哲学、宗教、政治制度、艺术）及物质文化等方面。

② 这在元初慧觉《华严忏仪》中有较明显的表现，除了书中对藏传佛教思想的吸收融会之外，其西夏华严学传承谱系也显示出这样的情况，即西夏后期的华严学传承者多为显密兼通的高僧。

点，反映出高昌回鹘佛教界也存在着统一思想界的要求。而从《福乐智慧》一书的内容可知，喀喇汗朝思想界是以伊斯兰教为理论基础，建构了融合伊斯兰文化、中原儒家政治文化以及古希腊哲学思想的综合思想体系，也表现出统一思想界的努力及鲜明的文化个性。

总之，10—13世纪中国北方的辽、西夏、高昌回鹘、喀喇汗朝等民族政权都以宗教思想文化为主体，建立了以思想综合为基础，具有统一性的思想文化体系。从现实作用来看，这种统一思想文化体系的建设对各民族政权的政治统一及社会秩序的稳定都具有重要的促进作用。

2. 独特宗教思想体系的建构，为少数民族政权的巩固提供了理论依据

首先，辽朝佛教的"重教轻禅"思想及其与北宋佛教的差异。

虽然辽朝佛教在整体上属于中原大乘佛教的组成部分，但与北宋佛教界以禅宗思想为中心的情况不同，辽朝佛教界只是将禅宗思想作为华严思想之下、与天台和唯识思想并列的附属思想来看待。而在禅教关系方面，辽朝佛教界普遍主张"重教轻禅"、"融禅入教"，并对"偏执禅教"的做法进行了尖锐批评①。例如，鲜演、志福、法悟等人一方面主张"止观双运"、"定慧双修"的修行方法，特别是澄观的"事理双照"论即华严观法；另一方面提出只有按照华严宗"事观""理定"双运的观法，才能实现禅定与义理修行的"圆畅"，即融禅入华严之教；在对待禅宗的立场上，辽朝密宗高僧觉苑也表明了同样的批评态度②，并试图以"阿字菩提

---

① 例如，辽朝鲜演作为佛教诸宗融合论者，认为偏执于禅定而无视义理的"痴禅"，以及纠缠于名相而轻视禅定的行为，这两者都是"病"："差乎近代，多落此科。诵禅歌，毁于法筵。虚寻名相，说理性。非于塔寺，狂认福田，妄立宗途，误惑含识，断除佛种，良足悲哉。凡佛真子，当须屏远"。（鲜演：《大方广佛华严经谈玄决择》卷二，《续藏经》第8册，第7页下）而法悟和志福同样继承了澄观"融禅入教"的主张，批评了偏执于义理的"局见者"和偏执于禅定的"偏修者"。

② 觉苑认为禅宗虽然讲空法和"不著相"，但不从"有相"入门而企图直入"空相"，结果却是著于空法；而且禅宗的顿悟思想和对佛教经学的轻视，又助长了俗僧不习佛教义学的风气。对此，文称："着是空法多生异见等者。如上凡观察时，先从有相入于无相，若不从有相直尔入空，即失大悲万行，依何方便而得入空。若着如是空法，多生异见。颇见今时僧俗之流，不能广披教藏，闻说顿宗，便拨次第，不依门庭，又顺懒惰染恚之心，展转学习，如犬橹吠。"（辽）觉苑：《大日经义释演密钞》卷十，《卍续藏经》第23册，第657页下。

心"而"和会南北二宗同入法界字门",即用密宗融会禅宗,融禅入密教①;而作为佛教保护者的辽道宗皇帝也持相同的看法②。由此可知,"重教轻禅"和"融教入禅"是辽朝思想界的普遍认识,同时也是辽朝佛教独特性的重要表现。

辽朝佛教界还对唐代华严思想进行了有选择的继承,其中,澄观思想得到特别的重视,而作为唐代华严学重要组成部分的法藏、宗密思想的影响则相对较小,这表现出辽朝佛教界借澄观思想而强化华严思想的主体地位,并坚持以华严为主而融禅入教的思想立场。辽朝佛教界的以上特点,正是辽政权和契丹民族标示其文化个性,以及独立政治地位的思想表现。

其次,西夏佛教的"禅教并重"思想及其与辽宋佛教的差异。

西夏佛教界虽然与辽朝佛教界存在着较多的相似性,但也表现出自身的特点和独立性。一是与辽朝特别尊崇澄观思想相比,西夏佛教界更为重视宗密思想,尤其是宗密融合华严与禅宗的思想,这在《解行照心图》及《洪州宗师教仪》等文献中有较明显的反映,并与五代和北宋初年中国北方佛教思想界的特点存在着一致性③。由此可见,与辽朝全面继承澄观思想、较多保持唐代华严学的思想特色不同,西夏在一定程度上接受了五代北宋中原佛教的影响。二是在对待禅宗的立场上,与辽朝基本否定和贬斥南宗禅的立场不同,西夏佛教界继承和发展了以宗密为代表的菏泽禅思想,并将其作为禅宗思想的主流,而且依据华严学的真心思想改造了唐代的南宗禅思想,这在《解行照心图》及西夏文《洪州宗师教仪》等文

---

① 文称:"若但从阿字菩提心,不假长阿等行之次第,直趣暗字大空之理,即是顿顿,失于圆顿之道理也。以我禅师造此义释,弘阐秘藏,意为和会南北二宗,同入法界字门。"(辽)觉苑:《大日经义释演密钞》卷十,《卍续藏经》第23册,第657页中。

② 据觉苑称:"故我天祐皇帝……须示佳句曰:欲学禅宗先趣圆,亦非著有离空边,如今毁相废修行,不久三涂在目前。乐道之流宜书诸绅尔,故曰着是空等。"(辽)觉苑:《大日经义释演密钞》卷十,《卍续藏经》第23册,第657页下。

③ 对于五代及北宋佛教界的华严学与禅宗的融合现象,以及对宗密思想的重视,魏道儒先生研究指出:"宋代禅宗各派僧人多方面创用华严学,是华严学说在两宋思想界保持一定活力的重要原因。宋代士人直接阅读华严典籍者极少,基本通过禅典籍和禅僧的传教接受唐代华严学的遗产。存在于禅学中的华严教理,是他们接受华严学的内容。从一定意义上说,他们接受的是禅化的华严学,是澄观,特别是宗密之后的华严学。"见魏道儒《中国华严宗通史》,南京:凤凰出版社2008年版,第201页。

献中也有明显的反映。由此可见，西夏佛教思想界在吸收引进中原佛教思想的同时，对于华严学和禅宗的具体思想流派做出了不同于辽宋的选择性继承。西夏后期更在"禅教并重"思想的基础上，建构了融会藏传佛教思想的新体系。这种兼具独特性和创新性的佛教思想构建，正是西夏在与辽宋等政权的竞争中，追求独立政治地位的反映。

再次，高昌回鹘佛教也具有自身的特点，并表现出与中原佛教的差异性。从佛学思想的主题来说，高昌回鹘佛教更为重视般若中观学的心性论，例如，回鹘佛教文献《说心性经》、《佛说天地八阳神咒经》、《金光明最胜王经》等经论在探讨心性的内涵与本质时，都将般若空性（"中道"、"空理"、"无生之性"）视为根本，这与中原禅宗思想之间存在着一定的相似性，而与辽朝、西夏等佛教界的"真心"本体论存在着差距。而从《弥勒会见记》、敦煌写本 S6551 号讲经文等文献中可知，弥勒净土信仰受到僧俗民众的特别推崇，是高昌回鹘佛教界中最具影响力的净土信仰。与此同时，自公元 9 世纪以后，中原地区的弥勒崇拜相对衰落，弥陀和西方净土信仰则成为中原净土思想的主流。从这一方面来说，以弥勒崇拜为核心的净土信仰也是高昌回鹘佛教个性的重要体现。此外，高昌回鹘佛教界对来自中原和印度等地的佛经进行了创造性改译与摘编①，也反映出回鹘民族在文化方面的自觉与创新。此外，回鹘民族建立的喀喇汗朝将伊斯兰教作为主体宗教，与信仰佛教的辽、夏、高昌回鹘相比，具有更鲜明的文化个性和独立性，并在宗教哲学及信仰方面都与中原宗教思想有着巨大的差异。

契丹、党项、回鹘等民族在接受中原大乘佛教、藏传佛教及伊斯兰教的同时，自觉地按照自身需要而进行了有选择的继承和发挥。因此可以说，各民族政权利用宗教思想文化建构了具有民族个性与创新性的文化体系，同时也为其政治的独立与社会发展提供了文化支持。

---

① 例如，杨富学研究指出："早期的回鹘文译经少有严格意义上的译作，一般都是摘译与编译，至于内容的增减，更是极为常见的现象，敦煌、吐鲁番等地出土的回鹘文文学作品大多都是编译"如编号为 Mainz 131（T II Y37）的《佛传》、编号为 U 977 + U 979（T III 84—59 及 U 1047（T III B TV 51—d）的《兔王本生》，德国国家图书馆收藏的 U120（TIIY1）回鹘文《善恶两王子的故事》等。杨富学：《佛教与回鹘讲唱文学》，载《普门学报》（高雄）第 27 期，2005 年。

3. 宗教思想文化发挥了巩固君主统治与维护国家稳定的现实作用

第一，宗教思想为各民族政权的合法性提供了理论论证。

自南北朝时代以来，中国佛教界就通过将统治者视为"佛"、"菩萨"、"教主"等，为统治者的合法性提供论证，以此谋求世俗政权的支持以促进自身的发展，如北魏佛教高僧惠果禅师就称北魏皇帝为"当今如来"①，西魏北周时代长安高僧道安在其《二教论》中也说："君为教主"、"皇帝之尊，极天人之义；王者之名，尽霸功之业"。② 这种宗教与王权的紧密结合，是中国宗教的重要特点。而通过对10—13世纪契丹、党项、回鹘等民族的佛教和伊斯兰教的考察，我们也可以普遍见到宗教思想界为世俗统治者提供的合法性论证。如辽朝高僧觉苑就将辽道宗皇帝称为"密教司南"③，道殿则在《显密圆通成佛心要集》中称其为"菩萨国王"④，说明道宗在辽朝佛教界确实具有教主的地位；高昌回鹘统治者也被僧人称为"化身菩萨"，如 S6551 号讲经文称："睹我圣天可汗大回鹘国，……王乃名传四海，得（德）布乾坤，卅余年国泰人安，早授（受）诸佛之记，赖蒙贤圣加持，权称帝主人王，实乃化生菩萨。"⑤ 可见，将世俗君主与佛菩萨等同的政治意义正在于借助佛教信仰而树立世俗统治者的权威。

对此，西方学者傅海波（Herbert Franke）曾在蒙元皇帝与佛教关系的研究中将此称为"转轮王"模式，他指出：中国政治的"天下之主"是以中原文化中心论及单一文化论为基础的；而佛教作为世界宗教，其"超民族的性格"（supranational character）比起中国文化更能提供一个"普世皇权"的理论模范（a conceptual model of universal emperorship）。因

---

① （北齐）魏收：《魏书》卷一一四《释老志》，中华书局1974年版，第3031页。

② （唐）道宣：《广弘明集》卷八《二教论》，《大正藏》第52册，第141页。

③ （辽）释觉苑：《神变加持经义释演密钞序》，阎凤梧主编：《全辽金文》（上），山西古籍出版社2002年版，第444页。

④ 文称："今居末法之中，得值天佑皇帝菩萨国王，率土之内流通二教。"（按：天佑皇帝为辽道宗的尊号）见（辽）道辰殳：《显密圆通成佛心要集》，《大正藏》第46册，第1004页中。

⑤ 王重民等编：《敦煌变文集》，人民文学出版社1957年版，第461页。

此"转轮王"模范极为吸引印度、西藏及远东的君王。① 也就是说，相比于儒学思想，佛教思想更有利于少数民族统治者论证自身的合法性。

除了辽、夏和高昌回鹘的佛教外，伊斯兰教在喀喇汗朝也发挥了类似的作用，如《福乐智慧》提出了类似"君权神授"的说法，提出："伯克们乃是真主所派定，人民善良，伯克也和气。"② 将世俗的君主视为真主的代理人。从现实作用来说，这种"君权神授论"与佛教的"转轮王"模式一样，都为北方民族政权的统治者提供了政治权力的合法性论证。

第二，北方各民族政权的宗教思想普遍具有"忠君护国"的思想。

中国宗教与世俗权力紧密结合的另一个重要表现，就是宗教对自身"忠君护国"作用的强调。这从唐代已经开始，在辽、夏、回鹘等政权的佛教思想及喀喇汗朝的伊斯兰教思想中也有普遍的表现，在现存的发愿文、经幢记等佛教文献中，一方面可以见到大量对国家和平富足、政权稳固的祈求，如回鹘佛教文献敦煌写本 S6551 号讲经文就称："四远总来朝宝座，七州安泰贺时康，现世且登天子位，未来定作法中王。"③ 即祈愿国家和平稳定，周边民族臣服。另一方面，君主作为国家的领导者和象征，关乎国家的安危，因此祈求君主长寿、皇室子嗣绵延也是愿文中的重要内容。如辽圣宗开泰二年（1013 年）王桂撰《佛顶尊胜陀罗尼石幢记》称："奉为神赞天辅皇帝、齐天彰德皇后万岁，亲王公主千秋，文武百僚恒居禄位。风调雨顺，海晏河清，一切有情，同霑利乐。"④ 即祈求国泰民安，以及统治者的长寿；西夏建国初期的《大夏

---

① 此外，Herbert Franke 还列举了中国历史上的著名奉佛君主及其利用佛教证明自身合法性的例证，如北魏法果和尚称拓拔氏君主为当时如来佛、南朝梁武帝自称"菩萨天子"及"皇帝菩萨"、隋文帝自称"菩萨天子"及其灭陈朝时自称得到"转轮王"武力相助。Herbert Franke 以此证明中国历史上一向有用佛教作政治合法性的传统，以及历史上普遍存在的"转轮王神话"。（Herbert Franke, "From Tribal Chieftain to Universal Emperor and God: The Legitimation of the Yüan Dynasty", *Bayerische Akademie der Wissenschaften, Philosophisch – HistorischeKlasse, Sitzungsberichte* 2. Munich, 1978; also in *China under Mongol Rule* (Aldershot, Hamshire: Variorum, 1994), pp. 52 – 69, 77 – 79.）

② 优素甫·哈斯·哈吉甫：《福乐智慧》，郝关中、张宏超、刘宾译，民族出版社 2003 年版，第 769 页。

③ 王重民等编：《敦煌变文集》，第 472 页。

④ （辽）王桂：《佛顶尊胜陀罗尼石幢记》，阎凤梧主编：《全辽金文》（上），第 169 页。

国葬舍利碣铭》中也称:"所愿者,保祐邦家,并南山之坚固,维持胤嗣,同春葛之延长。"① 此外,《福乐智慧》一书也将"忠君"作为臣属和民众的重要伦理道德之一,提出:"为国君效力要忠贞不渝,建立了功劳,会百事顺遂","遵从圣旨是百姓的义务,无论你是贵人,还是庶黎。对国君本人及其言语均应遵奉,哪怕他出身于买来的奴隶。"②强调百姓应当服从君主政令、并为君主忠诚服务;而大臣应具备的重要条件之一也是忠诚。

总之,这些对统治者长寿富贵和国家和平等世俗要求的祈愿,以及对"忠君"的强调,正是宗教"忠君护国"思想的体现,它有利于信徒对现实政治秩序的服从,从而发挥了巩固统治的政治作用,这也是佛教和伊斯兰教受到北方各民族政权统治者尊崇的重要原因。

第三,宗教思想对民族矛盾和社会矛盾的消解发挥了一定的作用。

辽、西夏、回鹘等民族对佛教的崇信,在很大程度上与佛教的超民族性有关,佛教提倡的"众生平等"及其本身具有的外来文化属性,相比于强调"华夷之辨"、汉民族色彩浓厚的儒家思想来说,更利于民族矛盾的缓解;伊斯兰教也具有类似的作用。此外,宗教也有利于缓解现实社会中统治者与被统治者的矛盾,如《弥勒会见记》中称:"(所有)国王、贵人、名人、大官、家主,如能对国中百姓、奴、婢和侍者不怒不吓,依法关怀者,他们所有人将依弥勒佛法,从所有痛苦中得到解脱。再有,(所有)生为侍者、奴婢、无权无势者,如能尽心伺候贵人及其夫人者,他们都将因弥勒佛之法从所有痛苦中得到解脱。"③可知,作者借弥勒佛之口,一方面劝说统治者和官僚贵族关爱百姓和奴婢,另一方面也要求百姓和奴婢忠心侍奉贵族统治者,并将其作为解脱痛苦和往生弥勒净土的手段。伊斯兰教思想也发挥了类似的作用,如《福乐智慧》就提出了"以真主约束君主"的思想,一是从消极的方面告诫君主:如果实施了虐民的暴政,将难逃真主的审判:"5165. 倘若你国中有一个饥民,真主将问

---

① 史金波:《西夏佛教史略·附录一》,宁夏人民出版社1988年版,第231页。
② 优素甫·哈斯·哈吉甫:《福乐智慧》,郝关中、张宏超、刘宾译,民族出版社2003年版,第85、650页。
③ 耿世民:《回鹘文哈密本〈弥勒会见记〉研究》,中央民族出版社2008年版,第416页。

你之罪，不加原宥"①；二是从积极的方面劝说君主，通过施行善政会获得来世的好报："1374. 要执法公正，对人民公平，最后审判日，会有好报应"②。从以上这些思想来看，佛教和伊斯兰教的教义都发挥了缓解民族和社会矛盾的积极作用，从而有利于各民族政权的稳定。

以上的例证说明，宗教思想文化并非单纯的信仰，独特而内涵丰富的宗教思想体系也不仅是纯粹的思想理论。可以说，独立与统一的宗教思想文化体系，对于辽、西夏、高昌回鹘和喀喇汗朝的政治独立与统一，王权的巩固和社会的稳定，都具有重要的理论支撑作用及现实意义。对此，正如陈寅恪先生在《隋唐制度渊源略论稿》中讨论苏绰为宇文泰创建官制时指出的："适值泰以少数鲜卑化之六镇民族窜割关陇一隅之地，而欲与雄踞山东之高欢及旧承江左之萧氏争霸，非别树一帜，以关中地域为本位，融冶胡汉为一体，以自别于洛阳、建邺或江陵文化势力之外，则无以坚其群众自信之心理。"③ 也就是说，独立的文化体系正是稳定政权及强化民族自信的重要保障，而辽、西夏、高昌回鹘和喀喇汗朝的佛教和伊斯兰教文化正发挥了这种作用。而通过自我文化体系的建构以凸显政治和文化上的民族性与主体性，也是对社会秩序的重建，即对"如何建构民族本位文化以巩固民族政权"这一时代课题的解答。

二 宗教思想文化促进了北方各少数民族的文明进步

10—13世纪的契丹、党项、回鹘等民族通过吸收外来的先进农耕文明，促进了自身的文明进步。其中，宗教文化对于各民族的文明化，特别各民族思想文化的发展进步起到了巨大的推动作用，并成为辽、西夏、高昌回鹘和喀喇汗朝等民族政权建设多元文化的重要思想资源。这主要可以从以下几方面理解：

---

① 优素甫·哈斯·哈吉甫：《福乐智慧》，郝关中、张宏超、刘宾译，民族出版社2003年版，第674、683页。
② 同上书，第185、194、263页。
③ 陈寅恪：《隋唐制度渊源略论稿》，三联书店2004年版，第20页。

1. 宗教思想文化为各民族的发展提供了主要的思想资源

第一，中原大乘佛教文化是契丹、党项和回鹘民族的主要思想文化资源。

通观10—13世纪的辽国及与之并立的西夏、高昌回鹘等民族政权，普遍将中原大乘佛教作为主要的宗教信仰，而契丹、党项、回鹘等各个民族也广泛参与到佛教信仰中，并以中原大乘佛教文化为资源，创造了各具特色的佛教思想文化。

首先，中原佛教经典是各民族获得佛教思想文化的主要载体，因此，各少数民族政权普遍对汉文大藏经及中原佛教著作进行了引进与翻译，以此为佛教及民族文化的发展提供理论资源。以党项民族为例，西夏政权自创建伊始，就将对中原大藏经的引进作为重要的政治行动，西夏统治者曾五次向宋朝"求经"（即赎买或求取汉文大藏经），第一次为宋仁宗天圣八年（1030年）"定难军节度使西平王赵德明遣使来献马七十匹，乞赐佛经一藏"①；最后一次则是宋神宗熙宁五年（1072年）秉常向宋"遣使进马赎《大藏经》，诏赐之而还其马"②。与此同时，党项民族有选择地对汉文大藏经进行"番译"即西夏文转译，完成了总数八百二十部、三千五百七十九卷的西夏文大藏经③；而从目前出土的高昌回鹘文佛教文献来看，绝大部分都是以汉文佛经为底本的翻译作品。④

其次，各民族政权的思想界继承了中原大乘佛教的理论思想。如辽朝佛教以唐代佛教文化为主体，继承了唐代佛教的义学传统及华严宗、密宗、唯识宗等宗派思想，并在这些宗派思想选择继承与融合创新的基础上，建设了以华严学为主体的思想文化体系；而从《圣立义海》、《正行集》等西夏思想著作来看，中原佛教思想（佛性论、如来藏缘起说）也是其思想文化体系的重要组成部分。此外，回鹘民族也将佛教思想文化、

---

① （宋）李焘：《续资治通鉴长编》卷一〇九"天圣八年十二月丁未"，中华书局2004年版，第2549页。

② （元）脱脱等：《宋史》卷四八六《夏国传》，中华书局1977年版，第14009页。

③ 对此，可参见史金波：《西夏佛教史略》第四章《西夏佛经》及第七章《佛教宗派的影响》中的相关内容。

④ 杨富学：《回鹘之佛教》，乌鲁木齐：新疆人民出版社1998年版，第148页。

特别是中原大乘佛教文化作为建设民族文化的重要思想资源。这从现存的回鹘文献中可以得到证明，德国学者茨默曾指出："在已知的回鹘文文献中，除了有限的世俗作品外，大部分都是宗教性作品，其中又以翻译作品居多。"① 这里的翻译作品，主要就是对中原大乘佛教文献的回鹘文翻译，可以说中原大乘佛教文化也是高昌回鹘的主要思想文化资源。

第二，藏传佛教文化是党项、回鹘、吐蕃民族思想文化的重要组成部分。

藏传佛教文化对于10—13世纪的中国北方民族也产生了重要的影响，并成为吐蕃、党项、回鹘等少数民族的精神文化资源之一。藏传佛教经过后弘期的发展，于11至12世纪之际已经形成了较为完整的佛教思想体系，并出现了以玛噶举派和萨迦派为代表的佛教宗派②，而西夏后期佛教（自仁宗朝开始）的显著特点就是藏传佛教噶举派和萨迦派的广泛流行③，西夏对藏文佛经的翻译、帝师制度的设立，以及众多藏传佛教高僧受封帝师、国师的史实，正说明藏传佛教文化也成为党项民族重要的思想文化资源。

高昌回鹘国在接受中原大乘佛教的同时，也大量吸收引进了藏传佛教文化。随着公元8世纪中叶安史之乱的爆发以及吐蕃对河西地区的占领，流行于吐蕃地区的藏传佛教，也传入河西以及高昌地区，并与中原大乘佛教共同发展。早自9世纪中叶开始，藏传佛教就开始在西迁高昌的回鹘民族中得到流传。而在蒙元时代，随着统治者对藏传佛教的尊崇，高昌回鹘国也涌现出了大量藏传佛教名僧。从敦煌、吐鲁番等地出土的回鹘文文献来看，有相当多的藏文佛教经典曾被译为回鹘文，藏传佛教噶举派等宗派的高僧也曾前往回鹘传法，这说明藏传佛教文化也成为高昌回鹘佛教思想文化的重要组成部分。

第三，伊斯兰教文化对回鹘民族的精神文化产生了深刻影响。

由于回鹘民族本身社会发展水平的限制，因此伊斯兰教的思想文化发

---

① ［德］茨默：《佛教与回鹘社会》，桂林、杨富学译，民族出版社2007年版，第83页。
② 参见王森《西藏佛教发展史略》，中国藏学出版社2010年版。
③ 对此可参见史金波《西夏佛教史略》（宁夏人民出版社1988年）及《西夏的藏传佛教》（《中国藏学》2002年第1期），陈庆英：《西夏与藏族的历史、文化、宗教关系试探》（《藏学研究论丛》第5辑，西藏人民出版社1993年），孙昌盛：《试论在西夏的藏传佛教僧人及其地位、作用》（《西藏研究》2006年第1期）等文。

挥了先进文明载体的作用。伴随着伊斯兰教的传播，伊斯兰文化也成为喀喇汗王朝思想文化的主流。从《福乐智慧》的诗歌形式及词汇使用、宗教与哲学思想、所引用的传说与史诗①等方面来说，该书都受到伊斯兰文化的重要影响。而书中所吸收的古希腊的伦理学与政治学思想，实际上也是通过穆斯林思想家的翻译与传承（"百年翻译运动"），以伊斯兰文化的形式存在的。② 从《福乐智慧》一书所反映的思想背景来看，伊斯兰教思想可以视为喀喇汗朝的主要思想文化资源。

由此可见，契丹、党项、回鹘等民族接受佛教、伊斯兰教等宗教文化，并不仅仅是出于信仰方面的需要，同时还与建设具有独立个性的民族文化、巩固民族政权等现实需要有着密切关系。

2. 宗教思想文化对各民族的理论思维产生了深刻影响

首先，宗教思想文化塑造了北方各民族的哲学思想。

由上文的论述可知，宗教哲学思想在很大程度上成为契丹、党项、回鹘等民族哲学思想的代表，在对物质世界及其起源的认识即宇宙论方面，佛教所提出的四大说、三界说及伊斯兰教的神创说、天堂地狱等思想被各民族广泛接受。而在对人类起源及人本性的认识即人性论方面，佛教的如来藏缘起说、佛性论等思想也在很大程度上成为各民族思想界解释人性的主要理论依据。

以党项民族为例，在人类产生方面，代表西夏官方思想的辞书《圣立义海》还运用佛教思想做出了如下的解释：人的"身"即肉体由"地水风火"四大基质构成（"地、水、火、风，依四大成身也"）③，而人心由五蕴组成："依大蕴荫：色、受、想、行、识，依五蕴诸法皆集，善恶才艺显现。"④ 即人的心理活动及认识主要来自于色、受、想、行、识五蕴的集合变化，而善恶才性也由此显现；而在人性产生的认识上，《圣立

---

① 王家瑛：《〈福乐智慧〉与伊斯兰文化》，载《哲学研究》1990年第2期。
② 参见魏良弢《阿拉伯进入中亚与中亚伊斯兰化的开始》，载《新疆大学学报（人文哲学社会科学版）》2005年第3期。
③ 克恰诺夫、李范文、罗矛昆著：《圣立义海研究》，宁夏人民出版社1995年版，第62页。
④ 同上书，第62页。

义海》主要采用了佛教的业报缘起说及如来藏缘起说,认为人本来具有纯善的"真实性"(即清净无染的佛性或善性),而恶性则来源于烦恼及后天性气的熏染①,这实际上接近于佛教的如来藏缘起说。以喀喇汗朝和回鹘民族为例,从《福乐智慧》一书所反映的思想来看,在客观世界的起源、万物背后的本体依据、物质世界的性质等哲学问题的认识上,喀喇汗朝思想界主要接受了伊斯兰教的神创说,并带有鲜明的宗教神学色彩;而在伦理道德方面,《福乐智慧》则将智慧视为真主的天赋善性,将虔信真主和禁欲作为重要的美德,这都反映出伊斯兰教哲学思想的深刻影响,可以说,伊斯兰教思想在很大程度上已经成为喀喇汗朝和回鹘民族哲学思想、特别是世界观思想的理论基础。

第二,宗教思想文化提升了各民族的思辨能力。

不可否认的是,作为宗教思想文化重要组成部分的宗教哲学思想,其中包含着深刻的理论思辨性,特别是华严宗、唯识宗、天台宗等中原大乘佛教宗派,其理论体系丰富深奥、逻辑思维缜密细致;而契丹、党项等少数民族对这些义学思想的接受与研习,本身就是其思辨能力提升的重要表现。以契丹民族的佛学思想为例,辽道宗耶律洪基在《释摩诃衍论》"御解"中,就运用华严学的总义、别义,天台宗的第一义谛、真俗二谛,唯识学的能入、所入三对名相,将该论的三十三门内容进行了归纳总结和概述,将十六门归为"所入"、"第一义谛"和"总义",另十六门归为"能入"、"真俗二谛"和"别义"。② 这种对华严、天台、唯识学概念的综合运用,以及对众多法门的总结归纳,表现出精深的佛学素养和哲学理论思辨性,这正是契丹民族(以契丹统治者和贵族为代表)理论思辨能力提升的表现。

西夏思想界也围绕佛性思想和如来藏缘起说而对儒佛思想进行了融合和创新:通观《圣立义海》所反映的世界观思想,可知西夏思想界在宇宙论方面主要是以儒学的元气论为依据,而在人性论方面则选择如来藏说及业感缘起说等佛教思想作为主要资源,但又未完全固守一说,而是综合了佛儒二家思想,形成了气本论与缘起说并存的"二元论"宇宙论与人

---

① 原文为:"依真实性:人本有真净性,生后方依因缘烦恼,染诸种性气也。"(《圣立义海研究》,第62页。)

② (辽)法悟:《释摩诃衍论赞玄疏》卷一,《卍续藏经》第45册,第831页中。

性论。此外,《圣立义海》还将儒家的"九品才性论"与佛教的"十界"思想结合。这正是西夏思想界兼采各家思想而融合创新的表现,同时也反映出党项民族在理论综合与创新方面的思辨能力。

第三,宗教思想文化深化了各民族对客观世界的认识。

相比于契丹、党项、回鹘等民族对客观世界的原始认识("万物有灵"的萨满信仰),佛教与伊斯兰教对于客观世界的认识更具理论性和系统性。以契丹民族为例,在对宇宙及世界的认识上,契丹民族就吸收了佛教的"四大部州"说,用"南赡部州"称呼辽国,如重熙四年(1035年)《张哥墓志》、重熙十三年(1044年)《沈州无垢净光舍利塔石函记》、重熙十四年(1045年)《沈州卓望山无垢净光塔石棺记》等文中都有"南赡部州大契丹国"、"南赡部州大辽国"等称谓①。而在宇宙生成过程的认识上,西夏思想界吸收融会了儒学的"元气说",以及佛教的"四大说",将世界的产生解释为某些基本物质运动结合的结果。《圣立义海》、《新集碎金置掌文》等书就根据这种元气生化论来解释世间万物的起源,称:"天地世界初,日月尔时现。明暗左右转,热冷上下合。"②描写的是阴阳二气和合产生万物的过程;同时,《圣立义海》还采用佛教的四大说,认为水、火、风、土四种基质和合构成万物:"诸物为载:诸物众生,一切成四大体,依大地为载。"③这反映出佛教的理论思想在很大程度上深化和拓展了党项民族的理论认识。此外,佛教的四要素说对于喀喇汗朝思想界也产生了重要影响,《福乐智慧》一书就用四要素说解释物质世界的具体构成,认为万物由火、水、气、土四种基本物质构成:"四要素组合,才能构成生命","143. 三者为火,三者为水,三者为气,三者为土,由此构成了宇宙"④。

可以说,佛教和伊斯兰教等思想文化被北方各民族思想界接受的同

---

① 向南:《辽代石刻文编》,河北教育出版社 1995 年版,第 200、237、239 页。

② 《新集碎金置掌文》的汉译文引自聂鸿音、史金波:《西夏文〈碎金〉研究》,载《宁夏大学学报》(社会科学版)1995 年第 2 期,第 15 页。

③ 克恰诺夫、李范文、罗矛昆著:《圣立义海研究》,宁夏人民出版社 1995 年版,第 57 页。

④ 优素甫·哈斯·哈吉甫:《福乐智慧》,郝关中、张宏超、刘宾译,民族出版社 2003 年版,第 11—22 页。

时，宗教思想也在哲学和理论思维等方面提升了这些民族的思维水平。

3. 宗教思想文化为各少数民族民众提供了精神支柱

首先，宗教思想提供了人生目标与精神归宿。

佛教宣扬的成佛证道、净土往生，以及伊斯兰教宣扬的升入天堂、来世善报等思想，既是宗教信仰的重要内容，也是宗教修行的重要目标。在宗教信徒那里，宗教修行目标往往被他们等同于人生目标，并被作为精神归宿，从而对现实社会产生了重要影响。这在信仰佛教的辽朝、西夏、高昌回鹘国及信仰伊斯兰教的喀喇汗朝民众中有突出的反映。

信仰佛教的各民族民众普遍将往生净土与成佛作为重要的人生目标和终极追求，这在现存的经幢记和发愿文等中有大量的表现，如清宁五年（1059年）《秦晋国大长公主墓志铭》记载，辽景宗长女耶律观音女崇信佛教，并"薰修胜因，迥向于佛道"[1]，也就是将成佛得道作为重要的精神目标，为了实现这一目标，诵经、持戒、饭僧等佛教修行也成为辽朝民众日常生活的重要组成部分。天盛十九年（1167年）夏仁宗《佛说圣佛母般若波罗蜜多心经》御制后序称："仰凭觉荫，冀锡冥资。直往净方，得生佛土。永住不退，速证法身。又愿：六庙祖宗，恒游极乐。"[2] 可知净土与成佛也是党项民族的重要观念。从现存的回鹘佛教文献可知，成佛与往生净土思想也是高昌回鹘民众的普遍认识，如吐鲁番高昌故城佛寺遗址出土的回鹘文木杵（立于公元948年）铭文称："我们二人就恭恭敬敬地为修建一座寺庙而夯入一根 sat 木杵以为基础。但愿这一功德善业所产生的力量能使我们以后与崇高的弥勒佛相会；但愿我们能从弥勒佛那里得到崇高的成佛的胜因。"[3] 在各民族佛教信徒的心目中，佛教所宣扬的成佛证道与往生净土已经不单是宗教信仰，更具有人生终极目标及追求生命永恒的意义。

此外，伊斯兰教宣扬的虔信真主和追求天国的思想也具有相同的意义，《福乐智慧》作者就表达了以信仰真主为精神寄托的思想："4764. 真

---

[1] 郑绍宗：《契丹秦晋国大长公主墓志铭》，载《考古》1962年8期，第429—435页。

[2] 俄罗斯科学院东方文献研究等编：《俄藏黑水城文献》第三册，上海古籍出版社1996年版，第77页。

[3] 汉译文引自杨富学《回鹘之佛教》，第181页；铭文年代的考证参见同书第190页。

主即是我心愿和希望的寄托，我日夜祈祷的真主，即是我的欢乐。"① 以及祈求死后升入天国的追求："3084. 这世界好比监牢，切莫迷恋，愿你把天国乐土默默追寻。"② 可见，伊斯兰教思想也为回鹘民族和喀喇汗朝民众提供了人生目标和精神归宿。

其次，宗教信仰发挥了祈福禳灾的精神抚慰作用。

对于普通民众来说，宗教信仰最大的功用之一，就是为安抚现实生活苦难而提供精神的慰藉。由于社会发展水平较低，当时各民族的民众往往将祈福禳灾、健康长寿、平安富足的希望寄托在宗教上。如会同五年（942年）辽太宗耶律德光"闻皇太后不豫，上弛入侍，汤药必亲尝。仍告太祖庙，幸菩萨堂，饭僧五万人"③；而秦晋国大长公主病重弥留之际，"诸孙在旁，恻恻恳祷，焚香祝无边佛，设供饭无遮僧"④，也就是通过焚香拜佛、祷告、饭僧以祈求亲人病愈。现存的西夏佛经发愿文也反映出当时西夏人希望依靠佛教而去病禳灾、富贵长寿等思想。如天盛十九年（1167年）任得敬印施《金刚般若波罗蜜经》发愿文称："今者灾迍伏累，疾病缠绵。日月虽多，药石无效。故陈誓愿，镂板印施，仗此胜因，冀资冥佑。倘或天年未尽，速愈沉疴；必若运数难逃，早生净土。"⑤ 现存的回鹘佛教文献中也有许多类似的文字，如《弥勒会见记》卷首的发愿文称：我们愿把画像、抄经的功德首先转给天上的梵天、帝释和四天王。借此功德之力，愿他们的天威增大。保护我们的国家和城市，让其内无疾病，外无敌人，五谷丰登，全体人民幸福。⑥ 而从《福乐智慧》的论述中可知，信仰真主在很大程度上也成为消除灾祸的精神慰藉，文称："1271. 哪一位仆民虔信真主，灾祸的大门必对他紧关。"⑦ 这些例证都表明，在辽、西夏、高昌回鹘、喀喇汗朝等政权的统治阶层及普通民众那里，针对现实中的战乱、灾难和疾病，宗教已经成为主要的精神慰藉。

---

① 优素甫·哈斯·哈吉甫：《福乐智慧》，郝关中、张宏超、刘宾译，民族出版社2003年版，第621页。

② 同上书，第399、400页。

③ （元）脱脱等：《辽史》卷四《太宗纪下》，第52页。

④ 郑绍宗：《契丹秦晋国大长公主墓志铭》，载《考古》1962年8期，第429—435页。

⑤ 《俄藏黑水城文献》第三册，上海古籍出版社1996年版，第77页。

⑥ 耿世民：《回鹘文哈密本〈弥勒会见记〉研究》，第13—14页。

⑦ 优素甫·哈斯·哈吉甫著，郝关中、张宏超、刘宾译：《福乐智慧》，第172页。

再次，宗教思想发挥了道德伦理的约束作用。

宗教思想中虽然包含着大量迷信成分，但其中的劝善、因果报应等思想，却对信徒的现实行为具有积极的约束作用，在很大程度上发挥了道德伦理准则的作用。例如，西夏思想界就提出了一种以佛教为主、佛儒融合的社会道德准则：即将佛教的"修心"与"成佛"作为"君子"的标准，用佛教的修行与戒律约束一般民众的社会活动。对此，西夏文《正行集》提出："君子者，不异释门，类同道士，去恶依善，皆同一体。"①而《番汉合时掌中珠》虽以仁义忠信及孝道等儒家的伦理道德规范为立身准则，但在人生的目标和最终归宿上，则归本于佛教的成佛证道。此外，反映喀喇汗朝思想的《福乐智慧》一书中也宣扬了因果报应思想："你在今生作恶而在享乐，来世将受罪，后悔难言。行善之人在今生卑贱，来世他无憾，会百事如愿。"② 这种对因果报应的强调，其主要目的就在于巩固对真主虔信，以及劝诫人们以为善去恶为人生目标。总之，佛教和伊斯兰教思想为辽、西夏、高昌回鹘、喀喇汗朝民众提供了人生目标和精神归宿，并发挥了精神抚慰和道德约束的积极作用，从而具有了精神支柱的意义。

中原大乘佛教文化、藏传佛教文化、伊斯兰教文化等宗教思想文化是契丹、党项、回鹘等民族建设本民族思想文化体系的主要资源；并且在哲学思想、理论思辨、道德伦理等方面促进了各民族的文明进步，发挥了各民族民众的精神支柱的作用，从而为社会和文化秩序的重建及稳定提供了思想保证。从这些方面来说，10—13世纪北方各民族政权的佛教与伊斯兰教思想，正是对文化秩序的重建，即"如何吸收外来先进文化以促进本民族的发展及社会进步"这一时代课题的解答。

三 10—13世纪中国北方民族宗教思想的社会与文化意义

通过上文对10—13世纪中国北方民族宗教思想与社会的探讨，可知辽、西夏、高昌回鹘、喀喇汗朝等民族政权的宗教思想文化在整体上是对

---

① 聂鸿音：《西夏文德行集研究》，甘肃文化出版社2002年版，第10页。
② 优素甫·哈斯·哈吉甫：《福乐智慧》，第126页。

其社会和文化秩序重建这一时代课题（如何吸收先进文化以促进本民族的发展与社会进步，并为民族政权的巩固提供理论支持）的解答。对此，我们可以得到以下几点认识：

1. 10—13 世纪北方民族的宗教思想文化是与当时社会存在互动的产物。

从现实作用来说，宗教思想文化在各民族社会的发展进步中发挥了重要作用，独立的宗教思想文化体系成为各民族政权的政治和文化独立的思想支撑和象征，并在思想界的统一、统治者的合法性论证、社会和民族矛盾的消解、政权的巩固等方面，为"社会秩序的重建"提供了理论解答。同时宗教文化也促进了各民族的文明进步，佛教、伊斯兰教等宗教思想文化成为建设各民族独立文化体系的主要思想资源，并在各民族哲学思想的塑造、理论思辨的提升、精神支柱的树立等方面发挥了巨大作用，从而为"文化秩序的重建"提供了理论解答。

从这种时代课题解答的角度来说，10—13 世纪北方民族的宗教思想具有与政治社会紧密结合和世俗化的思想倾向，其思想内涵、理论特点的产生，在很大程度上是对各民族政权现实社会需要的回应。辽、夏、回鹘宗教思想所体现的创新性与独立性，以及佛教对这些民族政治、文化、社会生活和习俗的广泛影响，都说明佛教思想文化并非只是脱离实际的理论学说，或者是附属于宗教信仰的空洞说教，它实际上是当时各民族政权社会存在及社会需要的产物，并对各民族的社会生活产生了深刻的影响。

2. 宗教文化推动了各民族政权多元文化体系的形成。

围绕当时的时代课题，各民族政权对中原大乘佛教思想文化、藏传佛教思想文化、伊斯兰教思想文化进行了有选择性的吸收与继承，并进行了融合与创新，从而建构了凸显文化民族性与主体性的自我思想文化体系。与以儒学思想文化为主体的北宋中原文化相比，以佛教文化为主体的辽、西夏、高昌回鹘文化，以及以伊斯兰教文化为主体的喀喇汗朝文化，使10—13 世纪的中国思想界呈现出多元文化的格局。

由于辽夏等少数民族政权的压力，出于现实政治等方面的考虑，北宋思想界普遍出现了排斥佛教和道教等宗教思想、重振儒学的思潮，如张载、二程等北宋理学家，都将"辟佛老"、"去二氏之病"作为重要的思想任务，北宋儒学家石介也在其《中国论》中指出，当时思想界最迫切的任务就是抵御瓦解"中国之常道"的佛教①。从多元文化的交流与融合来看，这在某种程度上是对外来文化及多元文化的排斥与自我封闭。而各少数民族政权利用佛教、伊斯兰教等宗教文化建构本民族文化体系的行动，促成了多元文化体系的出现，在很大程度上弥补了当时中原地区文化内敛和封闭的不足，与儒家文化共同丰富了中国文化多元繁荣的格局，并为中国文化的多元一体化发展奠定了基础。

---

① 对此，北宋思想家石介就认为：佛教"灭君臣之道，绝父子之情，弃道德，悖礼乐，裂五常，迁四民之常居，毁中国之衣冠，去祖宗而祀夷狄。"（宋）石介：《中国论》，收入《徂徕石先生文集》卷十，中华书局1984年版，第116页。

彝族与道教关系的思想文化意义

夏绍熙[*]

摘要：彝族与道教有十分密切的关系。在道教史上的重要阶段，都能看到其与彝族文化的互相渗透。从思想文化史的角度分析，根本原因是以老庄道论为哲学基础的道教有极强的包容性。同时道教与华夏文化、古羌人文化也有交互影响。从道教融入彝族日常生活可看出，其对彝族文化的影响是深刻的。这表明道教植根于中华民族传统文化之中，反映着中华民族心灵深处的向往与追求。

关键词：彝族；道教；传统；思想文化

中国是一个多民族国家，中华文化 5000 多年的历史是汉族文化和少数民族文化在相互交融、会通的基础上形成的。中华文化的内容十分丰富，而观念文化或思想文化是其核心。要取得对中华文化深刻系统的认识，需要研究作为文化核心的思想观念与中华民族生衍发展的内在联系。本文以彝族与道教的关系为例，探讨思想观念如何融入民族的历史发展过程，对其生活方式和思维方式产生影响。

一　彝族与道教之关系概说

彝族是我国西南地区具有悠久文化传统的民族。关于彝族的族源，学

---

[*] 作者简介：夏绍熙（1980—），云南会泽人，西北大学中国思想文化研究所讲师，主要研究方向：先秦思想史、道家道教思想史。

基金项目：本文是国家社科基金西部项目（14XZX024）、陕西省社科基金（10C004）、陕西省教育厅科学研究项目（2010JK306）系列研究成果之一。

术界普遍认为"彝族渊源出自羌人"①,其先民是古代居住在西南地区、属于氐羌系统的部落。"战国秦献公时,北方的一部分羌族南下到今大渡河、安宁河流域,与原来分布在这一带的氐羌族群会合,它们是今藏缅语各族的主要来源",② 其中就有彝族的先民。秦汉时期的"西南夷"中,夜郎、靡莫、滇、邛都、嶲、昆明等族是彝族的先民。秦汉以后,西南夷中的昆明人和叟人,"一直处在分化与重新组合的过程中,组成近代彝语支的七个兄弟民族(彝族、白族、纳西族、哈尼族、傈僳族、拉祜族、阿昌族)中除白族和纳西族以外的其他五个兄弟民族。"③ 魏晋南北朝时期,西南地区的乌蛮和彝族关系最为密切。到唐代,南诏政权的王族就是乌蛮。"元代,金沙江南北两岸彝族各部落经济文化发展和彼此之间联系大大加强,随之,出现了一个在彝族中普遍使用的共同族称——罗罗。罗罗的出现和广泛使用,标志着彝族作为一个民族共同体已经完全形成。"④ "罗罗",在彝语中是虎的意思,说明彝族是崇拜虎的民族,"罗罗的族称一直延续使用至中华人民共和国成立,彝族人民根据自己的意愿,采用古代礼器之'彝',作为本民族的通称。"⑤

  道教是中华文化重要组成部分之一,产生于东汉顺帝(126—144 年)时期,距今 1800 多年。道教有漫长的孕育阶段,在汉族和其他少数民族原始信仰中,在诸子百家特别是道家哲学思想影响下,在不同地区文化相互交流中,形成以"道"为最高信仰的宗教。"道"是道教信仰的核心,道教认为个人通过修道,可以长生成仙,用道治理社会,可使天下太平和谐。道教神化先秦思想家老子,尊之为太上老君。早期道教在东汉末年兴起于民间,希望用宗教神学的方法解除广大受压迫民众身心上的疾苦,建立和平有序的社会,它大量吸收下层民众,对统治者构成威胁,曾经受到镇压。魏晋南北朝时期,潜伏于民间的道教向统治阶级传播,维护特权、追求长生不死、编造神仙谱系、创作道经宣传道教理论的神仙道教流行起来。

---

① 方国瑜:《彝族史稿》,四川民族出版社 1984 年版,第 15 页。
② 马曜:《云南二十几个少数民族的源和流》,载《云南社会科学》,1981 年第 1 期。
③ 尤中:《云南民族史》,云南大学出版社 1994 年版,第 29 页。
④ 马学良:《彝族文化史》,上海人民出版社 1989 年版,第 24 页。
⑤ 同上书,第 26 页。

道教在历史上与我国西南地区少数民族文化互相渗透、互相影响，彝族在这种文化交融中扮演了重要角色。

　　首先，彝族聚居的我国西南地区江河纵横、山高谷深，但与外界并不完全隔绝。自古以来，这个地区民族迁徙、文化交流从未停止，与道教有密切关系的巴蜀文化、楚文化在这一地区影响巨大，为彝族与道教发生联系提供了条件。

　　历史上彝族聚居的"西南夷"地区"位于青藏高原东缘，从自然地理角度，包括了川西北山地，川西南山地，横断山区，云南高原的中、东部和贵州高原的西北部。"① 这个地区的横断山脉中分布着六条由北往南流的大江：岷江、大渡河、雅砻江、金沙江、澜沧江、怒江。六江及其支流流经的高山峡谷中，分布着藏缅语族的各族如藏、羌、彝、白、纳西等。民族学者称这一地区为藏彝走廊，"六江流域藏彝走廊上居住的藏缅语族各民族都有着一部从北向南迁徙的历史。"② 在长期沿着山脉河流迁徙的过程中，也留下了民族历史与文化的印记。

　　在这一地区影响较大的巴蜀文化即沿藏彝走廊传入云南。到西汉时期，汉武帝经略西南夷，置犍为、牂牁、越嶲等郡，这些地方已经"民俗略与巴蜀同"③ 了。古代蜀、楚与西南夷地区也在政治、经济、文化方面互有往来。早在春秋战国时期"巴、蜀为楚所'包'。巴、蜀的东鄙，背面和南面的土地，逐渐为楚所并……楚国的政治势力，不仅达到了巴蜀地区，还越过巴蜀，达到了今广西、云南和贵州等境域。"④

　　值得注意的是，《汉书·艺文志》"道家"著录《臣君子》二篇，班固注明这位臣君子即蜀人。蒙文通认为："六国时蜀人臣君子远在韩非之前已有著述，并传于汉代，书在道家，这可能是严君平（严遵）学术的来源。"⑤ 前316年，秦灭巴蜀以后，曾向巴蜀大量移民。司马迁还记载，

---

① 刘弘：《巴蜀文化在西南地区的辐射和影响》，载段渝主编《南方丝绸之路研究论集》，巴蜀书社2008年版，第25页。
② 李绍明：《西南丝绸之路与民族走廊》，载段渝主编《南方丝绸之路研究论集》，巴蜀书社2008年版，第197页。
③ 班固：《汉书》卷28下《地理志》，中华书局1962年版，第1646页。
④ 徐中舒：《论巴蜀文化》，四川人民出版社1982年版，第215—216页。
⑤ 蒙文通：《巴蜀古史论述》，四川人民出版社1981年版，第92页。

依附于吕不韦、嫪毐的舍人被秦王嬴政迁往蜀地，数以千计，其中有些人应该参与过《吕氏春秋》的编纂。西汉时期，蜀人司马相如、王褒等以词赋见长。严遵、扬雄等发挥道家思想。还有精通天文历律，在汉武帝时参与编制太初历的巴郡阆中（今四川阆中）人洛下闳，有学者指出："彝族先民不但认为颛顼是他们的历法始祖，而且承认洛下闳是彝族著名的历法家。"① 东汉时期，蜀地更出现了许多道家学者和方士，仅《后汉书》列入传记的就有任文公、杨由、赵典、景鸾、杨厚、董扶、张霸、翟酺、任安、李固等人。可见，秦汉时代巴蜀地区的文化在文学诗赋、道家思想、天文灾异等方面有较高成就，其中不乏彝族先民的身影，这就为道教与彝族发生关系奠定了文化基础。

其次，西南地区分布广泛的彝族在氐羌后裔中人口较多而且保存氐羌文化较为完整，早期道教与彝族先民的文化有密切联系。

彝族等西南少数民族长期保留巫鬼教的信仰，"男则发髻，女则散发。见人无礼节跪拜……大部落则有大鬼主，百家二百家小部落，亦有小鬼主。一切信使鬼巫，用相制服。"② "大鬼主""小鬼主""鬼巫"等是巫鬼教的头目。彝族先民认为人死之后，灵魂离开躯体，而凶死者、无嗣者、无人祭祀、无人超度、未经过安魂的灵魂会变成鬼作祟。世间充满各种鬼，给人带来疾病、贫困、争斗、杀戮等可怕的灾难。这时就必须由"鬼主"采用各种巫术驱鬼纳福，此即史书所谓巴郡、南郡蛮"俱事鬼神"③ 之说。巫鬼教信仰包含许多阻碍社会发展的陈规陋习，比如崇尚淫祀浪费大量社会财富，加重人民负担，而对恶鬼的畏惧更使民众生活在恐惧中，任人愚弄。

东汉顺帝时（126—144年），沛国丰（今江苏丰县）人张陵入蜀学道于鹤鸣山（今四川大邑县西北），造作道书，创立五斗米道，其子张衡、其孙张鲁传习此道。张陵学道的鹤鸣山是西南各民族迁徙往来的重要枢纽，斜江、乾江流出鹤鸣山谷后，注入岷江，从鹤鸣山而下，沿岷江南达宜宾，再渡金沙江，可直抵滇东。从鹤鸣山沿岷山山脉西行，通往雅

---

① 陈久金、卢央、刘尧汉：《彝族天文学史》，云南人民出版社1984年版，第77页。
② 樊绰著、赵吕甫校释：《云南志校释》，中国社会科学出版社1985年版，第35—36页。
③ 范晔：《后汉书》卷86《南蛮西南夷传》，中华书局1965年版，第2840页。

安、汉源、越巂、西昌、盐边、盐源,又可到达滇西。鹤鸣山往西,是氐羌等少数民族地区。往南和西南即是僰、羌、叟、濮、昆明等族所居之地。① 张陵为传播五斗米道而设置的传教点——"二十四治"中,稠梗治在犍为郡,包括今四川宜宾、云南昭通、曲靖等地;蒙秦治在越巂郡,包括今四川西昌、凉山以及云南丽江东部和楚雄一带,这些地区自古以来就是彝族聚居的核心地带。

有学者推测"张道陵在鹤鸣山学道,所学的道即是氐、羌族的宗教信仰,以此为中心思想,而缘饰以《老子》之五千文。"② 认为五斗米道是《老子》思想与氐羌等民族固有宗教信仰相融合的产物。张陵创立的五斗米道正式名称为"正一盟威之道",其中有以上章招神、符咒劾鬼为主的杀鬼驱鬼道术。《陆先生道门科略》说崇拜巫鬼教使"三五失统,人鬼错乱",人民"枉死横夭,不可称数",于是"太上患其若此,故授天师正一盟威之道……诛符伐庙,杀鬼生人,荡涤宇宙。"③ 这表明张陵对当地少数民族原有信仰中的陈规陋习进行改造,向他们宣扬太上老君所授之道,使信奉巫鬼教的人改信五斗米道,获得成功。其结果是"民夷便乐之,流移寄在其地者,不敢不奉其道。"④ 由此可见,张陵创立的五斗米道与包括彝族先民在内的西南少数民族固有信仰之间有一个互相融合的过程。

再次,道教在川滇地区传播,对彝族文化产生了深远影响。

道教创立之初与彝族先民关系密切,此后又逐渐融入其传统信仰中。三国时有著名的夷人道士孟优,"土帅孟获之兄,居大理巍宝山……素怀道念,常往来澜沧、泸水(金沙江)间,得异人授长生久视方药诸书,随处济人。"⑤ 彝族聚居地滇东北地区的东汉、魏晋南北朝时期古墓中,常发现青龙、白虎、朱雀、玄武四方之神的壁画和碑刻,如昭通发现的《孟孝琚碑》、曲靖发现的《爨宝子碑》、陆良发现的《爨龙颜碑》,无论

---

① 参见卿希泰《道教与中国传统文化》,福建人民出版社1990年版,第446—447页。
② 向达:《南诏史论略》,载《历史研究》,1954年第2期。
③ 《道藏》第24册,文物出版社、上海书店、天津古籍出版社1988年版,第779—780页。
④ 司马光:《资治通鉴》卷64《汉纪五十六》,中华书局1956年版,第2086页。
⑤ 郭武:《道教与云南文化》,云南大学出版社、云南人民出版社2011年版,第322页。

是从碑身所刻浮雕还是碑文所载言论,都透露出道教的影响。①

公元8世纪初,彝族先民乌蛮联合云南洱海地区的白族先民"白蛮"建立南诏政权。南诏王室蒙氏是起源于今大理巍宝山一带的乌蛮,与道教特别是天师道有密切关系。唐代宗大历元年(766年),南诏王阁罗凤命清平官(宰相)郑回撰写《南诏德化碑》,称颂阁罗凤的功业,并表示愿意归附唐朝,"为西南藩屏"。碑文开篇说:"恭闻清浊初分,运阴阳而生万物;川岳既列,树元首而定八方。道治则中外宁,政乖必风雅变。我赞普钟蒙国大诏,性业合道"②这里用"清浊"、"阴阳"等术语来解释天地万物和社会人伦的生成,有浓厚的道教韵味。唐德宗贞元十年(794年),阁罗凤之孙异牟寻与唐朝官员崔佐时在大理会盟,誓文说:"云南诏异牟寻及清平官、大军将与剑南西川节度使判官崔佐时谨诣玷苍山北,上请天、地、水三官,五岳、四渎及管川谷诸神灵同请降临,永为证据。"③"其誓文一本请剑南节度随表进献;一本藏于神室;一本投西洱河;一本牟寻留诏城内府库,诒诫子孙。"④这个仪式是根据五斗米道常用的"三官手书"⑤请祷方法进行,即向天、地、水三官呈上章文,忏悔服罪,祈求获得神灵的感应,救济疾苦。南诏统治阶层在与唐中央政府进行盟誓时祈请"三官""五岳""四渎"等道教神灵为之作证,在很大程度上是出于政治考虑,与崇信道教的唐王朝拉拢关系,但同时也说明南诏王室对道教已有相当程度的接受和了解。

明清时期,云南道教兴盛,在民间影响较大。明代高道张三丰、刘渊然、邵以正等在滇弘扬道教,刘渊然向明朝廷推荐高徒邵以正进京主持编修《道藏》,于正统十年(1445年)刊成《正统道藏》,收入道书5305卷,是唯一完整流传至今的官方编刊的道教丛书。在民间,道教诸派与民

---

① 参见郭武《道教与云南文化》,云南大学出版社、云南人民出版社2011年版,第52—55页。
② 方国瑜:《云南史料丛刊》(第二册),云南大学出版社1998年版,第377页。
③ 樊绰著、赵吕甫校释:《云南志校释》,中国社会科学出版社1985年版,第329—330页。
④ 同上书,第331页。
⑤ 陈寿:《三国志》,中华书局1959年版,第264页,卷8《魏书·张鲁传》裴松之注引《典略》云:"书病者姓名,说服罪之意,作三通,其一上之天,著山上;其一埋之地;其一沉之水,谓之三官手书。"

间信仰、少数民族固有信仰结合在一起。就彝族而言，明代已翻译刻印道教劝善书《太上感应篇》。新中国成立前云南武定土司家发现有爨文（老彝文）《道德经》，将《道德经》译为老彝文绝非易事，不是短期能办到的。① 明末清初，来自湖北武当山、四川青城山、贵州丹霞山等地的道士将巍宝山（南诏始祖细奴逻发迹之地，在今云南巍山彝族回族自治县）开辟为道教丛林，使巍宝山成为西南道教名山。山上不仅供奉三清、四御、三官、三皇、斗姆、文昌等道教神灵，还供奉蒙氏南诏王、彝族土官左姓祖先。② 说明道教神仙信仰与彝族祖先崇拜融合。

综上，在道教酝酿阶段、早期道教从民间兴起的阶段、道教兴盛及其影响扩大的阶段，都能看到其与彝族文化的互相渗透和影响。

二 从思想文化史看彝族与道教之关系

彝族与道教的紧密联系，展现出汉族文化与少数民族文化相互交流、融合、会通的历史画卷，本文下面将从思想文化史角度来讨论其意义。

第一，道教有很强的包容性，没有排斥少数民族文化的思想基因，这是道教与彝族文化发生密切关联的根本原因。

道教对中华传统文化的许多方面都有吸收和借鉴，是一个复杂的文化综合体，其主要来源有古代宗教和民间巫术、战国至秦汉的神仙传说与方士方术、先秦老庄哲学、秦汉黄老之学、黄老崇拜、儒学、阴阳五行思想、古代医学与体育卫生知识等诸多方面。③ 其中为道教奠定哲学基础的是老庄学说，《老子》、《庄子》不仅是道家学派的重要典籍，也是道教崇奉的经典。

从思想根源上说，道教的包容性来自于"道"的包容性。老子、庄子从哲理上阐发宇宙万物来源于"道"。老子指出"道"是宇宙万物的基础，他形容"道"，用"谷神"（空虚能容万物）、"玄牝"（生育万物的根源）、"常"、"恒"、"大"、"周行"、"不殆"、"自古及今"等词。他

---

① 参见卿希泰《道教与中国传统文化》，福建人民出版社1990年版，第462页。
② 薛琳：《巍宝山道教调查》载《中国少数民族社会历史调查资料丛刊》修订编辑委员会编：《云南巍山彝族社会历史调查》，民族出版社2009年版，第228—229页。
③ 牟钟鉴、张践：《中国宗教通史》，中国社会科学出版社2007年版，第198—202页。

认为"道"包容一切,大公无私;说"道之在天下,犹川谷之于江海"(《老子》第32章),"道"在天下的地位,就如同河流归附于大海一样;说"大道泛兮,其可左右"(《老子》第34章),认为"道"像泛滥的河水,可左可右,包围万物。

庄子认为"大道"浑然一体,无所不在,没有疆界,"夫道有情有信,无为无形。可传而不可受,可得而不可见。自本自根,未有天地,自古以固存。神鬼神帝,生天生地。在太极之先而不为高,在六极之下而不为深,先天地生而不为久,长于上古而不为老"(《庄子·大宗师》)。这段话说自然之道真实存在,无始无终,生成万物,是万物的根本,把大道之"大"的意义发挥得淋漓尽致。《庄子·天道》又说:"夫道,于大不终,于小不遗,故万物备。广广乎其无不容也,渊乎其不可测也。"万物不论大小都在"道"的怀抱之中,"道"是无所不包,不可测度的。

道教吸收老庄道论,将老子神化为太上老君,信奉其所授之"道"。早期道教经典《老子想尔注》云:"一者道也,既在天地之外,又入于天地之间,而且往来人身中,散形为气,聚形为太上老君。"① 老君是"道"的化身,而"道"是宇宙万物的本原,囊括天地人,无所不包。又通过"道者,天下万事之本"② 和"万物含道精"③ 两个命题阐述了"道"的根本性和普遍性。《西升经》说:"道非独在我,万物皆有之。万物不自知,道自居之。"④ 此处借老子之口说"道"不是被圣人独占,而是无所不在,蕴藏于万物之中,宇宙间人和物都不能脱离"道"而单独存在。到唐代,万物有道的思想进一步发展,《道门经法相承次序》说:"夫道者,圆通之妙称。圣者,玄觉之至名。一切有形,皆含道性。"⑤ 指出一切事物都含有道性,都有得道的可能,圣人对道性有所自觉,遵循道性修

---

① 饶宗颐:《饶宗颐二十世纪学术文集》(第7册),台北:新文丰出版有限公司2003年版,第434页。

② 同上书,第440页。

③ 同上书,第444页。

④ 《道藏》第14册,北京、上海、天津:文物出版社、上海书店、天津古籍出版社1988年版,第599页。

⑤ 《道藏》第24册,文物出版社、上海书店、天津古籍出版社1988年版,第785—786页。

炼身心，强调"道"蕴含在天地万物之中，具有普遍性和平等性，所有人甚至事物，通过修行，觉悟道性，都能得道。

由于有上述这些思想因素，道教对少数民族及其文化采取包容和开放的态度，认为不论来自什么民族和社会阶层的人，都能得道成仙。《太平经·拘校三古文法》说："下及奴婢，远及夷狄，皆受奇辞殊策，合以为一语，以明天道。"① 认为不论出身奴婢还是夷狄，都可以通过学习而明白天道。《西升经》说："道无乎不在，虽蛮貊之邦，殊方异域，何莫由斯道也。"道无所不在，即使地处偏远的少数民族也可修道成仙。《洞真太上太霄琅书》卷4《择师诀第九》说："人无贵贱，道在则尊，尊道贵德，必崇其人……僮客夷蛮，道之所在，缘之所遭，高下虽殊，皆当师事。"② 根据道教尊道贵德、万物皆有道性的思想，只要是有道之人，就应该得到尊敬。道教灵宝经系首经《太上洞玄元始无量度人上品妙经》的核心思想："仙道贵生，无量度人"③，就是说道教宗旨在宣扬贵生之道，使所有人通过修道学道长生不老，这"无量"的人，当然也包括各少数民族在内。

第二，道教是华夏文化孕育出的宗教，彝族的祖先古羌人与华夏文化和道教有密切渊源关系。

彝族源出于古羌人，受羌人文化浸染，而古羌人也是华夏族的重要成员。从民族学上看，"氐羌的起源与炎黄部落集群有密切的渊源。炎黄部落东进与黄河下游泰山以北以西的两皞集群诸部落融合，形成了夏、商、周三族的先民；其西进至黄河上游及岷山等地区诸部则是氐羌族系的先民……羌人的先民及羌人诸部南下，在川西及云贵高原发展的过程，新石器时代已经开始，秦汉以来不断继续，《史记》将这些部落置于'西南夷'当中。"④ 殷商时期甲骨卜辞中已有羌方，指活动于今甘肃、青海、四川、陕西一带的游牧民族部落。商人曾多次讨伐，迫使其臣服，《诗

---

① 王明：《太平经合校》，中华书局1960年版，第348页。
② 《道藏》第33册，文物出版社、上海书店、天津古籍出版社1988年版，第665页。
③ 《道藏》第1册，文物出版社、上海书店、天津古籍出版社1988年版，第5页。
④ 费孝通主编：《中华民族多元一体格局》（修订本），中央民族大学出版社1999年版，第123页。

经·大雅·商颂》中有:"昔有成汤,自彼氐羌,莫敢不来享,莫敢不来王"① 诗句。羌人与西周的关系更为紧密,《尚书·牧誓》说周武王伐纣的同盟军有"庸、蜀、羌、髳、微、卢、彭、濮人"②。而且"姜姓出于西羌"③,姜姓的羌人很早就和姬姓的周人通婚,在西周初期分封的异姓诸侯中,有许多是姜姓,其中包括东方大国齐国,去往东方这部分羌人逐渐融入华夏族。而另一部分羌人则由甘肃、四川向南迁徙,逐渐到达金沙江流域,这部分古羌人后来成了彝族的祖先。

由于源出古羌人,彝族文化和古羌人的文化有许多相似之处。比如二者都有死则焚其尸的习俗,《吕氏春秋·义赏》说:"氐羌之民,其虏也,不忧其系累,而忧其死不焚也。"④《太平御览》卷556引《永昌郡传》说:"建宁郡(今云南曲靖一带)葬夷,置之积薪之上,以火焚之。"⑤对故去的人进行火葬,说明彝族先民承袭古羌人礼俗,认为人的灵魂可以乘火上天而得永生。闻一多据此推测神仙思想并非起源于山东半岛的齐国,而是来自西方的羌族。他在《神仙考》一文中说:"齐人本为西方的羌族……今甘肃、新疆一带,正是古代羌族的居地,而传说中的不死民、不死之野、不死山、不死树、不死药等也都在这里……战国初年燕、齐一带突然出现了神仙传说,所谓神仙者,实即因灵魂不死观念逐渐具体化而产生出来的想象的或半想象的人物。"⑥可见,古羌人的固有信仰与道教神仙思想关系紧密,作为古羌人的后裔,彝族在与道教接触时,对道教修道成仙之说当不致产生文化上的隔膜。

第三,道教融入彝族文化,对其日常生活产生影响,成为其精神家园的一个有机组成部分。

彝族有历史悠久的文化传统。民族学家杨成志于20世纪30年代调查彝族的宗教和巫术,从彝族毕摩(巫师)那里获得130部彝族的经咒。

---

① 程俊英、蒋见元:《诗经注析》,中华书局1991年版,第1041页。
② 孙星衍:《尚书今古文注疏》,中华书局1986年版,第285页。
③ 章太炎:《章太炎全集·太炎文录续编》(第一辑),上海人民出版社2014年版,第388页。
④ 陈奇猷:《吕氏春秋校释》,上海古籍出版社2002年版,第786页。
⑤ 李昉:《太平御览》,北京:中华书局1960年版,第2515页。
⑥ 孙党伯、袁謇正主编:《闻一多全集》(第三卷),湖北人民出版社1993年版,第134—136页。

他在《云南罗罗族的巫师及其经典》一书中将这些经咒分为16类：献祭类、祈祷类、酬愿类、做斋类、禳祓类、关于动植物各自然物经咒、咒术技法类、婚姻和生产类、丧葬及祭祖类、农业类、火神类、雷神类、龙王类、李老君类、占卜类、历史与传说类。他说："从这16种经典的类属看来，无疑地，谓为罗罗族整个的精神生活（文化、语言、思想、信仰）的总汇固可；谓为述明原始人的生活俱受宗教的和巫术的支配的证据，亦无不可。"① 这代表彝族精神生活各个重要方面，其中有李老君类，涉及请老君和酬谢老君等宗教活动。除此之外，祈祷类、酬愿类、做斋类、禳祓类、咒术技法类、丧葬及祭祖类、火神类、雷神类、龙王类、占卜类也与道教有密切关系。其涉及的主要活动是：祭天地、献神、献祭、祷福、祷告、祝告、消灾还愿、祭天还愿、做斋祈告、请圣开坛、驱麻风魔、镇宅、退祸祟、禳祓、禳畜瘟、遣虫、解冤、治病、驱兽、超度、祭灵、祭祖、祭火、禳火、雷神、36天大帝、祭龙、祈雨、阴阳推算等等。这些活动与彝族民众的日常生活紧密结合，在彝族传统宗教仪式中渗透了民间道教解救生灵、济世度人的重要内容。

  道教与彝族文化的密切关系，还表现在道教教祖太上老君在彝族传统信仰中拥有崇高的地位。云南道教名山巍宝山上有青霞观，又名老君殿，相传为道祖太上老君点化南诏王细奴逻之所，殿中石碑《重修巍山青霞观碑记》说："巍山灵峰传为道祖显化地，南诏发祥实基于此。"② 把老君与彝族古代史上著名的南诏王细奴逻联系起来，表明老君与彝族的生衍有密切关联。云南昆明一带的彝族传说彝文是太上老君所传，"相传太上李老君的一个牧童，性甚灵敏，每天为老君到旷野放他所骑的青牛。当空寂无人之际，口中常念诗道：'三清圣号广宣传，一举能消万劫殃。七宝林中朝上帝，五明宫内礼仪皇。常乘白鹤游三界，每驾青牛遍十方。诚等志心皈命礼，鸾歌凤舞降瑶坛。' 老君驾云时听到牧童所唱诗歌，每存孺子可教之念。他常在沙上写下字迹，牧童看见就抄录下来。老君于是教他各种写法和读音。后来牧童竟传老君的衣钵，而为'觋爸'（祭司）和彝文

---

  ① 杨成志：《中国西南民族中的罗罗族》，见《杨成志人类学民族学文集》，民族出版社2003年版，第221页。

  ② 薛琳：《巍宝山道教调查》载《中国少数民族社会历史调查资料丛刊》修订编辑委员会编：《云南巍山彝族社会历史调查》，民族出版社2009年版，第250页。

的始祖。所以现在'觋爸'都奉老君为教主。"① 牧童口中所念的诗，是道教请神仪式中常用的，而将太上老君作为文字的发明者，说明道教曾推动彝族文化发展。彝文主要由巫师"毕摩"掌握，这些人"汉人叫作'道士'，也称为'觋爸'。这种道士多是世袭……历代相传有各种祭送鬼魔，寿祝天地，请神祈福和筮卜，符咒等类经书的抄本。"② 毕摩所从事的活动与民间道教解除群众疾苦、为百姓造福的宗旨是相符的，所以汉人将这些人称为道士，说明道教已经渗透到彝族民众日常生活中，成为其传统信仰的重要方面。

总之，道教作为彝族精神生活的重要组成部分，在某种程度上为彝族民众的生存和繁衍提供了宗教文化方面的解释，在实践上取得一定效果，并对彝族的民风、民俗、生活方式、思维方式产生了影响。

结　语

有学者将中国宗教作为一个整体研究，讨论中国宗教与社会的关系，他们使用结构功能的方法分析中国社会，并由此分辨出宗教的两种结构，即制度性宗教（institutional religion）与弥漫性宗教（diffused religion），③前者独立于其他世俗社会组织之外，有自己的神学体系、仪式、组织等；后者则与世俗制度、社会秩序等人们的日常生活紧密交织，以分散而灵活的方式展现出宗教在中国社会强劲的生命力。从这个角度看，道教融入彝族文化，与其固有信仰发生联系的过程也是道教"弥漫"于彝族民间宗教的过程，探索这一过程有助于我们更好地了解道教的思维方式与宗教态度。

如果说道教是"融合了多民族精神文化资源并且为许多少数民族参与和信仰的宗教。"④ 那么，在历史上彝族也是道教的积极参与和信仰者

---

① 杨成志：《罗罗文的起源及其内容一般》，见《杨成志人类学民族学文集》，民族出版社2003年版，第17—18页。

② 同上书，第18页。

③ ［美］杨庆堃：《中国社会中的宗教》（修订版），范丽珠译，四川人民出版社2016年版，第17页。

④ 卿希泰主编：《中国道教思想史》第一卷，人民出版社2009年版，第15页。

之一。从思想文化史角度考察彝族与道教的关系，可以使我们对道教如何产生与发展、道教的表现形式、道教的社会功能等有更丰富和深入的认识，进而为探索中国宗教的特色提供重要的启示。探讨道教与少数民族文化传统的交融，说明道教是植根于中华民族传统文化之中的宗教信仰，其产生、发展、变化、传播反映着中华民族心灵深处的向往与追求。特别是在下层民众中，在少数民族特定自然和社会环境中，道教解除民生疾苦、重视个体生命的理论和实践更易为人们接受，从而形成道教与民间信仰、少数民族传统信仰长期共存、互相交融的局面。有学者提出，"中国进入文明时代以后，宗教的发展基本上是'维新'式而非'革命'式的，前者是以容纳旧传统而丰富以新特征的方式，后者则是以一种宗教代替另一种，斩断传统并新铸传统为特征的。"[①] 道教是"维新"式而非"革命"式的宗教，这与中国文明的起源以及中国古代社会演进的特点是一致的，把道教思想文化置于民族史、社会史、文明史背景中来探索，将加深我们对道教的了解。

---

① 李远国、刘仲宇、许尚枢：《道教与民间信仰》，上海人民出版社2011年版，第176页。

方东美对华严宗哲学精神的诠释

刘 峰[*]

摘要：方东美认为，华严宗哲学的"圆融无碍"精神，是中国思想史上能够集中代表和彰显传统文化"广大和谐"特质的理论资源。因此，我们一方面是在传统文化转型与复兴的客观要求下，对其进行富有时代意涵的吸收、融摄与发展，形成自己的哲学精神，进而铺展、建构自己的哲学体系；另一方面，在中西文化交流的视域下，以逻辑分析、文化比较的方法对"圆融无碍"的内容与形式展开符合现代学术公约的诠释和重构，使其可以与西方文化在同等平台上对话、交流，在时代语境中彰显自身的固有价值。

关键词：方东美；华严宗；圆融无碍；蕴含逻辑

现代新儒家学者方东美对古典华严宗哲学"圆融无碍"的精神特质极其推崇，认为它自身具有的通透性、开放性和无限性，及其背后所蕴含的平等和谐理路与相互蕴含逻辑，可以有效对治和消解西方哲学史上的二元分立困境。因此，方东美站在民族本位的文化立场上，以包容的心态、宏阔的视野、现代的方法纵贯古今、横摄中西，对以华严宗哲学为代表的中国传统文化进行内部整合与重塑，借以凝练和彰显其永恒、超越的普适价值，既有力地回应了西方强势文化的挑战，又积极地推动了传统文化的转型与复兴。

---

[*] 作者简介：刘峰（1984—），陕西长安人，西北大学关学研究院讲师，硕士生导师，主要研究方向：关学、佛教。

一 圆融无碍：华严宗哲学精神

华严宗是宗《华严经》，发轫于六朝、奠基于梁陈、形成于隋唐时期的高度中国化的大乘佛教。其思想幽通深远、旨奥理玄，与隋唐诸宗相比，精神要义呈现出"圆融无碍"的显著特征。这一特质在华严宗哲学思想里有多角度的呈现，关于它本身以及在中国佛学史和哲学史上的重要地位与影响，一直是学术界的关注点，研究成果蔚为壮观。现代学者中，方东美对其关注甚多且颇具创见。

方东美对华严宗哲学的核心精神进行勘定时总结到，"我们可以把它们（华严宗）的含义归结到一个字上来说明——这一个字就叫作 aprati-hata（无碍），就是所谓'无碍'，这个无碍是什么呢？就是拿一个根本范畴，把宇宙里面千差万别的差别境界透过一个整体的关照，而彰显出一个整体的结构，然后再把千差万别的这个差别世界，一一化成一个机体的统一"①。他反复强调，华严宗首先是借助理事无碍将理法界和事法界相贯通，形成一个不可思议的妙境，旋即再采用下回向的方式将妙境之精神灵光投射到下层各种层级、所有角落、一切事物，然后将这个千差万别的世界连贯起来，成为一个统一和谐的有机体。在有机体内部，全体与部分，部分与部分之间均能够互相摄受、彼此贯注。

进一步，方东美指出华严宗哲学架构起来的"和谐理境"，及体现出的通透性、开放性、无限性，正是其哲学精神的具体阐释。对此，方东美通过梳理杜顺大师的法界三观进行说明。他认为整个华严宗哲学所要建立的妙境、所要表达的思想在法界三观里已经奠定了初型。在真空观中，主要是用"空、有"的概念将宇宙精神世界和下层世界在范畴领域、思想领域融为一体。因此，空不是断灭空、顽空，是包含了有在内的"真空"；有不是具体的、凝滞的有，是摄入了空在内的"妙有"。所以华严宗最后要追求的宇宙境界，即上下两层世界的有机统一和整合，首先在思想领域（方东美也称其为"理性、一真法界"）里得到了实现。接着，就

---

① 方东美：《华严宗哲学》（下册），台北：黎明文化事业股份有限公司1981年版，第3页。

顺利地将理事对立转化为理事无碍。因为真空观的整体境界可以看成是理和事的"性"之所由，即将理与事的观念从根本上化成性，因为性是不可分割的整体，以之作为纽带，理事之间的对立关系就转化为圆融相即的关系。最后，周遍含容观，就是将真空妙有之境，即理性本身的作用及作用中展开的一切活动，当作水银泻地一样贯穿、渗透到每一事理结构中。因此现实的各种隔离纷纷被渗透，互相融贯、交光相网，融成不可分割的整体，自然呈现出圆融无尽的关系。显然，这不仅是方东美对华严宗哲学精神的理解，同时也是对自己思想的表达。

最后，方东美认为华严宗哲学的"圆融无碍"，是其哲学宇宙观、价值观和人生观共有的精神特质。在方东美的哲学思维里，华严宗哲学演绎出的宇宙是广大无限的有机统一体，里面包孕物质世界及精神世界的真理、道德、价值、艺术等领域，各自内部畅通无碍，相互之间又谐和共处，而且相互资应、相互涵摄、互赅互彻，彼此作用，不断地向前、向上创进提升，"整个的宇宙，包括安排在整个宇宙里面的人生，都相互形成一个不可分割的整体……就是所谓 organicuniti（机体统一），是一种 organism（机体主义）"①。此处需要注意的是，方东美在内心深处坚信，作为"圆融无碍"精神载体的宇宙理境并非虚无缥缈、无迹可循。相反可以通过当下具体的奋发，活泼的呈现开来。只要以此为追求目标且努力提升，就能够不断地实现、到达这个精神世界。同时他强调，在这个过程中无论到达哪一阶段、何种境地，都不能有丝毫的懈怠与满足，更不能出现刹那的沾滞和停留，应该无时无刻发奋精进，不懈地追求无限的向上超脱与解放。

二　广大和谐：方东美哲学精神

方东美并非只是"照着"古典华严宗哲学的已有模式和理论思维往下讲。相反，在现实境遇的感召及思想发展的内在逻辑要求下，方东美站在现代学术立场，在传统佛学现代化的客观要求下对其进行新的诠释，借

---

① 方东美：《华严宗哲学》（下册），台北：黎明文化事业股份有限公司1981年版，第3页。

此使得华严宗哲学的价值、精神和意义得到彰显，进而铺展和建构自己的思想学说与哲学体系。

方东美以西方哲学史呈现出的二元分立特征为标的，集中讨论中国传统文化对此进行对治和消解的可能性与合理性。他采取的方略是，首先借助对华严宗哲学思想的演绎，推展出一个无限开放、广大、饱满、丰沛的精神世界，将中国古代文化的各部分及共同表征都纳入其中，通过对它的特点进行概括，撮取出中国古代哲学与传统文化的精髓，即他所谓的"广大和谐"。

方东美挺立起的精神世界自身是"广大和谐"的。其根据在于，宇宙万物及人生的起源和归宿，都在这神圣的，甚至是秘密的、非理性的精神世界里。这个精神世界的最高点就是宇宙的真相，就是宇宙的中心，是一切至真、至善、至美的发源地。所谓的本体、价值、道德、艺术、真善美等，都只不过是这个神秘境界的发泄和流露，在根源上具有同质性。对此，方东美提出"所谓'哲学的制定'（Philosophical enactment）就是说后面是一神奇奥妙的宗教领域，当它把秘密发泄了，显现在这一面的，就成为哲学思想上的本体论、价值论、道德世界、艺术领域"[①]。这与他一贯坚持本体论、价值论、道德、艺术等在本质上相通的观点是统一的。因此他认为"宇宙的归趣与人生的归趣，就是把理性世界的一切都阅历过了，然后使精神向上提升，到达宇宙最原始的神秘世界"[②]。在那里精神才会得到彻底地超脱解放，进而可以任运自如、纵横驰骋、回光返照至下层世界，以最高精神为向导提升所有宇宙层级至最高点，在那里"连成一系"，形成精神的广大平等。

对华严宗哲学精神融会吸收后，方东美"广大和谐"的哲学精神已经开显无遗。这可以从广大与和谐两个角度分别说明："广大"，表达了他对整个宇宙世界存在样态的认识。不管是用精神和物质世界的概念表示，还是用形上与形下世界的概念说明，方东美都承认世界层级的存在，而且每一层级里具有不同的领域、不同的范围和不同的内容。比如在上层

---

① 方东美：《原始儒家道家哲学》，台北：黎明文化事业股份有限公司1983年版，第100页。

② 同上书，第103页。

世界里有道德、艺术、价值等；在下层世界里有无情物、有情物、生命体、自然体等。但是两个世界里的各个领域不是截然分立的，而是各自世界的有机组成部分，而且两个层级世界也不存在难以逾越的鸿沟，因为都是整个宇宙全境的组成要素。此外，不管哪个领域都不是有限、固定的而是无限、无际的。整个世界是一个包罗万象、无边无际的统一整体。其中的每一部分都对全体宇宙的构成和发展产生作用及影响，在价值上同等重要、在精神上相互平等。这正是方东美所谓的"和谐"，因为在广大有机体的基础上，各个领域、部分以及层级之间的相互关系不是割裂、分离、对峙而是相互联系、相互影响、相互作用，彼此之间没有极端的斗争与对立。虽然每一部分都有各自的特点和作用，每一领域都有各自的殊性及局限，但是彼此之间不能认定为有无价值和精神的高低贵贱。其作用，从发生方式和影响效果来看确实有直接间接，或大或小的差异与区别，但是对于有机体的构成和发展均为不可或缺。

据此可知，方东美广大和谐的哲学精神是对华严宗圆融无碍哲学精神的肯定、继承和发展。正如方东美对华严宗哲学的总体特征进行概括时所谓，"华严宗的哲学我们可以称它为 philosophy of comprehensive harmony（广大和谐的哲学）"[1]。因为在华严宗的哲学里，"整个森罗万象的世界，绝无孤立的境界，也无孤立的思想系统存在着"[2]。

方东美之所以能如此倾心于华严宗哲学的圆融无碍精神，与他的学术立足点密切相关。在中西文化比较的过程中，他站在中国传统本位文化的立场，欲通过凝练传统文化的核心精神以显示传统文化的价值。对传统文化进行全面梳理与深刻反思后，方东美总结提出：能体现和代表传统文化主要精神的，就是以原始儒家为核心、包括原始道家、墨家及后来中国大乘佛学的华严宗哲学。所以，虽然本文认为方东美的哲学精神是对华严宗哲学精神的继承，但仍然要指出这种继承是从传统儒学的立场出发，选择性地对华严宗哲学与传统儒学类同的地方进行阐释。正如他自己所言，中国原始的儒家、道家根本就没有西方那种二元分立的弊端，本身就体现一

---

[1] 方东美：《华严宗哲学》（上册），台北：黎明文化事业股份有限公司1981年版，第149页。

[2] 同上。

种高度圆融和谐的精神，只是这种固有的哲学精神在佛学完成中国化之后，突出和集中地表现在佛学思想里而已。

因为佛学本身的特点，如高度的思辨性、发达的概念系统、细致严密的论证说明等可以促使传统文化的核心精神得以理论化、系统化，从而对其继承、推动和发扬产生极大的促进作用。方东美认为这些特征在华严宗哲学里表现得尤其突出，但是他并未停留于此，而是在现代学术背景的关照下，重新对其进行审视和厘定，最终在原有基础上，将中国大乘佛学尤其是华严宗所体现的圆融无碍精神向前发展了一大步。

三 交相互摄：方东美对华严宗哲学精神的重构

方东美对华严宗哲学精神的发展，是通过对其宇宙论所具有的内在超越性、价值论所体现的相互重要性、境界论所蕴含的平等和谐性这几方面的内容，及其共同特征"圆融无碍"背后所预设的致思理路的深度剖析和现代诠解而展开的。

关于宇宙论，方东美是借助法界缘起进行讨论的，因为法界缘起同其他缘起论一样"都是讨论宇宙论或宇宙发生论诸问题"①。因此他指出"'法界缘起'也就是'法性缘起'，也就是'无穷缘起'，这是由'真如缘起'展开的，因为由真如的实体所开展的宇宙万有，是由平等真如所变现的差别的万有。而且宇宙的实相并不是在现象之外去另求实体，要之，除了实体的真如之外并没有现象，所以真如是能缘起，而万法是所缘起……现象即本体……所谓举法界诸法无非各有其本体，而万有的本体无非也是现象"②。正是由于现象即本体、本体亦现象，本体生发现象、现象含藏本体的这种既同又异、相即不离的关系，所以方东美称之为内在超越；就价值论而言，方东美是在以上述宇宙论为基础而挺立起的宇宙理境中，对占主体部分的精神和现实两层世界的功能及作用的评价和定位时阐发的，用他自己的表述就是，精神与物质"二者在价值论的探讨上的所

---

① 方东美：《华严宗哲学》（上册），台北：黎明文化事业股份有限公司1981年版，第117页。

② 同上书，第338页。

谓 mutual importance（相互重要）"①。此中根据在于，"一切万有存在都具有内在价值，在整个宇宙之中更没有一物缺乏意义"②，即"宇宙根本是普遍生命之变化流行，其中物质条件与精神现象融会贯通，而毫无隔绝，因此我们生活在这世上、不难以精神寄色相、以色相染精神，物质表现精神的意义，精神关注物质的核心，精神与物质合在一起，如水乳交融、共同维持宇宙和人类的生命"③。因此，在方东美看来，虽然华严宗哲学推演出的宇宙理境是宇宙在超脱解放后由心灵、艺术、生命、价值等组成的最高精神领域，但它仍然是以不同层级的物质世界为资粮建构起来的，而且现实世界正是精神世界存在的目的及意义，二者在价值上一际圆融、彼此同等。所以方东美以"相互重要"概括华严宗哲学的价值论特性；至此，由宇宙论和价值论为基础的境界论必然蕴含着平等和谐的特性。方东美将能够彰显华严宗哲学精神的宇宙理境称之为"实质相对性系统（The system of Essential relativity）"。进而指出，此系统"乃一包举万有、涵盖一切之广大悉备系统，期间万物，各适其性，各得其所，绝无凌越其它任何存在者"④。正是由于其中一切存在及性相彼此相需、互摄交融、绝无孤立，即"此实质相对系统且为一相依互函系统，期间万物存在，均各自有其内在之函德，足以产生相当重要之效果，而影响及于他物，对其性相之形成有独特之贡献者"⑤，因而华严宗哲学的境界论显现出浃洽平等、和谐相依的特性。

方东美向来主张宇宙论、价值论、境界论等是浑融一体的，"根据中国哲学的传统，本体论也同时是价值论"⑥、"我们中国人的愿望就是要把人生与世界点化成为一个理想的领域，……在那个地方都要表现 pure ontology must be combined with axiology 本体论、万有论要同价值论联合起来……它的惟一的目的就是要最高的价值哲学融会贯通起来成为一个整

---

① 方东美：《华严宗哲学》（上册），台北：黎明文化事业股份有限公司1981年版，第345页。
② 方东美：《中国人生哲学》，台北：黎明文化事业股份有限公司1980年版，第94页。
③ 同上书，第17页。
④ 方东美：《原始儒家道家哲学》，台北：黎明文化事业股份有限公司1983年版，第224页。
⑤ 同上。
⑥ 方东美：《中国人生哲学》，台北：黎明文化事业股份有限公司1980年版，第94页。

体的系统"①。此外，根据以上分析可知，华严宗哲学宇宙论的内在超越性、价值论的相互重要性、境界论的平等和谐性，其内在的致思径路与理论特质具有高度的同一性，可分别视之为"圆融无碍"的不同表现形态。因此，通过对华严宗哲学这几方面内容及特性的分析与疏解后，方东美借助西方学术理论及模式对其共同特征"圆融无碍"展开了系统的诠释。

方东美认为，华严宗的哲学理论之所以能够达到中国大乘佛学的高峰，是因为它将本宗的教义和思想演变成为哲学上的重要原理——圆融无碍观。这个观点不管是对华严宗自身还是整个世界思想史来讲，意义都非同寻常。因为它可以解决中西方思想史、哲学史上由来已久的二元分立难题，"等到华严经典传入中国之后，尤其当形成华严宗的哲学，在中国有茁壮的新发展之后，那么我们可以说，在这个宇宙里面所存在的二元对立，人生的二元对立性，乃至于一切真相、现象的对立性，negative value（负面的价值）同 positive value（正面的价值）的二元对立性，相对的价值同圆满的价值的二元对立性，都一一被化约而解除掉了"②。方东美将圆融无碍视为华严宗哲学核心精神和特点的同时，置其于更加开放的哲学史视域中，通过比较关键性的哲学观点与哲学理论，"我们可以说，在真空观、理事无碍观、周边含容观的三观里面所建立起来的四种宇宙论的哲学层次，在其背后，就是隐藏着一套更基本的哲学思想，这种更基本的哲学思想，就叫作'圆融无碍观'"③。

对此方东美并非只有评价性的论述，而是用逻辑分析、文化比较的方法对其进行严谨的理论说明，将其中的意蕴揭示出来，使圆融无碍不仅停留在精神领域，而是转化成一套详实细致的思想理论。方东美强调，要想深入了解华严宗哲学的思想，"最主要的就是要先说明他的逻辑分析方法"。而华严宗人"所使用的方法是属于概念上的分析，也就说它是从'无碍'的这一个概念出发，把'无碍'的这一个概念，安排在逻辑的基

---

① 方东美：《方东美先生演讲集》，台北：黎明文化事业股份有限公司1978年版，第103—104页。
② 方东美：《华严宗哲学》（下册），台北：黎明文化事业股份有限公司1981年版，第196页。
③ 同上。

础上面，然后再产生一种关系的逻辑"①。之所以如此，因为在方东美看来，圆融无碍观的内在逻辑就是一种"相互蕴含的关系逻辑"，所表达的是一种"互摄性原理"。关于"互摄性原理"的提出、解释和阐发，方东美是通过将它与西方历史上的几种重要逻辑原理相比较而具体说明的。

首先，方东美分析探讨了古希腊哲学中产生重要影响的亚里士多德逻辑。认为亚里士多德逻辑是一种"述词逻辑、归属逻辑"。此逻辑最大的特点是"取消了客体的地位"，不能赋予主体在思想里所设想的对象一个独立自存的地位，即任何思想的对象，只能归属于主体。就其原因，他进行了详细说明，"这是因为在西方的逻辑形式上是一个 subject - predicate form（主词——述词的形式），而这个 subject - predicate 中间所产生的关系，事实上面就是一种 logical predication（逻辑上的术语）。而这个 logical predication 是用 verb to be（不及物动词）来表现的……"② 亚里士多德的逻辑理论中，连接主客体的逻辑术语属于不及物动词，因此虽然形式上可以通过它将二者顺利结合。但是它本质属性的不及物规定，必然导致自身居于主体的地位而不具备到达对象的逻辑可能，从而无法产生实际作用。反之，从对象的角度，也无法同主体建立起有效联系。进而当亚里士多德意识到这个理论缺陷，他将逻辑述词用另外的关系"logical attribution（逻辑的归属）"来代替时仍然于事无补。因为"其实它就是说主体仍旧保持它的地位……对于那一个对象本身并不能有一个独立自存的地位。即使我们要给它一个独立自存的地位，也没有连带关系可以通达到它的思想领域"③。虽然用逻辑归属来代替逻辑述词，但是无法产生根本性质上的任何改变，丝毫不能克服已有缺陷，固有矛盾依然无从解决。"因此到了最后便认为任何思想的对象，就只能归属于主体，它就自然变成一种主从关系。主体是主，而对象就是由主体所设想出来的关系，也就是形成了附属关系、依从关系，把它放到了主体里面去，就变做是主体里面的一个属性"④。

方东美意在指出，亚里士多德逻辑中主体具有先在性预设的倾向，其

---

① 方东美：《华严宗哲学》（下册），台北：黎明文化事业股份有限公司1981年版，第333页。
② 同上书，第337页。
③ 同上。
④ 同上。

结果是导致它的独断性，即便给客体安立与主体相应的地位，但事实上这种努力仍然是从主体出发的，即客体的地位本质上是从主体的立场被构造出来的。这种逻辑方法要想在主客体之间建立关系是非常困难的，即使能够建立，二者之间也不是平等的地位，只能是客体从属、依附、附属于主体，即无论如何都只是主体的一个属性。他指出"这个 attribution 就等于什么呢？它就是等于把两个平行的概念分成为主从的关系，然后再把客体化成为附属于主体上面的那个东西一样，这也就是等于已经取消了那个客体的地位"①。

其次，方东美指出亚里士多德逻辑对近代西方的影响是，导致以笛卡尔、洛克、斯宾诺莎为代表的客观唯心论和以巴克莱为代表的主观唯心论，在实质上都丧失了"心灵的主体"，即都不能再称之为"唯心论"。他以巴克莱为例，"譬如在巴克莱的主观唯心论，事实上面，他只是属于主体心灵在设想他自己的状态，其最后发展的结果，对于这个主体本身也就丧失他自己所本有的地位，最后自然会变成休谟哲学中的 representationalism（表象论）而不是 idealism（唯心论）"②。亚里士多德逻辑不仅导致客体地位的丧失，而且影响延续至近代，又导致主体地位的丧失。以客体是从主体的立场被建构起来的思维模式审视，无论主观心灵对自己的存在理由及状态进行如何周详的设想、论证与阐释，其结果同样属于"心灵主体"自己的设定，所谓的依据并未真正具备自存的根基，最终只能导致自身的被消解。方东美明确表示，康德哲学也遭遇同样的困境，虽然康德力图保持心灵的主体，"但是那个主体地位在康德的知识论本身上，并不能够建立这个主体，因为那个心灵没有法子被用来设想它自己……"③。之后费希特、黑格尔对不能独立自存的主体透过"道德理性"进行补救，虽然摆脱了被建构框架的束缚，但是却产生新的问题，"这个宇宙所剩下来的，只是一个高耸入于无穷层次的这么一个主体而已……于是它本身在现实世界上面，也就没有其他的存在性"④。黑格尔"绝对精

---

① 方东美：《华严宗哲学》（下册），台北：黎明文化事业股份有限公司1981年版，第338页。
② 同上。
③ 同上。
④ 同上书，第339页。

神"的规设,的确纠补了亚里士多德逻辑的缺陷,但是对绝对精神的认识和把握,又陷入新的漩涡。因为接近绝对精神的实践,正如靠近地平线的努力,认识主体前进一步,它就顺势后退一步,永无穷尽,这也是方东美之所以认为"道德理性"对现实世界关照感乏力的原因。

再次,方东美对西方近代思想在逻辑上的改革进行梳理。指出,近代在总结历史的基础上"对所谓 subjecet—object(主客)对立的逻辑要进行改革"。这种改革是经由数学进而通过近代几何学的逻辑关系来实现的。成效在于"真正能够透过关系的 coordinates 来肯定孤立的思想对象",即"由 coordinates co‐existence(坐标共存)的关系来肯定他们的存在价值与存在意义"①。方东美的思路是,如果要考察和肯定某个对象,必须冲出亚氏"述词"和"归属"关系的藩篱,以承认和肯定不同对象的并存关系为思维的起点,即"要先肯定第一项与第二项有并存的关系"。他强调,要把对象置于"相待互函"的蕴含关系中分析,"不是把亚里士多德的逻辑之 predication 化成为 attribution,而是把它化成为 co‐relation(相待互涵关系)来设想"②。以此衡量,近代的逻辑改革显然不够彻底,因为无尽对象虽然具备存在的独立性,但是这种蕴含关系是非对称的,是一种单向度的直线进程,无法回向,"近代逻辑里面所讲的 implication(蕴涵)……它是一个 asymmetrical(非对称关系)。这样一来,假使你要想证明 B 的话,你就要先找出根据来,假使要证明 C 的话,也要找出它的根据来……,它是属于一种直线的进程,它不能够回向,无法倒转过来"③。

通过考镜源流,方东美对西方逻辑思想发展的内在理路进行深入分析,对其理论困境及解决思路展开具体评介后指出,在近代科学的发展过程中蕴含了一种与此(单向度逻辑)有别的"organic relation(机体关系)"。其特征是,机体里的各种关系都不是单轨、非对称和直线的,而是交互错综、对称和曲线的进程。由此就构成一个旁通的系统,也就是华严宗哲学圆融无碍观里的"相互蕴含逻辑"。

---

① 方东美:《华严宗哲学》(下册),台北:黎明文化事业股份有限公司1981年版,第341页。
② 同上书,第341页。
③ 同上书,第342页。

最后，方东美的结论是"相互蕴含逻辑"可以有效对治西方两类逻辑思想的弊病，因为它最主要的特点就是"辗转"和"交互"。正如方东美强调的"所以从华严宗的'无碍哲学'的这一个基本概念来看时，我们要想肯定'无碍'的这一种思想概念，首先必须另外加上一个形容词，叫作aniomia。Aniomia这一个字具有两种意义；它的第一种意义是'辗转'，第二种意义是'交互'"①。

方东美指出，虽然西方近代的逻辑改革使古希腊逻辑已经获得了长足的发展，但是它仍然呈现出单向度的进程，不能够掉转回摄。只有"前后左右都可以扭转过来，形成一个对称的关系"②，才可以最终形成"交融互摄、密接连锁的关系"③。因为在方东美看来，只有多维度的"辗转"才可以使不同时空里的相对系统之间互相联系、互相作用成为可能，"就好像'甲'对于'乙'是如此，'乙'对于'甲'也是如此"④，要超越"A implies B（A 蕴含 B），但是我们就不能再说 B implies A（B 蕴含 A）"⑤ 这种近代数理逻辑。唯有如此，才可以打破单向、直线的程序。以"'种子'为因缘产生作用的主要条件"为例："有种子才能令因缘产生作用，不过这个因缘条件并不一定就产生在某一个固定的地方……它可以在不同空间的相对的系统里面产生交互的关系。这就是要把因果次第相生的关系，变作因缘的互为条件……这就是更互相应……那么我们无论肯定哪一个 entity（实体），或任何一个本质时，我们可以说：that entity is in full accordance with A, withB, withC, with D, ……even with the infinite（那个实体完全相应于 A、B、C、D……甚至于相应于无限）……可以说是 relation of full accordance（充分相应关系），自然就便成为更互相应"⑥。由此，在彻底打破单一的线性模式，建立起多元融摄立体结构的基础上，才可以发展成"辗转互摄性原理"。

---

① 方东美：《华严宗哲学》（下册），台北：黎明文化事业股份有限公司1981年版，第277页。
② 同上。
③ 同上书，第279页。
④ 同上书，第277页。
⑤ 同上书，第281页。
⑥ 同上书，第280页。

所谓交互就是"互相摄入、普遍含容、能所相依、更互相应"。用华严宗的名词就是"辗转相生、互为因果、互为因缘、互为条件"等。旨在说明每一个存在实体，都可以由自身转渗到万象，而且彼此之间关系是平等相互的，"它是在一切关系项下都可以互相摄入的，因此假使我们说：A implies B（A 蕴含 B）时，马上就可以反过来说 B implies A（B 蕴含 A）而不只是说：B is implied in A（B 蕴含于 A 中）"①。比如，"假设有一个 entity，那么这个实体的存在本身，它一定可以转位而渗透到 A 的里面去，也可以转位渗透到 B 的里面去，而同时它们之间的关系是相互的。例如我可以渗透到'甲'的里面去时，'甲'也同时可以渗透到我的里面来。同时我也可以渗透到'丙'的里面去，而'丙'也可以同时渗透到我的里面来"②。诸多论述旨在突出交互的实质在于相待关系和平等关系的实现，任何一个存在可以站在自己的立场，以自己为本位涵摄其他一切存在。反之，被容纳的任何一个存在也可以用相同的方式摄受其他任何一切条件。至此"这一切的关系都不是单向的，而是可以'互为因缘'、'互为平等'、'互为条件'、'更互相应'的。因此我们才又再度产生 mutual dependence（相互依持）、mutual relevance（相互涉联）、mutual relativity（相互关系）……一切的关系都是这样开展，都是表现相互平等性、相互依存性、相互起作用、相互无障碍"③。

至此可见，"相互蕴含逻辑"与西方历史上的逻辑思想相比较，彻底克服了它们的缺陷与不足，它完全肯定和实现了宇宙本体与世间万象、精神领域与物质世界、形上境界与形下层面在逻辑上的平等无碍、统一和谐，在现实中的彼是相需、互依而存。正是以此逻辑关系为基础，才可以产生华严宗"圆融无碍"的哲学观念。也正是在此意义上，方东美强调它表征着中国传统文化的深层致思模式，因而以之为据，充分发掘它自身所蕴含的"广大和谐"性。这正是对以"二元分立"为特征的西方文化带来的挑战所做出了积极的回应。

---

① 方东美：《华严宗哲学》（下册），台北：黎明文化事业股份有限公司 1981 年版，第 282 页。
② 同上书，第 281 页。
③ 同上书，第 282 页。

四 结语

综上所述,方东美通过系统、详实的逻辑分析和比较文化的视域,在继承传统的前提下,运用现代学术方法将华严宗圆融无碍的哲学精神发展成为一套现代哲学理论。他赋予华严宗思想圆融无碍精神以崭新的形式,进而将其推展到时代学术平台中,使它得以在广阔的领域里与各类文化进行交流和对话。同时也更加直观地彰显出中国传统文化固有的超越价值,为提升传统文化的自信心以及实现其现代转型进行了积极的努力与尝试。

后　　记

　　这里汇集的论文是西北大学哲学学科部分教师的近期成果。为支持复建不久的哲学学院，让教师的学术成果能有更多的发表机会，也使分散在不同院所的教师有凝聚的通道，我们决定设立这一平台。大家的踊跃投稿和质量把关让我们更有信心坚持下去。

　　从论文内容看，马克思主义哲学、中国哲学、外国哲学和宗教学恰好构成西北大学哲学学科的四个支撑方向。当然，一些论文在方向归属上未必那么准确，这一方面是出于栏目平衡考虑，另一方面则表明的确存在着一定的方向交叉。在论文选择上，我们竭力坚持学术性、思想性和政治性的统一。

　　论文收集之后，我们请专业教师进行格式统一和内容校对。编者也在提交出版社之前进行了仔细校阅，并从不同方向的研究成果中多所受益。所奢望的是，这种学科交叉的益处能够扩展到阅读本论文集的师生。不同的哲学方向在史料、概念、论题和方法上的确有较大的差异，但我们在学习和研究中不应人为地夸大这种差异，相反应该缩短它们彼此间的距离，以便于能够通达不同文化、不同传统背后的真问题。

　　感谢各位老师的投稿支持。尤其感谢哲学学院名誉院长赵敦华教授在百忙之中撰写总序，给西北大学哲学学科以莫大的鼓励。在编校质量方面，中国社会科学出版社编审冯春凤主任以她的一贯严谨和勤恳为此提供了保障，而如果还难免有什么疏漏，那责任完全在编者方面，敬请读者批评指正。

编者

2019 年 7 月 5 日